不信东风唤不回

八项规定永远在路上

李松◎著

中央八项规定不是只管五年、十年，而是长期有效的铁规矩、硬杠杠，落实中央八项规定精神只能紧、不能松，决不能有松劲歇脚、疲劳厌战的情绪，更不能有降调变调的错误期待，必须永远吹冲锋号，把落实中央八项规定精神一抓到底。

新华出版社

图书在版编目（CIP）数据

不信东风唤不回：八项规定永远在路上 / 李松著.
—北京：新华出版社，2022.10（2025.2重印）
ISBN 978-7-5166-6530-5

Ⅰ．①不⋯　Ⅱ．①李⋯　Ⅲ．①中国共产党—党风建设—学习参考资料　Ⅳ．① D261.3

中国版本图书馆 CIP 数据核字（2022）第 212355 号

不信东风唤不回：八项规定永远在路上

作　　者：李　松	
出 版 人：匡乐成	选题策划：匡乐成
责任编辑：赵怀志　林郁郁	封面设计：华兴嘉誉

出版发行：新华出版社	
地　　址：北京石景山区京原路 8 号	邮　　编：100040
网　　址：http://www.xinhuapub.com	
经　　销：新华书店、新华出版社天猫旗舰店、京东旗舰店及各大网店	
购书热线：010-63077122	中国新闻书店购书热线：010-63072012
照　　排：华兴嘉誉	
印　　刷：大厂回族自治县众邦印务有限公司	
成品尺寸：170mm×240mm	
印　　张：19.75	字　　数：251 千字
版　　次：2022 年 12 月第一版	印　　次：2025 年 2 月第三次印刷
书　　号：ISBN978-7-5166-6530-5	
定　　价：60.00 元	

图书如有印装问题请与出版社联系调换：010-63073969

序言一

从这里,读懂中国十年反腐
——序李松长篇政论《不信东风唤不回》

李成言

(北京大学政府管理学院教授、北京大学廉政建设研究中心主任)

200多年前,法国著名启蒙思想家孟德斯鸠在《论法的精神》一书中有一段著名的论述:"一切有权力的人都容易滥用权力,这是万古不易的一条经验。"

腐败是一个古老而长存、凝重而富于时代意义的话题。自国家产生以来,腐败就与人类政治文明相伴随,是造成历史上许多王朝和国家人亡政息的重要原因。因此,尽管各国有不同的政治制度和社会背景,反腐倡廉的目标有所差别,但腐败仍然是人类共同面临的问题。

从中国改朝换代的历史更迭中,可看到一次次上演权力被腐蚀的周期律。腐败始终像一个巨大的黑色幽灵,挥之不去,如影随形。历史是一面镜子,它照亮现实,也照亮未来。中国历史上的腐败与反腐败,决定了中国的走向,而今天中国的反腐败斗争,事关党和国家生死存亡。

一

中国共产党是一个拥有9600多万名党员的世界上最大马克思主义政党。"木秀于林，风必摧之"，党的队伍越大，挑战越大。前车之鉴，历历在目。

这就不得不提及苏联解体、苏共垮台的惨痛教训——

苏联特权阶层的腐败早在20世纪30年代，也就是斯大林执政时期就已经相当严重。法国著名作家罗曼·罗兰于1935年6月23日至7月21日对苏联进行访问，之后他写的《莫斯科日记》见证了当时苏联特权阶层的存在及其腐败："共产党的活跃成员利用其他特权代替金钱，这些特权确保他们能过上舒适生活并拥有特殊地位。更不用说影响，他们利用影响为自己和自己的亲属谋利益。而且，怎么能不利用影响呢？不受任何良心谴责的人又有多少！有谁会把普遍困难中的享受机会作为自己的过错？！这太'合乎人性'了！"即便"像高尔基这样善良和宽厚的人，也在吃饭时浪费够许多家庭吃的食物，不知不觉地过着封建领主的生活方式。我不了解他的上层布尔什维克们的生活。"

作为一位远道来访的外国作家，而且是短期访苏的外国作家，罗曼·罗兰自然不了解"上层布尔什维克们的生活"，而经常到苏联领导人家里去玩的斯大林女儿斯维特兰娜·阿利卢耶娃则在其《仅仅一年》一书中见证并描述了"上层布尔什维克们的生活"："伏罗希洛夫、米高扬、莫洛托夫的住房和别墅摆满了地毯、高加索的金银武器和贵重瓷器……他们的别墅变成富丽堂皇的大庄园，有花园、暖房、马厩，当然，这一切都是用国家的钱来维持和经营的。"

即便是在全国爆发大规模饥荒、饿死数百万人、出现人吃人悲剧的20世纪30年代初的特殊时期，苏联特权阶层的特供也仍然是存在的。俄罗斯解密档案文件证实了这一点，一份署名为苏共"中央委员会秘书处第六科科长杰缅季耶夫"的"关于联共（布）中央秘书处1932年经费开支的说明"记载:"烟卷的消费每月为 13000—14000 支,按月分配给下列秘书处:斯大林同志秘书处、住宅和办公室 5000—6000 支;助手和顾问 6 人每人 750 支,共 4500 支;切秋林、帕尔申和杰缅季耶夫每人 500 支,共 1500 支……食堂方面的开支为 66088 卢布 40 戈比,给书记处、会议大厅按月定量供给夹肉面包。"

在长达几十年的时间里,蜕化变质、搞腐败的既不是基层的普通苏共党员,更不是普通的苏联老百姓,而是占苏联党员总数极少的特权阶层,正是这一阶层在日复一日地享受着特权和特殊服务的同时,也在日复一日地疏离着苏联人民群众,以自己的实际腐败行径消减着苏联人民对苏共和现实的苏联社会主义的信任和信仰,蛀蚀着其执政根基,加深了苏联人民对苏共及其政权的冷漠和仇视,直至苏共及其政权最后覆亡。

由此,也就不难理解这样的历史事实:苏共 20 万党员时,打败了资产阶级临时政府,建立了政权;200 万党员时,打败了德国法西斯,保卫了政权;2000 万党员时,却自己打败了自己,失去了政权。

二

中国共产党之所以能够成为至今打不倒、压不垮的百年大党,其青春密码就在于坚持推动自我革命,勇于刮骨疗毒、去腐生肌,在于能够在危难之际绝处逢生、失误之后拨乱反正,确保党始终保持先进性和纯洁性,团结带领全国人民不断从胜利走向胜利。

然而,也要清醒地认识到,腐败问题具有反复性、隐蔽性、顽固性、复杂性,不可能毕其功于一役。正因如此,面对减少腐败存量、遏制腐败增量、重构政治生态的艰巨繁重任务,党风廉政建设和反腐败斗争永远在路上。

党的十八大以来,新一届中央领导集体以巨大的政治勇气和历史担当，从制定和落实中央八项规定破题，中国十年反腐大幕徐徐拉开——

十年来，党中央就推进反腐败斗争提出一系列新理念新思想新战略，党和国家领导人坚持打铁还需自身硬，勇于直面党内长期积累、持续发酵的各种不良因素，以零容忍态度惩治腐败，坚持补钙壮骨、排毒杀菌、壮士断腕、去腐生肌，消除一切损害党的先进性和纯洁性的因素，清除一切侵蚀党的健康肌体的病毒。在反腐高压的形成过程中，中央八项规定成为攻关破局打出的第一张牌，功不可没，可以与两千多年前的"徙木立信"相媲美；

十年来，党中央不断健全党和国家监督体系，持续深化纪检监察体制改革，实现了党内监督全覆盖、对公职人员监察全覆盖；

十年来，党中央始终坚持严的主基调不动摇，坚决遏制增量、削减存量，腐败蔓延势头得到有力遏制，反腐败斗争取得压倒性胜利并全面巩固，进入发现一起、查处一起的常态化阶段；

……

党的十八大以来，截至2022年4月底，全国纪检监察机关共立案审查调查438.8万件、470.9万人；查处违反中央八项规定精神问题72.3万起，给予党纪政务处分64.4万人。其中，老百姓最痛恨的公款吃喝、公款送礼、公款旅游三类问题，违纪行为，逐年大幅下降。

风，起于青萍之末。时光倏然，十年淬炼，中央八项规定给中国带来了党风、政风、社情、民意的巨大变化。

三

中央八项规定出台伊始，不乏唱衰之声。有人认为，作风问题积弊已久，不可能解决；有人认为，中央八项规定不过是一阵风，不会带来实质性改变……如今，这种声音早已销声匿迹，已没有人会怀疑"八项规定深刻改变中国"这样一个论断。我们每个人都能够从自己的感受和经历去思考、感悟、理解这个论断,并能够从党和国家的变化中对这个论断产生认同。

新华社资深调查型记者李松新著《不信东风唤不回》,正是承载了这个论断。本书共分为"以作风建设开启正风反腐新模式、以党内监督作为全面从严治党重要抓手、以重拳反腐为全面从严治党开局、以建章立制为全面从严治党固本培元、以思想政治建设为全面从严治党补精神之钙"等五章,全景式展示了中国十年来深入推进正风肃纪反腐的壮阔历程和伟大成就。

本书先简要梳理了中国共产党从建党到十八大前的反腐历程,重点从中央八项规定切入,从中央打虎拍蝇、猎狐追逃、巡视利剑、监察改革、政治监督等多视角,通过历史的维度和现实的需求,对中央八项规定出台的历史渊源、中央领导同志带头践行八项规定的具体做法、加快建章立制、党风政风变化的表现形式,以及中国社会大转变等内容进行了详尽的叙述。结尾回答"中央八项规定为什么行"这一个灵魂之问,全书逻辑环环相扣、一气呵成。

作者长期从事新闻实践工作,能够获得详尽的材料,全书内容丰富、视野开阔、立意高远,这就决定了本书有别于其他较为单一的理论读物。

纵览全书,给我留下两点极为深刻的印象:

一是把理论寓于讲故事中,让理论易懂,让故事耐看。

本书从中央打虎拍蝇、猎狐追逃、巡视利剑、监察改革、政治监督等多视角,以生动鲜活的语言、细腻的笔锋,深入浅出地讲述中国反腐故事,既有对典型案例入木三分的评析,用小故事讲大道理,也有对政策深入的解读,能抓住关键点写进去,论点展开有条理,把党的反腐败创新理论,以通俗的语言讲明白、讲清楚、讲透彻。

专业的思想,不可为了迎合畅销的需要去媚俗,而是应当坚持必要的理论品性,坚持专业思考。比如,本书中写各级纪委要解决好"灯下黑"问题。李松这样描述:根据老百姓的经验观察,"灯下黑"是指油灯下光线难以照亮之处,这是由于灯具本身的遮盖和遮蔽所造成的光线盲区。由此引申,权力"灯下黑"现象,是指由于权力本身的遮盖和遮蔽,导致对权力自身及其"身边人"难以监督,由此出现了"监督盲区"而造成种种"权力异化"和"公权私用"现象。

通俗的语言,切忌将高深的理论名词和高深的理论推演放在书中。一个颇为深奥的概念,作者通过一个大众熟悉的生活场景,以接地气的语言轻松描述出来,令人暗暗称奇。

二是故事内容丰富,没有"故事秘闻",大多取材于中央级媒体的报道,叙事逻辑严密,遣词造句讲究、准确,不故作惊人之语。

作者善于观察、善于捕捉、善于思考,对党中央的各项反腐决策高度敏锐,既了解深谙宏观政策,也深入洞悉现实社会,故事来源权威,以事实为依据,用不着编概念,也用不着掉书袋,读者当然喜闻乐见。

比如,本书写"猎狐"行动,并没有面面俱到,而是经过梳理,归纳出追逃追赃成绩多个"第一次":第一次在国际舞台上唱响反腐败"中国主张";第一次开通反腐败国际追逃追赃专栏,接受海内外线索举报;第一次开启"天网"行动,向外逃腐败分子布下天罗地网;第一起在发达国家实现异地追诉、异地服刑后强制遣返的成功案例;第一次发布敦促自首公告,向外逃人员"喊话"……每个"第一次",都足以吸引眼球,让读者欲罢不能。

本书用通俗的语言表达深邃的思想和观点,以大众为读者对象来写理论问题,应该是一种值得推广和学习的方式。

四

我与李松已熟识多年。2000年，李松从云南老家到北京后，一直从事新闻工作。作为一名调查型记者，他对时事政治有一种特别的职业敏感，尤其注重反腐领域的研究，以人文和法治作为义不容辞的价值追求，以深度调查的方式，为这个时代做了尽可能忠实的记录和理性的诠释。

因得益于长期的经验和积累，李松的选题总能抓住读者普遍关注的问题，做到有感而发，把复杂的问题厘清，读后令人容易产生共鸣。这些年来，李松利用记者的职业优势，撰写了大量深度新闻调查，不少产生深远的社会影响。最知名的是，2005年5月，李松在《瞭望》新闻周刊发表《驻京办：第二行政中心？》一文引起高层重视，中央多位领导作了批示，一度隐秘的"驻京办"首次进入公众视野，从而卷起"驻京办"十余年的肃整风暴。

正是从那时起，李松的作品引起了我的关注。他的新闻触角，也从多领域逐渐聚焦对权力问题的不懈地研究和探索。在中国，能持续多年关注这个领域的记者，堪称凤毛麟角。而李松便是其中一位。

李松至今已出版20余部专著。其中，他历时5年深入调查，2011年由华夏出版社出版的《中国隐性权力调查》一书，以犀利的文笔、理性的语言，通过深度调查报道的方式，为中国权力场作了全身的X光扫描，捕捉中国隐性权力的栖身角落。此书出版当年，引发社会广泛关注，多家媒体给予跟踪报道，被凤凰网评为2011年十大好书，入选新浪中国好书·2011社科文化好书榜，畅销至今；2017年新华出版社出版的李松时政随笔集《牛栏关不住猫》，上市即销售一空，多次加印，热销不衰；随着时势变化，针对社会发展过程中出现的一些问题，李松撰写了大量针砭时弊的评论，出版《基层之治》《有权不可任性》等多部评论集，也深受读者欢迎。

在我的印象中，李松的作品始终秉持他一贯冷峻而理性的写作风格，这也是李松的作品拥有庞大而固定的读者群的重要原因之一。

阅读李松的作品，总能从他坚韧的文字中，读出中国社会转型期的复杂性，读出中国反腐败斗争的艰巨性，读出作者的社会良知和疾恶如仇的正义感，读出作者对国家和人民强烈的责任感和使命感。在李松的内心深处，或许还有些孤独和悲凉，或许还有些无助和无奈。但是，行走于中国古老的大地上，作为一名具有家国情怀的记者，李松做了他该做的一切。

如今，李松新著《不信东风唤不回》即将付梓出版，嘱我写序，在感叹他的勤奋之余，也产生了更多期待。我相信这部书出版，会在中国反腐败实践与理论的研究领域，增加一份具有个性特色的声音。

是为序。

2022 年 8 月 18 日于北京

序言二

十年反腐的历史见证

——写在《不信东风唤不回》出版之际

郎佩娟

（中国政法大学法学院教授）

初识新华社资深记者李松，是在多年前国家行政学院的一次开题会上。会间休息时，我们议论着课题还互加了微信。此后，我对李松的关注渐渐多起来，我看他写的书、深度新闻调查、时评，也看他的散文、诗歌。看多了，心里不由得感叹他的家国情怀和博学多才。

李松至今已出版20多部著作，其中绝大部分是政论类，这类著作对于推动中国政治文明的发展有着不可替代的作用，是民众了解、参与政治的心灵引导和行为指南，作者既要有对政治现象的细致入微的观察，又要有对政治问题的准确独到的分析，提出对读者有启发意义的、有说服力的见识，可见政论著作写作之难。在国内浩如烟海的政论著作中，李松的著作以其选题独到、逻辑清晰、内容翔实、分析精到、文字好读而拥有大量读者，并产生广泛社会影响。

一

李松新著《不信东风唤不回》，承袭了他政论著作的特质。在选题上，本书以党的十八大以来的反腐败实践为研究对象，而反腐败恰恰是执政党组织建设和能力提升的根基；在逻辑上，本书从2012年12月4日《中央政治局关于改进工作作风、密切联系群众的八项规定》切入，以执政党的作风建设开篇，思想建设结尾，清晰地勾画了由表及里、由外而内的反腐败线路；在内容上，本书的架构是五章二十五节，以中央文件、党报党刊等权威、公开资料为依据，以真实鲜活的数据和案例为佐证，对党的十八大以来反腐败实践、制度和理论作了全面梳理和总结；分析评论上，本书随处可见基于史实或案例的、客观中肯的分析评论，例如对中国共产党党内监督的评论：我国独特的政党制度决定了中国共产党党内监督在中国监督体系中的重要地位和作用，在长期执政条件下，中国共产党必须敢于和善于刀刃向内、自己为自己做手术，增强党的自我净化、自我完善、自我革新、自我提高能力，才能带动外部监督，使党保持同人民群众的血肉联系；在文字上，本书写得简洁明快、通俗易懂，很接地气。

本书关注、研究党的十八大以来反腐败实践、制度和理论，时间跨度十年。十年对于历史长河不过一瞬，但对于中国共产党却非同寻常。在这十年，中国共产党经历了建党百年的时间节点，这既是中国共产党成为百年大党的时间节点，也是中国共产党建设和发展的历史新起点。

鉴于反腐败对于中国共产党建设和发展的紧迫性和重要性，在这个时间节点和历史新起点，回顾过往的反腐败历程，思考未来的反腐败事业，可谓恰逢其时，势在必行，而这也正是本书理论价值和应用价值的集中体现。

二

本书第四章开篇写道：筑牢约束权力的"规矩之笼"不是一朝一夕的事，要全面加速"筑笼""立规"，更要在实践中发现问题，弥补漏洞，不断扎紧制度之笼，这是一个永无止境的过程。

可见，作者是将反腐败看成了一项驰而不息、任重道远的事业。在社会生活中，事业一词通常被理解为是人们从事的有目标、有影响、促进社会进步、增进人类福祉的活动。从反腐败事业角度，本书还在不同章节阐述了这项事业的专门性、人民性和国际性。

首先，反腐败是纪检监察人员的专门事业。纪检监察人员以反腐败和维护社会公平正义为职业，这是崇高职业，也是特殊职业。与其他从业人员相比，纪检监察人员每天接触贪腐案件，这相当于每天凝视深渊，"当你凝视深渊时，深渊也在凝视你"，因此，纪检监察人员要有不被深渊吞噬的心性和定力，做到"临渊不堕"。临渊不堕的根基是纪检监察人员执纪执法综合能力。

国家监察体制改革是实现国家治理体系和能力现代化的重大改革，同时也对纪检监察人员的执纪执法能力提出了更高要求。纪检监察人员要有得心应手的执纪业务能力，有国家法律和政策的学习、研究能力，有运用法律原则、逻辑和规定发现、分析和解决问题的能力，有纪法衔接、法法贯通的能力等。执纪执法能力是纪检监察人员从事反腐败事业的立身之本，是职业建树的保障。

其次，反腐败是公民的共同事业。腐败是社会的沉疴毒瘤，腐败不铲除，每个社会成员的权益都会直接或间接受到损害。因此，反腐败是每个公民的共同事业。公民反腐败的法律路径是行使宪法赋予的监督权。这种监督可以是对自身合法权益的维护，也可以是对公权力腐败的申诉、控告、检举、舆论监督等。对于公民的申诉、控告、检举，有关国家机关必须查清事实，负责处理，不得压制和打击报复。

当代监督是个"大监督"概念，其特点是监督主体宽泛、监督制度丰富、监督手段多样，而公民监督则是执政党外部监督的重要主体。公民监督的经典论述是毛泽东与黄炎培关于"历史周期律"的谈话。1945年7月4日，毛泽东在延安与民主人士黄炎培有过一次颇具历史意义的谈话。黄炎培说：历史上的朝代都有一个从兴到衰的周期律，每个朝代开头都是好的，后来就腐败了，灭亡了，可谓"其兴也勃焉，其亡也忽焉"，一部历史，有"政怠宦成"的，有"人亡政息"的，也有"求荣取辱"的，但总是跳不出从兴旺到灭亡的周期律，中国共产党能找出新路跳出这个周期律吗？毛泽东答道：我们已经找到新路并能跳出这个周期律，这条新路就是民主。只有让人民监督政府，政府才不敢松懈；只有人人起来负责，才不会人亡政息。"延安对"经典论述表明，远在新中国还未建立时，作为政治家和思想家的毛泽东就已考虑到中国共产党领导的新中国的长治久安，而长治久安的基本方法就是人民民主和人民监督。

当代，公民积极、广泛地参与反腐败事业，形成反腐败社会环境，不仅可以促进公权力机关廉政建设，降低腐败发生率，而且可以使公权力机关及时、准确地洞悉公众的利益诉求，作出更为理性、公平的决策，从而消解政治运行中积累的矛盾和问题，为社会的稳定与发展奠定真实的民意基础。

再次，反腐败是国际社会的协同事业。以推动全球反腐败为职责的国际民间组织"透明国际"，每年发布全球清廉指数报告。2022年1月25日，"透明国际"发布了《2021年全球清廉指数排行榜》，对全球180个国家和地区的腐败按程度评分，评分从0到100，分数越低腐败程度越严重，全球平均分43.26，中国得分45，排名第66位。尽管各国清廉指数有高有低，但没有哪一个国家不存在腐败，腐败已呈现国际化特点：一是参与腐败的人员身份国际化；二是国家工作人员在对外经济交往中实施腐败犯罪；三是腐败分子为逃避国内法律制裁在世界范围内寻找退路。腐败的国际化、跨国性说明反腐败是一种世界性的政治制度安排，国际社会必须共同面对挑战，形成预防和打击腐败的国际合作。这种合作有多种方式，包括联合国框架下的国际反腐败运动、国际组织联合行动应对腐败犯罪、各国政府间的反贪污腐败行动等。

但是，从总体看，反腐败国际执法、司法合作仍然存在较大困难和不确定性，难以满足现实需要。与反腐败国际合作的大趋势相适应，我国监察法也对此作了规定，按照规定，国家监察委员会统筹协调与其他国家、地区、国际组织开展的反腐败国际交流、合作，组织反腐败国际条约实施工作；组织协调有关方面加强与有关国家、地区、国际组织在反腐败执法、引渡、司法协助、被判刑人的移管、资产追回和信息交流等领域的合作。

我国反腐败国际合作的历史不长，合作过程中存在多种问题和障碍，这就需要有关部门不断探索、积累经验，使反腐败国际合作的道路越走越宽，与国际社会携手共建清正廉洁的地球家园。

反腐败是任重道远的事业，是专门的事业，是公民参与的事业，是国际协同的事业。在中国过去十年，这项事业从全面从严治党着手，意在以良好党风带动政风民风，使中国共产党真正赢得民众信任和拥护。这项事业持之以恒，就合上了李松新著的书名——《不信东风唤不回》。这一诗化的、颇有意境的书名出自北宋诗人王令七言绝句《送春》。"东风"的字面含义是东方来风，但东风也暗喻许多事物，尤其是积极美好的、发展进步的事物。"东风"用在书名，与书的内容密切关联，可以理解为是"党风民心"。以中国共产党反腐败的决心、信心和恒心，不信中国共产党的优良传统和作风不回归，不信人民对党的信任不回归。这是一种态度，也是一种信念。

我期待李松新著能够助力当代中国摧枯拉朽的反腐败事业，营建清正廉洁的政治生态，进而以良好政治生态作用于消除发展的不充分不平衡，造福人民，使人民向往美好生活的愿望早日得以实现。

是为序。

2022 年 8 月 10 日于北京

目录
Contents

序言一　　　　　　　　　　　　　　　　　李成言 / I

序言二　　　　　　　　　　　　　　　　　郎佩娟 / IX

开篇语　　　　　　　　　　　　　　　　　李　松 / 001

第一章　以作风建设开启正风反腐新模式　　019

> 中国共产党来自人民、植根人民、服务人民，一旦脱离群众就会失去生命力，全面从严治党必须从人民群众反映强烈的作风问题抓起。正是驰而不息纠治不良作风，使中国共产党穿越百年风雨，始终保持同人民群众的血肉联系，赢得人民群众的衷心拥护。

第一节　中央八项规定——小切口撬动大变革　　020

第二节　以上率下发挥示范效应　　029

第三节　大兴调查研究之风　　037

第四节　对"舌尖上的腐败"说不　　048

第五节　刹住"车轮上的铺张"　　056

第六节　遏制"会所中的歪风"　　064

第七节　削"文山"填"会海"　　073

第二章 以党内监督作为全面从严治党重要抓手　　　081

> 我国的政党制度决定了党内监督在中国监督体系中的地位和作用，决定了中国共产党必须做到敢于和善于刀刃向内、自己给自己动手术，才能监督好自己，才能带动外部监督帮助中国共产党监督好自己，才能增强党在长期执政条件下自我净化、自我完善、自我革新、自我提高的能力。

第一节　"三转"开创纪检监察新局面　　　082
第二节　巡视监督震慑效应不断放大　　　092
第三节　发挥派驻监督的"探头"作用　　　106
第四节　紧盯"关键少数"　　　115
第五节　清除"灯下黑"　　　127
第六节　党内监督和国家监察相互促进　　　147

第三章 以重拳反腐为全面从严治党开局　　　157

> 一切都在履行一个承诺：不论什么人，不论其职务多高，只要触犯了党纪国法，都要受到严肃追究和严厉惩处。党的十八大以来，中央坚持有腐必反、有贪必肃，"老虎""苍蝇"一起打，对于触犯国家法律和党的纪律者，一查到底、绝不手软，构筑起惩防腐败的高压线与防火墙。

第一节 "打虎"无禁区 158
第二节 "拍蝇"赢民心 168
第三节 "猎狐"追穷寇 177

第四章 以建章立制为全面从严治党固本培元 189

> 要筑牢约束权力的"规矩之笼",不是一朝一夕的事,除全面加速"筑笼""立规"外,更需在实践中发现问题,弥补漏洞,不断扎紧制度之笼,这是一个永无止境的过程。党的十八大以来,随着实践的不断发展,一系列立足根本、着眼长远的制度措施,不断推动全面从严治党从治标走向治本,从"拔烂树""治病树"到培育健康"土壤"、建设良好政治生态转变。

第一节 科学部署党内法规制度建设 190
第二节 狠抓党内法规制度贯彻执行 207
第三节 党内法规作用充分发挥 212
第四节 切实提高党内法规的执行效能 220

第五章 以思想政治建设为全面从严治党补精神之钙 227

> "治天下,莫不以教化为大务"。中国共产党清醒地认识到,科学理论是正确行动的先导,理想信念是共产党人的政治灵魂,精神上"缺钙"是一切思想滑坡的根源。党内存在的种种问题,根本原因在于理想信念动摇、初心信仰迷失,管党治党必须从固本培元、凝神聚魂抓起。要炼就"金刚不坏之身",必须用科学理论武装头脑,不断补精神之钙,培植共产党人的精神家园。

第一节　党的群众路线标注共产党人的精神坐标　　228
第二节　"三严三实"把道德自律和制度他律辩证统一　　238
第三节　"两学一做"夯实全面从严治党基础性工程　　249
第四节　不忘初心牢记使命让党的事业薪火相传　　258
第五节　在党史学习中汇聚磅礴力量　　269

后记:中央八项规定为什么行　　281
主要参考文献　　291

开篇语

中国共产党与腐败水火不相容

中国共产党的百年历史,是一部党领导中国人民从站起来、富起来到强起来的历史,也是一部党为永葆先进性和纯洁性,不断提高执政能力、拒腐防变和抵御风险能力、大力推进反腐倡廉建设的历史。

二十世纪初,世界局势风雷激荡,中国政坛风起云涌,各式政党争相问世。百年过去,那个时期成立的绝大多数政党,早已风流云散,逐渐离开人们的视野与记忆,而中国共产党从成立之初只有50多人的小党,发展到如今已成为拥有9600多万名党员、领导着14亿多人口大国、具有重大全球影响力的世界第一大执政党,发挥着越来越重要的社会引领作用。

中国共产党为什么能?一个重要原因,就是始终以自我革命精神,坚持不懈开展党风廉政建设和反腐败斗争。

一

自1921年成立起,中国共产党就把"保持廉洁、反对腐败"庄严地写在了自己的旗帜上,这是其性质和宗旨所决定的。

从历史角度来看，一个党是一个什么样的党，一看它的性质，二看它的宗旨。"性质"表明它"是什么"，宗旨表明它"干什么"。

中国共产党是一个什么性质的政党呢？《中国共产党章程》规定："中国共产党是中国工人阶级的先锋队，同时是中国人民和中华民族的先锋队，是中国特色社会主义事业的领导核心，代表中国先进生产力的发展要求，代表中国先进文化的前进方向，代表中国最广大人民的根本利益。"

中国共产党要干什么？2021年7月1日，习近平总书记在庆祝中国共产党成立100周年大会上指出："中国共产党一经诞生，就把为中国人民谋幸福、为中华民族谋复兴确立为自己的初心使命。一百年来，中国共产党团结带领中国人民进行的一切奋斗、一切牺牲、一切创造，归结起来就是一个主题：实现中华民族伟大复兴。"

党的十八大以来，习近平总书记反复强调"不忘初心、牢记使命"。"是什么、要干什么"，是一种对身份使命的深刻追寻。忘记了"是什么"，迟早会变质；忘记了"要干什么"，早晚会迷途。因此，中国共产党人始终牢记党的性质宗旨、初心使命，始终牢记从哪里来，向何处去。

中国共产党的性质和宗旨，决定了党在任何时候都要把群众利益放在第一位，与群众同甘共苦，保持最密切的联系，不允许任何党员脱离群众，凌驾于群众之上。所以，党同各种消极腐败现象是水火不相容的。坚决惩治和有效预防腐败，关系人心向背和党的生死存亡，是党必须始终抓好的重大政治任务。

在新民主主义革命时期，中国共产党始终把推翻帝国主义、封建主义和官僚资本主义三座大山、实现国家独立和民族解放作为自己的奋斗目标。在这个目标统领下，正确处理好同人民群众的关系、争取获得最广大人民群众的拥护和支持，就成为中国共产党能否领导人民取得革命胜利的关键所在。

为了保持中国共产党的先进性和纯洁性，不断增强党组织的吸引力和凝聚力，中国共产党采取的一个重要措施就是通过不断反对和消除各种腐败现象、严惩各种腐败分子进而获得了人民群众的广泛认可和支持。

1921年7月，在党的一大通过的《中国共产党第一个纲领》明确规定："地方执行委员会的财政、活动和政策，必须受中央执行委员会的监督。"

1926年8月4日，针对大革命高潮中出现的一些贪污现象，中共中央扩大会议通过了中国共产党历史上第一个反对贪污腐化的文件《中央扩大会议通告——坚决清洗贪污腐化分子》强调，"在这革命潮流仍在高涨的时候，许多投机腐败的坏分子，均会跑到革命的队伍中来，一个革命的党若是容留这些分子在内，必定会使他的党陷于腐化"，"最显著的事实，就是贪污的行为，往往在经济问题上发生吞款、揩油的情弊。这不仅丧失革命者的道德，且亦为普通社会道德所不容"，"所以应该很坚决地洗清这些不良分子，和这些不良倾向奋斗，才能坚固我们的营垒，才能树立党在群众中的威望"。

1927年4月27日至5月9日，中国共产党第五次全国代表大会在武汉召开。5月9日，在汉口黄陂会馆（现汉口自治街31号）选举产生了党的历史上第一个中央纪律检查监督机构——中央监察委员会，即中央纪律检查委员会的前身。这是中国共产党在历史上首次对中央纪律检查机构设置的探索和尝试。

1929年12月召开的红四军第九次代表大会（即古田会议）

通过的《古田会议决议》把"没有发洋财的观念""不吃鸦片""不赌博"等作为发展党员的必备条件，要求把"吃食鸦片、发洋财及赌博等，屡诫不改的，不论干部还是非干部，一律清洗出党"。

1931年，在敌人军事"围剿"和经济封锁下，新生的苏维埃政权面临严峻的生存和发展危机。即便如此，为保持自身纯洁，中央苏区仍毅然掀起一场"反腐、肃贪、倡廉"红色风暴。

谢步升，在今天看来是一个陌生的名字，他却是中国共产党在成立中华苏维埃共和国后枪决的第一个贪污分子。

从现存史料来看，谢步升家境贫穷，1929年参加工农武装暴动，任云集暴动队队长。1930年参加中国共产党，并任叶坪村苏维埃政府主席。虽然这个官职不大，但随着苏维埃临时政府的建立，他的声望陡然增高，思想作风逐渐变质。他利用职权贪污打土豪所得财物，偷盖苏维埃临时中央政府管理科公章，伪造通行证私自贩运物资到白区出售，谋取私利。他为了掠取钱财，秘密杀害干部和红军军医。此外，他还生活腐化堕落，诱迫奸淫妇女。

相关部门接到举报后，立即成立专案组，调查人员很快就掌握了谢步升的犯罪事实。然而，谢步升被关押后不久，办案就受到了阻力。彼时，谢步升的入党介绍人在苏区中央局任职，他认为谢步升并无大错，而是办案人员小题大做，故意发难。之后，苏区中央局通知调查组释放谢步升。

时任中共瑞金县委书记的邓小平得知后十分气愤。几十年后，曾参与过调查此案的瑞金县苏维埃政府裁判部相关人员回忆："当时邓小平同志就拍着桌子说，'像谢步升这样的贪污腐化分子不处理，我这个县委书记怎么向人民群众交代？'"

随后,邓小平亲自到苏区中央局反映了谢步升的犯罪事实,同时派人向时任中央政府主席的毛泽东汇报情况。毛泽东听后当场表态:"腐败不清除,苏维埃旗帜就打不下去,共产党就会失去威望和民心!依法与腐败作斗争,是我们共产党人的天职,谁也阻挡不了!"

1932年5月5日,瑞金县苏维埃裁判部对谢步升进行公审判决,判处谢步升死刑。谢步升不服,向中华苏维埃共和国临时最高法庭提出上诉。

1932年5月9日,以梁柏台为主审的中华苏维埃共和国临时最高法庭二审开庭,经审理,否决了谢步升的上诉,维持原判,判决:"把谢步升处以枪决,并没收谢步升个人的一切财产。"

当日下午,一声枪响,谢步升在红都瑞金伏法。

中华苏维埃共和国临时中央政府的反腐第一枪,充分证明了中国共产党自成立之始,便具有惩治腐败的坚定决心。

1933年12月15日,中共中央正式发布《中央执行委员会第二十六号训令——关于惩治贪污浪费行为》。训令规定:"凡苏维埃机关、国营企业及公共团体的工作人员利用自己地位贪污公款以图私利者,按贪污公款数额分别进行惩处","凡挪用公款为私人营利者以贪污论罪。"这是中国共产党历史上的第一个反腐败法令,表明了中国共产党坚决惩治腐败的决心。

1941年,抗日根据地开始遭到日军残酷的"扫荡",陕甘宁边区和各抗日根据地进入极端困难时期,边区军民为打破封锁、克服困难而积极开展大生产运动。同年通过的《陕甘宁边区施政纲领》强调,厉行廉洁政治,严惩公务人员之贪污行为,禁止任何公务人员假公济私之行为,共产党员有犯法者从重治罪。

然而，有一名老红军却"掉队"了——肖玉璧1933年参加革命，身经百战，战功赫赫，身上有90多处伤疤。但在任清涧县张家畔税务分局局长期间，却以功臣自居，不把反贪规定放在眼里，利用职位实行贪污、克扣公款3050块大洋，甚至把根据地奇缺的粮、油偷偷倒卖出去，从中牟利。

1941年2月，肖玉璧因贪污腐败被陕甘宁边区高等法院判处死刑。肖不服判决，直接写信向毛泽东求情。当陕甘宁边区政府主席林伯渠把他的信转交给毛泽东时，毛泽东当场对林伯渠说："你记得我是怎样对待黄克功的吧？这次和那次一样，我完全拥护法院的判决。"1941年底，肖玉璧被执行枪决。

1942年1月5日，《解放日报》就此发表评论："在'廉洁政治'的地面上，不容许有一个'肖玉璧'式的莠草生长！有了，就拔掉它！"

此案之后，陕甘宁边区的贪污腐化率猛然下跌。

1945年，毛泽东提出，要夺取全国革命胜利，"就要有一个有纪律的、思想上纯洁的、组织上纯洁的党"；"对于贪污、浪费和官僚主义的严重现象，如果不加以彻底肃清，……这就有亡党、亡国、亡身的危险。"

1945年7月初，黄炎培、冷遹等6人访问延安。毛泽东多次同他们促膝长谈。对此，黄炎培在日记中写道："有一回，毛泽东问我感想怎样？我答……一部历史，'政怠宦成'的也有，'人亡政息'的也有，'求荣取辱'的也有。总之没有能跳出这周期率的支配。""毛泽东答：我们已经找到新路，我们能跳出这周期率。这条新路，就是民主。只有让人民来监督政府，政府才不敢松懈。只有人人起来负责，才不会人亡政息……"这段后来被称为毛泽东与黄炎培的延安"窑洞对"，正是中国共产党始终对腐败高度警惕的一个缩影。

1949年3月23日,离开西柏坡之际,毛泽东对周恩来说:"今天是进京的日子,进京赶考去。"周恩来笑答:"我们应当都能考试及格,不要退回来。"毛泽东说:"退回来就失败了。我们决不当李自成,我们都希望考个好成绩。"这段关于"进京赶考"的对话意味深长,发人深省,进一步彰显了中国共产党人在胜利面前不骄不躁的精神和心态。

从炮火硝烟中走来的中国共产党人,以"进京赶考"的自觉、"决不当李自成"的警惕,迎接新中国的诞生。

二

中国共产党夺取全国政权以后,从一个由领导人民通过革命夺取政权的党转变为掌握整个国家命运的执政党,面临着反腐败斗争新的考验。

1949年10月1日,中华人民共和国成立。1949年10月19日,中央人民政府委员会第三次会议决定成立中央人民政府政务院人民监察委员会。

1949年11月9日,中共中央政治局会议作出《关于成立中央及各级党的纪律检查委员会的决定》,成立了由朱德等11人组成的中共中央纪律检查委员会。到1950年底,全国大部分地、县级以上的党委均建立了纪律检查委员会,使得执政后的中国共产党处理党组织和党员违反党章党纪的工作有了专门负责机构,从制度上加强了纪律建设和反腐败斗争。

在新民主主义革命胜利前夕,毛泽东在党的七届二中全会上的报告中明确提出了防止"糖衣炮弹"进攻的问题,强调面对"党内的骄傲情绪,以功臣自居的情绪,停顿起来不求进步的情绪，贪图享乐不愿再过艰苦生活的情绪"可能出现，全体党员特别是党员领导干部必须高度"警惕居功自傲和资产阶级思想的腐蚀"，防止"用糖衣裹着的炮弹的攻击"，"务必使同志们继续地保持谦虚、谨慎、不骄、不躁的作风，务必使同志们继续地保持艰苦奋斗的作风"。

毛泽东的这些话不幸而言中。新中国诞生后不久，一些从枪林弹雨中走过来的党员干部，以为革命胜利，大功告成，开始贪图享受起来。

1951年秋，在为支援抗美援朝而开展的增产节约运动中，各地都发现了大量惊人的贪污浪费和官僚主义现象。刘青山、张子善就是这样的典型。刘青山参加过1932年河北高阳、蠡县的农民暴动，曾被国民党逮捕，在敌人的严刑逼供下坚贞不屈。张子善在国民党监狱里长达五年时间不曾叛党，曾参加过狱中的绝食斗争，在敌人面前表现了共产党人的英雄气概。

然而，就是这两位经历过土地革命、抗日战争和解放战争严峻考验的老革命，在进城后短短两年多时间里，在资产阶级思想和生活方式的腐蚀下，贪污腐败，蜕化变质，从革命功臣沦落到人民的罪人。

1949年，33岁的刘青山来到天津任地委书记，成为11县4镇400万老百姓的父母官。张子善任天津行署专员。

上任以后，刘青山就以养病为由，住进位于英租界马场道的小洋楼，号称"刘公馆"，里面装修考究，格外豪华。生活上他也追求奢华，什么都要高标准的，曾经动用公款从香港买了两辆美国高级轿车。

两年间，刘青山、张子善二人利用职权，盗用机场建筑款、救济水灾的造船贷款、治河款，以及克扣地方粮、干部家属救济粮、民工供应粮等总计达旧币171亿元，用于经营他们秘密掌握的"机关生产"。而同一历史时期，国家救济标准是一个人每月5元，每户每月最高救济不得超过15元。

刘青山、张子善二人还勾结奸商，倒买倒卖，使国家财产蒙受损失达旧币21亿元。刘青山还有句口头禅："天下是老子打下来的，享受一点还不应当吗？革命胜利啦，老子该享受享受啦！"

二人的犯罪事实触目惊心。不久，华北局向中央报告了刘青山、张子善二人的严重犯罪情况，引起党中央和毛泽东的高度重视。

毛泽东在报告批语中指出，刘青山、张子善这件事，向全党提出了警告，必须严重地注意干部被资产阶级腐蚀发生严重贪污行为这一事实，注意发现、揭露和惩处，并须当作一场斗争来抓。

如何惩处刘青山、张子善两大贪污犯，尤为世人瞩目。在广泛征求、听取各方面对量刑的意见基础上，中央决定同意判处刘青山、张子善死刑。1952年2月10日，河北省在保定举行公判大会，刘青山、张子善被执行枪决。

在公审刘青山、张子善之前，鉴于两人在战争年代的贡献，曾有党内的老同志为刘张二人说情。毛泽东说，正因为他们两个人的地位高、功劳大、影响大，所以才下决心处决他们。只有处决他们，才可能挽救20个、200个、2000个犯有不同程度错误的干部。此举可见毛泽东的用心之苦。

行刑的枪声，犹如晴天霹雳，震惊了整个新中国，人们震惊于刘张二人腐败蜕变的速度，更震惊于党中央反腐拒变的决心。"新中国第一枪"向全国人民再次表明，中国共产党绝不容忍利用执政党地位谋取私利的腐败现象，贪污腐败分子一经发现，不管资格多老、职务多高，一律严惩不贷。

刘青山、张子善特大贪污案，成了点燃"三反"运动的导火索。1951年12月1日，中共中央发出《关于实行精兵简政、增产节约、反对贪污、反对浪费和反对官僚主义的决定》，开展"三反"斗争。毛泽东强调："必须毫不迟疑地开除一批丧失无产阶级立场的贪污蜕化分子出党，撤销一批严重的官僚主义分子和那些居功自傲、不求上进、消极疲沓、毫不称职的分子的领导职务（其中有些也应当开除出党），对于开除这些人出党和撤销这一些人的职务，不应当有可惜的观点。"

针对部分以权谋私、贪污腐化的"李自成式"党员干部一度极为明显的情形，从1951年11月下旬到年底，毛泽东为指导"三反"运动批转了大量报告，写了许多指示、批语和书信，仅《建国以来毛泽东文稿》第2册就收录了50件。毛泽东将治吏与治国、治党有机结合起来，从《资治通鉴》等历史典籍中找寻治理智慧："治国就是治吏。礼义廉耻，国之四维。四维不张，国之不国。如果一个个都贪污无度，胡作非为，国家还没办法治理他们，那么天下一定大乱，老百姓一定要当李自成。国民党是这样，共产党也是这样。"他还斩钉截铁说，"一旦谁要是搞腐败，我毛泽东就割谁的脑袋。如果我毛泽东搞腐败，人民就割我毛泽东的脑袋"。这些话振聋发聩、言犹在耳，体现了党中央在新中国成立初期对全体党员尤其是广大党员干部从严的要求。

1952年1月26日，中共中央又发出《关于首先在大中城市开展"五反"斗争的指示》，要求在全国开展反对行贿、反对偷税漏税、反对偷工减料、反对盗骗国家财产、反对盗窃国家经济情报的"五反"斗争。

"三反""五反"运动是中国共产党直接针对腐败问题的政治举措,是为"进京赶考"的承诺交一份让人民满意的答卷。

1952年4月21日,新中国成立后第一部反贪污条例《中华人民共和国惩治贪污条例》颁布。该条例共十八条,第一条阐明制定条例的依据:"根据中国人民政治协商会议共同纲领第十八条严惩贪污的规定,特制定本条例。"第二条阐明贪污罪的定性:"一切国家机关、企业、学校及其附属机构的工作人员,凡侵吞、盗窃、骗取、套取国家财物,强索他人财物,收受贿赂以及其他假公济私违法取利之行为,均为贪污罪。"第三条阐明对贪污罪犯的处理:"犯贪污罪者,依其情节轻重,按下列规定,分别惩治。"

1957年之后,由于左倾观点特别是阶级斗争扩大化带来的消极影响,中国共产党的反腐败斗争开始转由采取各种群众性运动的方式来完成,有效净化了新中国成立初期的党风政风社风,但也存在一些目标理想化、反腐运动化等问题。

三

1978年12月,党的十一届三中全会决定恢复党的纪律检查机关,并选举产生了以陈云为第一书记的新的中央纪律检查委员会。这次会议的召开,不仅从组织机构上建立了中央纪律检查委员会,而且为纪委工作的开展指明了方向,明确了任务,开创了新时期纪律检查工作新局面。

党的十一届三中全会以后,我国进入改革开放和社会主义现代化建设新的历史阶段,反腐败斗争展现出了与以往不同的新形势、新特点。一些腐朽思潮随之滋生并在一定范围蔓延,给反腐败带来新的挑战。邓小平及时提出，反腐败必须旗帜鲜明、坚定不移，要"一手抓改革开放，一手抓惩治腐败"。

党的十一届三中全会以后，中国共产党总结党内政治生活正反两方面经验教训，于1980年制定和颁布了《关于党内政治生活的若干准则》，对有关党内政治生活的问题作出具体规定，对党章进行了补充。邓小平在1980年12月中央工作会议上指出："各级党组织，每个党员，都要按照党章规定，一切行动服从组织的决定，尤其是必须同党中央保持政治上的一致。这一点现在特别重要……党的纪律检查机关要把这一点作为当前的重点。"

1982年4月10日，中共中央政治局会议讨论《中共中央国务院关于打击经济领域中严重犯罪活动的决定》，党中央对于腐败危害性的认识不断深化。反腐败斗争成为党风廉政建设的主战场。

改革开放初期，广东省海丰县委原书记、原汕头地委政法委员会副主任王仲为走私人员充当"保护伞"，先后利用职权侵吞缉私物资、受贿索贿总额达6.9万余元。相当于当时一位普通干部100年的工资收入，令人触目惊心。在他的纵容和影响下，海丰县一时成为远近闻名的私货市场，甚至有人讥讽地将海丰喻为"远东的国际市场"。

1982年2月20日，《人民日报》报道了海丰县四艘缉私艇人员执法犯法被逮捕法办的消息后，王仲自感问题严重，为了掩盖罪行，与妻子陈巧兰、儿子王建成等人将赃款赃物转移疏散到8个亲友家窝藏，并与有关人员订立攻守同盟，对抗审查。

经广东省人民检察院、汕头地区检察分院立案侦查，掌握了王仲大量的犯罪事实。1982年8月24日，广东省人民检察院汕头地区分院批准将王仲依法逮捕，并于1982年12月31日将王仲一案诉至广东省汕头地区中级人民法院。经审理查明：王仲，利用职权侵吞缉私物资、受贿索贿总额达69749元，情节特别严重，已涉嫌构成贪污罪和受贿罪。

此案的处理受到了陈云的极大关注，他多次听取案情汇报，先后派出了100多人次的工作组调查此案。当时有人认为，王仲是一个老同志，为国家做过一些贡献，可以考虑从轻处理。但是中央，特别是陈云认为，在改革开放的关键时刻，在一个地区出现如此严重的问题，王仲确实起了非常坏的示范效果，如果不按照党纪国法给予惩处的话，对改革开放是不利的。

于是，广东省汕头地区中级人民法院依照《中华人民共和国刑法》第155条、第185条和第53条第一款的规定，判处王仲死刑，剥夺政治权利终身。王仲不服，提出上诉，经广东省高级人民法院终审裁判，驳回上诉，维持原判，并报经最高人民法院核准，于1983年1月17日执行枪决。

王仲是改革开放后第一个因贪污腐败被判处死刑的县委书记，其腐败行为带有明显的时代特征，因而此案亦被称为"改革开放后反腐第一案"。

随着改革开放不断深入，针对腐败现象大量滋生蔓延的严峻形势，党风廉政建设和反腐败斗争也不断加强。1985年，邓小平指出，主要是通过两个手段解决腐败，一个是教育，一个是法制。1986年，第六届全国人民代表大会常务委员会第十八次会议通过《关于设立中华人民共和国监察部的决定》，恢复并确立国家行政监察体制。1987年，全国恢复该体制后组建的首个地方监察机关——深圳市监察局成立。1992年，邓小平强调"廉政建设要作为大事来抓,还是要靠法制,搞法制靠得住些"。1993年,全国纪检、监察机关自上而下实行合署办公。同年,十四届中央纪委二次全会首次作出"反腐败斗争形势是严峻的"重大判断,将廉洁自律、办案和纠风确立为反腐败"三项工作格局"。

1997年9月,党的十五大明确"党委统一领导,党政齐抓共管,纪委组织协调,部门各司其职,人民群众广泛参与"的反腐败领导体制和工作机制,表明了党和国家决心把这场"严重政治斗争"深入、持久地进行下去的坚强决心,极大地推动了反腐败斗争的开展。

1998年11月,中共中央、国务院印发《关于实行党风廉政建设责任制的规定》,规定"实行党风廉政建设责任制,要坚持党委统一领导"。

2002年11月,党的十六大召开,确立了"标本兼治、综合治理、惩防并举、注重预防"的反腐倡廉工作方针,惩治与预防腐败的关系更加明确。以党的十六大召开为标志,党和政府真正进入了制度反腐的阶段。

2006年1月,十六届中央纪委六次全会提出,要做到"用制度管权、用制度管事、用制度管人,推进党风廉政建设和反腐败斗争制度化、规范化"。2007年10月,党的十七大首次将反腐倡廉建设列为党的建设的重要组成部分。这个时期重点查办了一批党员领导干部滥用职权、腐化堕落的案件,胡长清、成克杰、陈良宇等落马表明了党反腐败的鲜明态度和坚强决心,但腐败问题多发依然突出,斗争形势依然严峻、任务依然艰巨。

四

2012年11月，党的十八大召开，将全面从严治党纳入"四个全面"战略布局，对加强党风廉政建设和反腐败斗争提出了一系列新要求。

党的十八大以来，中国共产党不断加强以党章为中心的党内法规建设和以宪法为核心的国家法律体系建设。习近平总书记强调"必须坚持依法治国与制度治党、依规治党统筹推进、一体建设"的要求，要尽快形成内容科学、程序严密、配套完备、有效管用的反腐败制度体系。

"一只南美洲亚马逊河流域热带雨林中的蝴蝶，偶尔扇动几下翅膀，可以在两周以后引起美国得克萨斯州的一场龙卷风……"1963年，美国气象学家爱德华·洛伦兹（Edward N. Lorenz）在一篇提交纽约科学院的论文中这样描述了蝴蝶效应。如果把中国正在进行的高压反腐比喻成一场风暴，那只蝴蝶扇动的翅膀就是中央八项规定。

党的十八大后，中央作出"反腐败斗争形势依然严峻复杂"的政治判断。2012年12月4日，中央八项规定出台，作为党的十八大后制定的第一部重要党内法规，向全党改进作风发出了动员令。

中央八项规定从小处着手、大处着眼，坚持制度创新和实践落实双向发轫，撬动中国反腐变革。

美国乔治亚州立大学政治学教授安德鲁·魏德安曾在英国《金融时报》撰文称，习近平上任以来展开的反腐行动"很可能成为自1970年代末中国改革开放以来最持久、最强硬的一次'实干'行动"。

这种实干行动体现在以刮骨疗毒、壮士断腕的勇气，刀刃向内、重典治乱，严肃查处一大批高级干部违纪违法案件，坚决整治发生在群众身边的不正之风和腐败问题，深入推进反腐败国际追逃追赃工作，"打虎""拍蝇""猎狐"三管齐下，有效遏制腐败现象滋生蔓延的势头。

2021年6月28日上午，在庆祝中国共产党成立100周年活动新闻中心举行的第二场新闻发布会上，中央纪委副书记、国家监委副主任肖培透露，党的十八大以来，纪检监察机关共立案审查调查省部级以上的领导干部392人、厅局级干部2.2万人、县处级干部17余万人、乡科级干部61.6万人，查处落实中央八项规定精神不力、有严重四风问题的62.65万起。

与此同时，党的十八大以来，全面从严治党制度建设不断加强，为反腐败斗争提供了法治保障。党的十九大把党的十八大以来管党治党形成的系列重要理论成果写入党章。包括"坚持依规治党、标本兼治，坚持纪律挺在前面"，"以零容忍态度惩治腐败，构建不敢腐、不能腐、不想腐的有效机制"等。修订了《中国共产党纪律处分条例》《中国共产党巡视工作条例》，出台了《中国共产党党内监督条例》《中国共产党问责条例》等党内重要法规。

深化国家监察体制改革，颁布《中华人民共和国监察法》，组建国家监察委员会，纪检监察机关深入开展转职能、转方式、转作风"三转"工作，聚焦纪检监察主责主业，实现了党统一指挥，纪律监督、监察监督、派驻监督、巡视监督全覆盖的权威高效的权力监督制度和执纪执法体系，为党风廉政建设和反腐败斗争不断向纵深推进提供了有力保障。

从世界廉政治理的历史来看，党的十八大以来的这次治理突破了以往执政党难以自我净化的理论藩篱，具有极其宝贵的创新价值。虽然这一制度的全部价值，需要更长时间去发掘和检验，但是其蕴含的政治智慧和治理理念已经初现轮廓，梳理脉络、总结经验教训可以为后续建设提供参考。

本人撰写的《不信东风唤不回》一书，以中央八项规定出台为切入点，以党刊和中央文件公布的资料和数据为基础，通过真实鲜活生动的典型案例，运用历史和现实交汇方式叙述聚焦，着力探讨2012年至2022年间中国反腐变革，展现反腐败斗争取得压倒性胜利并全面巩固的态势。这是一部解读中国共产党全面从严治党，以自我革命的精神，增强自我净化、自我完善、自我革新、自我提高能力，从而改变中国的读物。不仅可以帮助读者了解中央八项规定出台的深层次原因，及其产生的重大政治影响和对现状的深刻改变，更能帮助读者了解中国共产党正风反腐坚如磐石的决心。

在此书成稿过程中，本人从多维度的视角出发，既洞察历史，又贴近现实，并引用和参考了学术界、理论界的一些研究成果，引用和参考了部分媒体报道案例，所引用的内容在书中已作了注明，不一一列举。在此，特向被引用著作、文章的作者致以崇高的敬意，并表示衷心的感谢！

鉴于本人水平有限和时间仓促，本书难免疏漏，不足之处恳请读者给予批评指正。我的电子邮箱：xhslisong@163.com。

李　松

2022年7月25日于北京

第一章
以作风建设开启正风反腐新模式

> 中国共产党来自人民、植根人民、服务人民，一旦脱离群众就会失去生命力，全面从严治党必须从人民群众反映强烈的作风问题抓起。正是驰而不息纠治不良作风，使中国共产党穿越百年风雨，始终保持同人民群众的血肉联系，赢得人民群众的衷心拥护。

第一节

中央八项规定——小切口撬动大变革

有一个政治词汇,改变了党风政风,也引领着社风民风;

有一项治党举措,改变了中国,也塑造着时代,成为中国共产党再塑自身形象的第一行动、全面从严治党的亮丽名片……

诸多深刻意义背后,它有着一个中国人家喻户晓的名字——中央八项规定。

一、全面从严治党的开篇之作

2012年11月8日至14日,中国共产党第十八次全国代表大会在北京举行。以此为节点,历史的接力棒交到以习近平同志为核心的党中央手中。

这时,距第一个百年奋斗目标不到八年,离中华民族伟大复兴从未如此之近。同时,更加复杂的世情、国情、党情,一系列矛盾、问题和挑战,摆在新的"赶考者"面前。一是中国共产党面临的执政考验、改革开放考验、市场经济考验、外部环境考验这"四大考验"是长期的、复杂的、严峻的,精神懈怠危险、能力不足危险、脱离群众危险、消极腐败危险这"四种危险"更加尖锐地摆在全党面前;二是党只有得到人民群众的大力支持,才能更好地推进中国特色社会主义的伟大事业,因此改进党的工作作风是一个关键问题;三是在新的历史时期下,党的作风出现了一系列相应的新问题，必须下大力气加以整治和完善。

如何破题，怎样开篇？以习近平同志为核心的党中央着眼使命担当、坚持问题导向，从群众反映最强烈的作风问题入手，迈出实现"打铁还需自身硬"、锻造坚强领导核心的重要一步。

"全党看着中央政治局，要求全党做到的，中央政治局首先要做到。"2012年12月4日，十八届中央领导集体履新不到20天，中央政治局召开会议，审议通过《十八届中央政治局关于改进工作作风、密切联系群众的八项规定》，即中央八项规定——

一、中央政治局全体同志要改进调查研究，到基层调研要深入了解真实情况，总结经验、研究问题、解决困难、指导工作，向群众学习、向实践学习，多同群众座谈，多同干部谈心，多商量讨论，多解剖典型，多到困难和矛盾集中、群众意见多的地方去，切忌走过场、搞形式主义；要轻车简从、减少陪同、简化接待，不张贴悬挂标语横幅，不安排群众迎送，不铺设迎宾地毯，不摆放花草，不安排宴请。

二、要精简会议活动，切实改进会风，严格控制以中央名义召开的各类全国性会议和举行的重大活动，不开泛泛部署工作和提要求的会，未经中央批准一律不出席各类剪彩、奠基活动和庆祝会、纪念会、表彰会、博览会、研讨会及各类论坛；提高会议实效，开短会、讲短话，力戒空话、套话。

三、要精简文件简报，切实改进文风，没有实质内容、可发可不发的文件、简报一律不发。

四、要规范出访活动，从外交工作大局需要出发合理安排出访活动，严格控制出访随行人员，严格按照规定乘坐交通工具，一般不安排中资机构、华侨华人、留学生代表等到机场迎送。

五、要改进警卫工作，坚持有利于联系群众的原则，减少交通管制，一般情况下不得封路、不清场闭馆。

六、要改进新闻报道,中央政治局同志出席会议和活动应根据工作需要、新闻价值、社会效果决定是否报道,进一步压缩报道的数量、字数、时长。

七、要严格文稿发表,除中央统一安排外,个人不公开出版著作、讲话单行本,不发贺信、贺电,不题词、题字。

八、要厉行勤俭节约,严格遵守廉洁从政有关规定,严格执行住房、车辆配备等有关工作和生活待遇的规定。

一场激浊扬清的作风变革从这一天开启,一场脱胎换骨似的革命性重塑从这一天迈出坚毅步伐,给全党全社会注入崭新气象;这块厚植执政之基的巨石,成为历史跃升的有力支点,带来改变中国的磅礴力量。

这短短600多字的中央八项规定,被称作党的十八大以来推进全面从严治党的开篇之作。其锋芒所针对的病灶,则是被称作"四风"的四种坏现象——形式主义、官僚主义、享乐主义和奢靡之风。

"党的作风就是党的形象,关系人心向背,关系党的生死存亡""如果领导干部弄不清'为了谁、依靠谁、我是谁',如果'四风'问题蔓延开来又得不到有效遏制,就会像一座无形的墙把党和人民群众隔开,就会像一把无情的刀割断党同人民群众的血肉联系,那后果就严重了"……从习近平总书记深刻的话语中,不难体会出,出台中央八项规定,着眼的正是人心向背。

中央八项规定有着全面从严治党的方法论意蕴。从历史角度、现实角度、逻辑角度和实践角度体现了多位一体的方法论特质,内含了加强党的领导、坚持人民立场、规范权力运行、保障依法治国的价值逻辑。

中央八项规定的内容,看似抓的是小事,但其背后体现的是中国共产党人一直以来的精神追求和核心价值。

从井冈山"不拿群众一个红薯"的告诫,到延河边"把官僚主义者比作泥塑神像"的余响、西柏坡"一不做寿，二不送礼"的规定，再到改革开放以后的"三讲教育"和"三个代表"党员先进性教育，在中国共产党百年非凡奋斗的历程中，作风建设的脉络清晰而有力。

中央八项规定，正是这一脉络的历史延续和时代表达。

二、"动真格"与"持续动真格"

"动真格"，这是许多人对中央八项规定的印象。而"持续动真格"，则是中央八项规定出台以来的常态。

"规定就是规定，不加'试行'两字，就是要表明一个坚决的态度，表明这个规定是刚性的。"习近平总书记话语坚定。

中央八项规定，从调查研究、会议活动、文件简报、出访活动、警卫工作、新闻报道、文稿发表、勤俭节约八个方面设立起长期有效的铁规矩、一以贯之的硬杠杠，指向清晰、项项可行。人们发现中央八项规定事无巨细都要管，更发现这种事无巨细都要管的风格，成为党的作风建设的鲜明特点。

言出必信，行胜于言。

中央八项规定出台不到一个月，各地各部门积极跟进，20多个省份向社会公布了八项规定具体实施细则；规定出台一年，中央纪委、中央办公厅、国务院办公厅等出台了至少14部约束党政机关及其工作人员的制度规定，涵盖吃、住、行等各方面。

"党组成员每年至少到基层调研1个月""报交流发言应控制在10分钟以内""内容相近、时间靠近、与会人员重叠的会议，可合并套开或接续召开""每月第一个完整周为无会周"……"细节入手""可操作性强"，各地细则真抓实干、毫不马虎。

硬制度需要硬执行。常态化、制度化的监督检查和纪律处分成为中央八项规定不沦为"一阵风"的保障。

曾有媒体总结过中央纪委反腐的时间特点,"周一拍苍蝇、周末打老虎"。其中周一被公布的"苍蝇",绝大多数都是因为违反中央八项规定受到的处分。遵守中央八项规定成为公务员们工作和生活中的重要准则。

既有平日里的坚持,也狠抓节假日等时间节点。自2013年起,人们印象深刻的是,每逢佳节,春节、中秋节、教师节等,中央都会专门出台文件,严刹送礼之风。

中央八项规定出台以来,其执行力度有增无减。在中央巡视组的一系列整改措施通报中,人们更是发现,"动真格"并非一句口号那么简单。中央"持续动真格",着力强化抓早抓小,正风肃纪毫不手软。

2015年分别发生在北京和湖南的两场婚宴,就很能说明问题。两相对比,不守规矩的后果很严重——

2015年12月1日,教育部党组召开视频会,对此前查处的中央音乐学院、北京邮电大学、对外经济贸易大学等3所部属高校4起违反中央八项规定精神问题等典型案件进行通报。引起舆论很大反响的是,中央音乐学院院长王次炤因为其女违规操办婚宴问题,而被给予党内严重警告处分,并被免去了中央音乐学院党委常委、委员、院长职务。

而在2015年11月17日,湖南怀化市委书记彭国甫向该省纪委党风政风监督室呈送了一份《党和国家工作人员操办婚礼事后报告表》。这场同样为孩子办的婚礼,只邀请了双方亲戚代表及孩子的部分老师和同学。婚礼当天,从婚庆公司租了4辆车,准备的7桌酒席均未坐满,直系亲属以外人员的礼金礼品也全部退回。

"持续动真格"最直接地体现在了中央纪委国家监委网站上。中央八项规定出台以来,这个网站每月更新一次月报,从未间断。中央纪委在31个省(自治区、直辖市)和新疆生产建设兵团、59个中央和国家机关中,都建立了落实中央八项规定精神情况月报制度,还在官网设立了专栏曝光典型案例。

刚开始时，通报中还模糊掉人物姓名和身份，如今已经实现了常态化的"指名道姓"，从部级领导到村干部，出现在这份名单上的官员有名有姓，就出现在每个普通人身边，大大增强了人民群众对制度的信赖。据中央纪委月报显示，仅2014年就有2名省部级、175名地厅级官员因违反中央八项规定被查，平均下来每两天就有一名厅级以上官员被通报。

2021年11月24日，中央纪委国家监委公布了全国查处违反中央八项规定精神问题的最新月报数据。2021年10月，全国各级纪检监察机关共查处违反中央八项规定精神问题7636起，批评教育帮助和处理10933人，其中党纪政务处分7683人。

连续98个月公布的月报数据，见证着中央八项规定精神的落实落地、深入人心。

"中央八项规定不是只管5年、10年，而是要长期坚持。"

"作风建设是攻坚战，也是持久战。"

"作风建设永远在路上，永远没有休止符。"

习近平总书记的要求字字铿锵、掷地有声，彰显了新时代中国共产党人"打铁还需自身硬"的底气和从严治党的决心。

驰而不息，久久为功，不信东风唤不回。

2017年10月27日，党的十九大闭幕第三天，习近平总书记主持召开十九届中央政治局第一次会议，审议通过《中共中央政治局贯彻落实中央八项规定实施细则》。新一届中央领导的开篇之作，向全党全社会释放了强烈信号：作风建设永远在路上。

2021年12月6日，中共中央政治局召开会议，除了分析研究2022年经济工作外，也同时研究部署了2022年党风廉政建设和反腐败工作，审议了《中国共产党纪律检查委员会工作条例》。

会议在提到推动落实中央八项规定精神、推进党风廉政建设和反腐败斗争时,强调了两个关键词:持之以恒、一刻不停。

党的十九届六中全会审议通过的《中共中央关于党的百年奋斗重大成就和历史经验的决议》指出,党中央发扬钉钉子精神,持之以恒纠治"四风",刹住了一些过去被认为不可能刹住的歪风,纠治了一些多年未除的顽疾,党风政风和社会风气为之一新。

三、从风气变化到"显规则"发威

中央八项规定出台以来,在以习近平同志为核心的党中央坚强领导下,一系列剑指作风之弊的实招硬招频频出击,一项项针对作风建设的组合拳效果空前,每年都有新招数,不断释放新信号:

全党踏石留印、抓铁有痕遏制"舌尖上的浪费",纠正"会所里的歪风",整治"车轮上的腐败"……一个节点一个节点坚守,一个阶段一个阶段推进,党风社风清风劲吹、沉疴渐除。

从党的群众路线教育实践活动到党史学习教育,从"老虎、苍蝇一起打"到党内巡视监督、派驻监督全覆盖……党的建设在制度方面不断取得新突破,进而撬动整个社会的大变革。

中央标本兼治,一方面刚性执纪,一方面建章立制;净化政商关系、淳化社风民风,助力经济社会朝着更健康的方向转型发展……从中央八项规定到"最严党纪",利剑高悬,警示人们恪守纪律。

一记妙手,收力挽狂澜之效;砥砺前行,万里关山终成身后风景。

2017年8月,著名作家二月河在接受媒体采访时说,中央八项规定出台以来,从整个社会层面上来说,有效地遏制了吃喝风。在为民服务意识上,也有了惊人的变化。从更大的历史视野而言,党的十八大是一个历史转折点,中国大地上发生了巨大的变化,这是历史性的变化。

说到变化,时任浙江省金华市委常委、市纪委书记、市监委主任郎文荣接受媒体采访时说,干部从"酒局""牌局"和繁文缛节中解脱出来,少了酒气、去了官气、接了地气、树了正气,老百姓感到心里亮堂了、气顺了。

二月河、郎文荣的话,代表了广大干部群众的共同心声,也是中央八项规定精神带来崭新变化的生动剪影。

"针尖大的窟窿能透过斗大的风",中央八项规定出台以来,如一把高悬利剑,警示人们恪守纪律,党员干部的心态与行为悄然生变。比如,广大党员、干部从文山会海和接待应酬中解脱出来,工作方式和生活方式发生明显转变,文件会议少了,接待应酬少了、家人团聚多了;减少了迎来送往、繁文缛节,各级干部有更多时间和精力沉下身子听实情、办实事、解民困。

中央八项规定所产生的一系列示范带头效应,都使得它成为一个关键性的文件。之后许多进一步夯实干部行为作风的规定与措施,实际上都是和中央八项规定相呼应的,对于风气的改变,一系列数据最能说明一切。

中央八项规定深入人心,凝聚起强大正能量——

2013年12月,国家统计局对31个省区市3.1万名普通群众的电话调查数据显示,96%的受访者对新一届中央领导集体制定和执行中央八项规定持满意态度,其中53.5%的受访者表示"很满意",88%的受访者相信中央八项规定能长期执行,81.1%的受访者认为身边党员、干部工作作风有改进。

铺张浪费现象得到有效遏制,崇尚节俭的氛围日益浓厚——

据不完全统计,2013年1月至11月,中央和国家机关113个部门和单位本级公务接待费、因公出国(境)费、公务用车购置及运行费与2012年全年相比,下降幅度分别为42.9%、38.1%和10.9%;31个省区市省直单位公务接待费、因公出国(境)费、公务用车购置及运行费与2012年全年相比,分别下降36.2%、32.7%和15.3%。

2013年前三季度，中央国家机关人均用水量、用电量、公务用车用油量同比分别下降4.07%、3.76%、6.46%，单位建筑面积用电量同比下降2.85%。

各级领导干部逐步摆脱文山会海、走出机关大院，拿出更多时间和精力深入基层一线、解决实际问题——

据不完全统计，2013年1月至11月，中央和国家机关113个部门和单位召开的全国性会议比2012年全年下降34.5%，会议费下降44.5%；文件总数、简报种类比2012年全年分别下降15.2%、47.8%；31个省区市召开的全省性会议与2012年全年相比下降28.4%，会议费下降34.9%。

用脚步丈量民情，用真情排解民忧——

许多领导干部从以前文山会海的枷锁中解脱出来，纷纷走进基层，零距离接触群众，实打实解决问题。比如，一些地方开展"进万家门、知万家情、解万家忧、办万家事"主题实践活动，切实帮助基层和群众解决实际困难和问题；一些地方制定意见，推动领导干部信访接待下基层、现场办公下基层、调查研究下基层、宣传党的方针政策下基层……

"中央八项规定既不是最高标准，更不是最终目的，只是我们改进作风的第一步，是我们作为共产党人应该做到的基本要求。"习近平总书记强调，改进工作作风的任务非常繁重，中央八项规定是一个切入口和动员令。

2013年1月，习近平总书记在十八届中央纪委二次全会上指出，要加强对权力运行的制约和监督，把权力关进制度的笼子里，形成不敢腐的惩戒机制、不能腐的防范机制、不易腐的保障机制。

显然，中央八项规定的出台与初期施行，就已为之后中国波澜壮阔的"打老虎""拍苍蝇""猎狐"奠定了基调。

风，起于青萍之末。

事实证明，中央八项规定深刻改变了中国……

第二节

以上率下发挥示范效应

2021年7月22日上午，西藏林芝，一趟飞驰在拉林铁路上的专列，穿峡谷、过隧道、跨大桥……

车厢里，正在西藏考察的习近平总书记召集相关同志深入研究"路"的事。一边透过车窗察看拉林铁路沿线建设情况，一边研究手中地图上的大片"留白"，习近平总书记由川藏铁路进而放眼广袤西部边疆的铁路网建设。

"欲影正者端其表，欲下廉者先之身"。

轻车简从，深入基层，察实情、重实效……中央八项规定出台以来，习近平总书记以身作则、率先垂范，给全党树立了典范，向全国人民持续传递党中央贯彻执行中央八项规定精神的信心与决心。

一、从中央政治局做起

"打铁还需自身硬。我们的责任，就是同全党同志一道，坚持党要管党、从严治党，切实解决自身存在的突出问题，切实改进工作作风，密切联系群众，使我们党始终成为中国特色社会主义事业的坚强领导核心。"

2012年11月15日，党的十八届一中全会选举产生新一届中央领导机构后，习近平等中央政治局常委来到人民大会堂东大厅，和中外记者见面。他斩钉截铁的话语，释放出强力推进自身建设的强烈信号。

"抓作风建设，首先要从中央政治局做起，要求别人做到的自己先要做到，要求别人不做的自己坚决不做。" 2012年12月4日，中共中央政治局会议审议通过了《中央政治局关于改进工作作风、密切联系群众的中央八项规定》。

此次会议明确地将整风目标对准了领导干部特别是高级干部，因为"领导干部特别是高级干部作风如何，对党风政风乃至整个社会风气具有重要影响"。因此，会议提出通过中央政治局的躬亲示范，"以良好党风带动政风民风，真正赢得群众信任和拥护"。

这是以习近平同志为核心的党中央开局着力抓的一件大事，是继承和发扬党的优良传统作风、密切党同人民血肉联系的重大决策部署，是党中央向全党全国人民作出的庄严承诺。

2012年12月7日，习近平总书记到广东省深圳市考察，务实亲和、平易近人的作风，给以改革创新闻名的深圳带来了一阵清风。

关于此事的报道中，媒体普遍着眼于习近平总书记对新规的带头践行。深圳卫视播出习近平总书记在深圳考察的画面时说，习近平在深圳考察期间，累计行程约150多公里，途经多条交通主干道，整个过程没有实施任何封路限行措施。在习近平前往深圳莲花山向邓小平雕像敬献花篮时，警方未进行封路清场，现场也没有铺设红地毯，大量在周末前来公园游玩的游客对此举大为赞赏。

"从具体事抓起，才能落到实处"——2012年12月24日全天和25日上午，各民主党派和全国工商联分别召开全国代表大会，顺利实现新老交替仅3天，习近平总书记冒着严寒一一登门走访。在九三学社座谈会上，他介绍了中央八项规定之所以制定得比较具体的缘由，并再次强调"物必先腐，而后虫生"，"从善如登，从恶如崩"。

2012年岁末，习近平总书记到河北阜平"看真贫"，给人们留下深刻印象。在考察准备阶段，习近平总书记对中央办公厅负责同志明确指示，要以改进作风的要求做好活动组织工作，不能安排、不能导演，县里村里都不要大搞卫生、大做准备，原汁原味，是什么样就是什么样，保证见真人、听真话。

习近平总书记强调，不许封路，减少陪同，山路上如果有冰雪，负责道路养护的人员撒些土、简单处理一下就可以了，一定不能惊动百姓去做这件事，如果遇到无法行车的路段，我就下车步行……

党的十八大以来，无论是赴地方考察调研，还是出国访问，习近平总书记都亲自审定方案，要求严格执行中央八项规定。

——考察调研中，不封路、不封园，不清场闭馆、不过度警卫，减少陪同人员，考察点不作布置，看穷苦地，吃家常菜，住普通房，与群众零距离接触。

——考察调研中，提倡说真话、道实情、讲大白话，倡导短、实、新文风，讲话直面问题、语言质朴、贴近群众，强调树立过紧日子观念，工作生活中厉行勤俭节约，保持艰苦朴素优良传统……

从赴广东考察工作时吃自助餐，到赴河北调研时吃大盆菜；从在河北阜平住16平方米的房间，到在四川芦山地震灾区住临时板房；从在湘西同村民一起摘柚子，到去北京庆丰包子铺排队点餐；从看望青岛黄潍输油管线爆燃事故受伤人员，到慰问北京四季青敬老院老人，习近平总书记深入基层，心系群众，彰显了共产党人的政治本色和为民情怀。

中央政治局其他常委同志以实际行动践行承诺，还结合分管工作召开专门会议研究部署，推动分管部门、地方、单位抓好中央八项规定精神的贯彻落实。

"中央新领导班子上任之后，开局令人振奋，完全可以用6个字概括：亲民、务实、自律……"一位网民如此评价。

2013年6月，党中央在全党部署开展党的群众路线教育实践活动，把贯彻落实中央八项规定精神作为切入点，进一步突出作风建设，坚决反对形式主义、官僚主义、享乐主义和奢靡之风，着力解决人民群众反映强烈的突出问题。

根据中央部署，中央政治局常委同志在第一批教育实践活动中分别选择一个省区建立联系点，在第二批教育实践活动中分别选择一个县作为联系点，指导推动联系点贯彻落实中央八项规定精神、改进工作作风。

赴联系点调研指导工作、全程出席指导联系点省区党委领导班子专题民主生活会、听取整改落实情况汇报……中央政治局常委同志以多种形式，推动各级党政机关、领导班子、领导干部自觉贯彻落实中央八项规定精神，在全党全社会释放了正能量。

2013年6月22日至25日，中央政治局召开专门会议，对照检查中央八项规定落实情况，研究提出加强作风建设的措施及有关制度规定，会议整整开了6个半天。为了开好这次专门会议，中央政治局就自身作风建设在党内广泛征求意见，深入总结中央八项规定贯彻执行情况，准备了60多天。

"铲除不良作风和腐败现象滋生蔓延的土壤，根本上要靠法规制度。"2015年6月26日，习近平总书记在中央政治局第二十四次集体学习时强调。

党的十八大以来，党中央多次强调健全改进作风常态化机制，《党政机关厉行节约反对浪费条例》等数十部作风、纪律建设新规接连出台。2015年10月，中办印发《中国共产党廉洁自律准则》《中国共产党纪律处分条例》，进一步把中央八项规定精神具体化、法规化。

这些重要制度，既包含着落实中央八项规定精神、纠正"四风"实践成果的总结，又为持续深入改进作风提供了制度依据和机制保障。

打铁必须自身硬。十九届中央政治局一经产生，就把作风建设摆在突出重要位置。2017年10月27日,十九大闭幕后第三天,中央政治局第二次会议研究审议《中共中央政治局贯彻落实中央八项规定的实施细则》。熟悉亲切的字眼、更加翔实具体的规定,又一次为全面从严治党的新征程启幕。

从党的十八大到党的十九大的五年间,党和国家事业取得全方位、开创性的成就,发生了深层次、根本性的变革。辉煌背后,中央八项规定功不可没,称之为夯实新时代历史性变革的基石,毫不为过。站在新的历史起点上,升级版的中央八项规定,仍将为全面从严治党向纵深推进筑就更加坚实稳固的大道之基。

作风问题无小事。习近平总书记始终从关乎党的兴衰存亡、巩固党的执政地位、实现党的初心使命的政治高度,重视加强党的作风建设。

2019年1月,习近平总书记在十九届中央纪委三次全会上深刻指出:"回顾改革开放40年的历程,我们可以清楚地看到,在进行社会革命的同时不断进行自我革命,是我们党区别于其他政党最显著的标志,也是我们党不断从胜利走向新的胜利的关键所在。"

2019年6月起,"不忘初心、牢记使命"主题教育在全党展开。2019年5月31日,习近平总书记对在主题教育中推进作风建设提出明确要求:"开展这次主题教育,就是要认真贯彻新时代党的建设总要求,奔着问题去,以刮骨疗伤的勇气、坚忍不拔的韧劲坚决予以整治,同一切影响党的先进性、弱化党的纯洁性的问题作坚决斗争,努力把我们党建设得更加坚强有力。"

中央八项规定实施以来,在中央政治局带动下,其他中央领导认真贯彻落实中央八项规定精神,严格要求、严格约束,不含糊、不越线、不变通,以实际行动诠释了改进作风的根本要求,让广大干部群众看到了实实在在的效果。

新气象、新变化,扑面而来,令人振奋。

二、中央机关以上率下

教者，效也，上为之，下效之。

实践证明，以上率下，形成层层传导压力、人人落实责任的有效链条，是贯彻落实中央八项规定极为重要的一条经验。

在中央领导率先垂范下，中央机关积极跟进，制定相应实施细则。据媒体报道，最高人民法院、环保部、外宣办、侨联等众多中央和国家机关都向本部门本系统下发了贯彻落实中央八项规定的意见、措施、规定、办法或细则。

在改进调查研究方面，国土资源部制定了23条具体措施，提出部党组成员每年至少到基层调研1个月；教育部提出要进一步推动机关干部深入基层调查研究，多接触教师学生，多进教室宿舍食堂；全国总工会提出，工会领导干部每年确定1—2个重点调研课题，加强调查研究。

在精简会议活动方面，民政部提出要充分运用现代信息技术手段改进会议形式，提高会议效率；文化部提出大型会议的汇报交流发言应控制在10分钟以内，总时间控制在两小时以内。

在精简文件简报方面，审计署提出，行政公文纸质文件只印制发送署领导件和主办单位存档件，其他一律发送电子件；中科院提出，院领导讲话不以文件形式印发，可发可不发的文件坚决不发，2013年各类发文数量要比2012年减少10%以上。

……

初步统计，中央八项规定出台以来，截至2013年1月4日上午，甘肃、江苏、安徽、山西、湖南、新疆、黑龙江、西藏、湖北、青海、福建、浙江、云南、江西、北京、山东、宁夏、天津、吉林、贵州等20多个省份向社会公布了具体实施细则，许多规定从细节入手，具有可操作性。

——北京提出市委、市政府主要领导调研，陪同的有关部门负责同志不超过5人，市领导参观展览、观看一般性文艺演出以及出席其他文艺活动一律不作报道。

——湖南提出，严禁豪华装饰公务用车，逐步换乘国产自主品牌汽车，省领导不得担任书刊、影视片的主编、编委、顾问等职务。

——山东提出省委常委到基层一律在定点宾馆住宿，不住超规格套房，内容相近、时间靠近、与会人员重叠的会议，可合并套开或接续召开。

——安徽提出每月第一个完整周为无会周，要求省委省政府负责同志每年深入基层调研时间不少于30天。

——湖北提出，多进行一些不打招呼、不作事前安排的随机性调研，每年农忙季节和防汛抗旱时期，除特殊情况外，不召开全省性会议。

……

为确保督查工作有力有序推进，中央办公厅、国务院办公厅建立起中央八项规定及实施细则执行情况督促检查工作机制，推动了督查工作长效化、常态化。

这是一份密集的工作行程——

2013年1月，中央办公厅、国务院办公厅会同15个中央和国家机关有关部门组成督查组，分赴山西、内蒙古等16个省区市就中央八项规定精神贯彻落实情况开展督查调研；

2013年全国两会期间，约请部分参会代表委员、会议组织服务机构负责人和与会工作人员，就改进会风进行调研；

2013年4月，会同有关部门，赴9个省区市、11个中央和国家机关部委实地调研中央八项规定精神贯彻落实情况；

2013年5月，会同有关部门，赴12家在京中央企业和金融机构就贯彻落实中央八项规定精神开展督查调研；印发紧急通知，督促各地区各部门对修建政府性楼堂馆所立即开展清理检查，并通报了存在的问题；

2013年中秋节、国庆节期间，开展了公款吃喝送礼、奢侈浪费问题专项督查调研；

2013年10月中旬至11月初，派出8个督查组，赴24个省区市、新疆生产建设兵团、5个计划单列市、16家中央和国家机关部委，就党政机关停止新建楼堂馆所和清理办公用房情况进行实地督查；

2013年11月，印发通知，督促各地区各部门对全年贯彻落实"约法三章"情况进行自查，并报告有关情况，同时要求各地区各部门建立督查长效机制。

道虽迩，不行不至；事虽小，不为不成。

铁面执纪，"铁规"发力。纪检监察机关也迅速行动起来——

据统计，中央八项规定实施仅一年，中央纪委监察部领导班子成员一对一约谈了53位派驻中央和国家机关各部委纪检组组长、纪委书记，旨在提醒、警示各部委持之以恒抓好中央八项规定精神贯彻落实。

除了从严执纪，各级纪检机关及时点名道姓通报曝光，充分放大纪律的震慑作用。据不完全统计，中央八项规定施行以来，截至2016年2月，中央纪委已通报曝光20次100起违反中央八项规定精神的典型问题，其中包括多名省部级领导干部。另外，自2014年4月起，中央纪委监察部网站每逢节点设立"每周通报"专栏，截至2016年1月底，已公开曝光了3493起违反中央八项规定精神问题。各级纪检机关对顶风违纪行为露头就打、及时曝光，强化了"不敢"氛围。

作风建设没有终点，只有起点。党的十八大以来，在以习近平同志为核心的党中央坚强领导下，明确方向、坚定信心、矢志不渝，全党动手一起抓、群众积极参与，把贯彻落实中央八项规定精神进行到底，这场深刻的风气变革必将凝聚起实现中华民族伟大复兴中国梦的磅礴力量。

第三节

大兴调查研究之风

调查研究是中国共产党的传家宝,是做好各项工作的基本功。

习近平总书记非常重视调查研究,他曾形象地比喻道:"调查研究就像'十月怀胎',决策就像'一朝分娩'。调查研究的过程就是科学决策的过程,千万省略不得、马虎不得。"

党的十八大以来,习近平总书记经常到基层考察调研,纵横跨越中国版图。他反复强调用好调查研究这一"传家宝",做好调查研究这一"基本功",并一以贯之地躬行调研,以上率下,推动全党大兴调查研究之风。

山高水远,风雨同行;万里路遥,不忘初心;脚踏实地,植根沃土,这是中国共产党人践行庄严承诺的足迹。

一、重视调查研究,坚持问计于民

党的十八大以来,习近平总书记用脚步丈量祖国大地,用真心倾听人民心声,用实干履行庄严承诺——

"我们一定要始终与人民心心相印、与人民同甘共苦、与人民团结奋斗,夙夜在公,勤勉工作,努力向历史、向人民交出一份合格的答卷。"

一段段难忘的场景,一个个感人的瞬间,记录下习近平总书记的考察足迹。

人们对那一幕印象极为深刻：2012年12月7日，广东深圳，不腾道、不封路、不扰民，不设红地毯和欢迎横幅，没有层层陪同，习近平总书记党的十八大后首次出京考察，低调启幕。此次调研行程满满、内容丰富，考察前海、参观光启、了解腾讯、深入渔村，习近平总书记边走边看，且行且思。在途中，他鲜明强调，要在深入调查研究的基础上提出全面深化改革的顶层设计和总体规划，尊重实践、尊重创造……调研开局、调研开路，党和国家各项事业掀开了新的篇章。

党的十八大以来，习近平总书记一直在路上。

——习近平总书记来到大包干发源地安徽凤阳小岗村，沿田埂步入麦田察看小麦长势，又走进当年18户农民按下红手印的院落，强调"唯改革才有出路，改革要常讲常新"。

——习近平总书记深入湖北鄂州市长港镇峒山村社区综合服务中心、垃圾压缩转运站、无动力污水处理站、秸秆气化示范基地，了解城乡一体化建设情况，强调要"把广大农村建设成为农民幸福生活的美好家园"。

——习近平总书记走进北京师范大学、北京市八一学校，同师生们一起欢度教师节，称赞广大教师是打造中华民族"梦之队"的筑梦人。

——习近平总书记冒着零下30多摄氏度的严寒，奔赴地处边陲的内蒙古兴安盟阿尔山市，走进困难职工家中，察地窖、摸火墙、看年货、坐炕头；他牵挂着群众取暖过冬，专程到北京京桥热电有限公司考察冬季供热情况。

——在上海自由贸易试验区，深入企业、园区、科研基地，习近平总书记要求，这块大试验田，要播下良种，精心耕作，精心管护，期待有好收成。

——在位于帕米尔高原的新疆喀什，习近平总书记亲切看望日夜坚守反恐维稳第一线的同志们，同各族群众畅谈生活新变化，强调，要像石榴籽一样紧紧抱在一起，在党的领导下共同创造更加美好的明天。

——在东北大地，习近平总书记考察辽宁沈阳老工业基地，察看黑龙江伊春天然林保护，走进吉林延边"海兰江畔稻花香"的农田，谈生态保护、议转型发展、谋东北振兴、商富民之策。

——在祖国最南端的省份海南，习近平总书记深入渔港、特色农业产业园、国际邮轮港考察调研，勉励大家闯出一条跨越式发展路子来，谱写美丽中国新篇章。

……

春夏秋冬、寒来暑往；大江南北、四面八方。习近平总书记风雨兼程，从未停歇。无论何时，无论何处，与人民同呼吸、与时代共命运——这是中国共产党人始终不渝的初心，是扎根人民的力量之源。

每到一地，住房、养老、就业、医疗、教育，凡是百姓关心事，习近平总书记都一一察看过问；筹办北京冬奥会、大飞机制造、安全生产、传统文化保护……关乎国计民生的重大问题，都是习近平总书记考察调研的重点。

习近平总书记把调查研究作为密切联系群众的重要途径，通过一次次考察调研，把党中央的深切关怀送到群众身边。2019年4月15日，在重庆石柱土家族自治县中益乡华溪村村民马培清家中，习近平总书记说："我今天乘飞机、坐火车、坐汽车，先后用了三种交通工具，专程来这里看望大家"；2017年6月21日，在山西吕梁赵家洼村，习近平总书记来到农田边，察看玉米和芸豆长势；2013年2月3日，在甘肃定西，习近平总书记专程考察引洮供水工程工地，叮嘱当地干部要让老百姓早日喝上干净甘甜的洮河水……温暖的话语，流露的深情，让党心民心紧紧相连。

2015年2月13日，陕西延川，冬日的暖阳照向大山深处的梁家河村。阔别40年，习近平总书记回到这里。"我永远不会忘记梁家河，永远不会忘记父老乡亲,永远不会忘记老区人民。"

脚印串串,步步情牵。每到一地调研,走进贫困村、贫困户都是习近平总书记的必选项。

冒着绵绵细雨,走进宁夏固原市泾源县大湾乡杨岭村回族贫困户马科家中,详细了解脱贫举措落实情况;

沿着山路乘车1个小时,来到安徽省金寨县花石乡大湾村,同大家一起盘算着致富的方向;

……

走最崎岖的山路,到最贫困的地方。困难群众始终是习近平总书记心中最牵挂的人。

"他们的生活存在困难,我感到揪心。他们生活每好一点,我都感到高兴。"

"到2020年现行标准下农村贫困人口全部脱贫、贫困县全部摘帽,是我们党立下的军令状。"

人民,让他始终牵肠挂肚。习近平总书记考察的脚步走得很远,他同人民贴得很近。

来自人民的总书记,深知人民对美好生活的向往有多热切。不断向四面八方延伸的足迹,将习近平总书记同人民无法割舍的深情厚谊,植根于神州大地。

考察调研一路走来,传递出以习近平同志为核心的党中央治国理政的时代声音,展现出习近平总书记对历史大势的深刻洞察,对时代命题的准确把握,对开创未来的责任担当。

通过一次次考察调研,习近平总书记听民声、察民情、问民意,从人民群众的火热实践中汲取治国理政的智慧和力量,把党中央大政方针传递给基层,凝聚起万众一心、干事创业的强大力量。

通过一次次考察调研,习近平总书记躬身践行全心全意为人民服务的宗旨，将党中央的关怀和温暖带给人民，激励人民用奋斗创造美好生活。

通过一次次考察调研，习近平总书记谋划重大决策，部署重大任务，宣示治国理政新理念新思想新战略，带领全国各族人民共同擘画民族复兴的宏伟蓝图。

二、引领全党大兴调查研究之风

"没有调查，就没有发言权"是毛泽东的名言。习近平总书记进一步深化了调查研究的思想，赋予了调查研究以时代意义，提出"调查研究是谋事之基、成事之道。没有调查，就没有发言权，更没有决策权"。

党的十八大以来，习近平总书记在不同场合多次强调，要在全党大兴调查研究之风——

2013年7月23日，习近平总书记在武汉主持召开部分省市负责人座谈会时指出，研究、思考、确定全面深化改革的思路和重大举措，刻舟求剑不行，闭门造车不行，异想天开更不行，必须进行全面深入的调查研究。

2015年6月12日，习近平总书记在纪念陈云同志诞辰110周年座谈会上指出，全党同志一定要把实事求是贯穿到各项工作中去，经常、广泛、深入开展调查研究，努力把真实情况掌握得更多一些、把客观规律认识得更透一些，为协调推进"四个全面"战略布局打下扎实的工作基础。

2017年12月25日至26日，习近平总书记在中共中央政治局民主生活会上指出，要在全党大兴调查研究之风，推动全党崇尚实干、力戒空谈、精准发力，让改革发展稳定各项任务落下去，让惠及百姓的各项工作实起来，推动党中央大政方针和决策部署在基层落地生根。

2017年10月25日，习近平总书记在党的十九届一中全会上指出，党的十九大明确了坚持和发展新时代中国特色社会主义的大政方针，作出了一系列重大工作部署，提出了一系列重大举措，关键是抓好贯彻落实。正确的决策离不开调查研究，正确地贯彻落实同样也离不开调查研究。

2018年1月11日，习近平总书记在第十九届中央纪律检查委员会第二次全体会议上指出，纠正形式主义、官僚主义，"一把手"要负总责。要靠深入调查研究下功夫解决难题，靠贴近实际和贴近群众的务实举措抓落实，确保党中央决策部署落地生根。加强作风建设必须紧扣保持党同人民群众血肉联系这个关键。领导干部要坚决反对特权思想、特权现象，保持对人民的赤子之心，坚持工作重心下移，扑下身子深入群众，面对面、心贴心、实打实做好群众工作，着力解决群众反映强烈的突出问题。

2018年2月13日，习近平总书记春节前夕赴四川看望慰问各族干部群众时说，全党全国全社会要把党的十九大精神参悟透、领会好，更好把握党的十九大各项战略部署的整体性、关联性、协同性，把学习贯彻党的十九大精神同把握党的十八大以来我们进行伟大斗争、建设伟大工程、推进伟大事业、实现伟大梦想的实践贯通起来。要多调研、摸实情，盯住抓、抓到底，崇尚实干、力戒空谈、精准发力，让改革发展稳定各项任务落下去，让惠及百姓的各项工作实起来。

2018年3月4日，习近平总书记看望参加全国政协十三届一次会议委员并参加联组会时指出，决胜全面建成小康社会，打赢防范化解重大风险、精准脱贫、污染防治三大攻坚战，有许多重大任务和举措需要合力推进，有许多问题需要深入研究。大家要找准切入点、结合点、着力点，深入一线调查研究，积极开展批评监督，推动各项决策部署落地见效。

2018年4月28日，习近平总书记在湖北考察时指出，当前形式主义、官僚主义依然突出，又有新的表现形式。要把力戒形式主义、官僚主义作为加强作风建设的重要任务，大力弘扬真抓实干作风，推进工作要实打实、硬碰硬，解决问题要雷厉风行、见底见效，面对难题要敢抓敢管、敢于担责。要深入开展调查研究，摸清情况，找到症结，做到心中有数，不能拍脑袋决策，真正把功夫下到察实情、出实招、办实事、求实效上。

……

重视调查研究，是中国共产党的优良传统。习近平总书记是这一传统的继承者和践行者，"当县委书记一定要跑遍所有的村，当地（市）委书记一定要跑遍所有的乡镇，当省委书记一定要跑遍所有的县市区"。一路走来，他如是说，更如是做：在正定，他跑遍了所有村；在宁德，他到任3个月就走遍了9个县，后来又跑遍了绝大部分乡镇；到任浙江后，他用一年多时间跑遍了全省90个县市区；在上海仅7个月，他就跑遍了全市19个区县。

习近平总书记在2011年中央党校秋季学期第二批入学学员开学典礼上的讲话《谈谈调查研究》中提道："调查研究不仅是一种工作方法，而且是关系党和人民事业得失成败的大问题。"他用"五个过程"来概括调查研究的内涵和重要作用，调查研究是一个了解情况的过程，是一个推动工作的过程，是一个联系群众、为民办事的过程，也是一个自我学习提高的过程，"调查研究的过程就是科学决策的过程"。

习近平总书记反复强调，调查研究是加强党的作风建设的切入点和重要环节。他要求各级领导干部发扬党的优良作风，从"文山会海"中解脱出来，从繁杂的应酬中摆脱出来，到最困难的地方去，到群众意见多的地方去，到工作推不开的地方去，同干部群众一道，努力排忧解难，多办实事，切实把关心群众的工作做深做细。

在习近平总书记示范引领下，中央领导纷纷扑下身子、沉到一线，到车间码头、田间地头、市场社区，察民情、访民意、问良策，为促改革、谋发展摸清底数、号准脉搏，打下了坚实基础。

党的十八大以来，习近平总书记密集的调查研究，范围涉及统筹推进"五位一体"总体布局、协调推进"四个全面"战略布局的方方面面，涵盖同人民群众生活息息相关的教育、就业、社保、医疗、住房、环保、社会治安等诸多领域，突出精准脱贫、抓好安全生产、确保食品药品安全、防范重特大自然灾害、维护社会稳定等重点问题。经过大量扎实调研，获取了丰富而翔实的第一手材料，掌握了真实而全面的实际情况，为新理念新思想新战略的形成，重大方针政策的制定出台，以及重大工作的顺利推进，提供了重要支撑和决策参考。

习近平总书记同人民群众交流互动的一幅幅场景，连接成14亿多人共逐梦想的壮丽画卷；习近平总书记考察调研的一串串足迹，折射出960多万平方公里广袤大地上万马奔腾的时代步伐。

三、调查研究是中国共产党的重要传家宝

重视调查研究，是中国共产党在各个历史时期做好工作的重要传家宝，是中国共产党的优良传统作风。

之所以说是传家宝，还要从中国共产党历史上那次著名的寻乌调查说起。

1929年1月，毛泽东、朱德率领红四军主力突破了国民党军对井冈山革命根据地的"会剿"，开辟了赣南、闽西革命根据地，呈现出一片"风展红旗如画"的喜人景象。然而，随着赣南、闽西苏区的发展壮大，有些同志受"左"倾思想的影响，在党内对中国的工商业状况还没有全盘了解的情况下，就想把"在农村没收豪绅地主阶级财产的政策"照搬到城市。

当时党内教条主义、"左"倾机会主义、冒险主义蔓延，如果不及时纠正，中国革命将造成不可估量的损失。为了纠正错误思想，进一步弄清中国的富农问题和城市商业状况，解决党在土地革命斗争中的路线

问题和制定正确的工商业政策，毛泽东决定作一次深入的社会调查。

1930年5月，红四军在寻乌红50团配合下攻克寻乌县城后，闽粤赣边界敌军力量薄弱，战事较少。于是，毛泽东利用这一相对安定的环境，从5月2日开始，在时任县委书记古柏的协助下，通过听取汇报、实地查看、召开调查会等方法，在寻乌开展了将近一个月的社会调查。

这次调查，毛泽东不仅对寻乌县城21个行业131家大小商店的历史、现状及其主人的政治态度作了详细记录，而且还对全县7个区21户大地主111户中地主的剥削情况也摸得清清楚楚。

1931年2月，毛泽东整理出8万多字的报告《寻乌调查》，对寻乌县地理环境、交通、经济、政治、各阶级的历史和现状等，进行了全面详细的考察分析，报告仅对杂货店里出卖的洋货就列出131种。

这篇调查深入地挖掘了当时中国的国情，是马克思主义中国化的起步，也是中国共产党群众路线的活水源头。1930年5月，在调研过程中，他写下了《反对本本主义》一文。文中首次提出"没有调查，没有发言权""调查就是解决问题""中国革命斗争的胜利要靠中国同志了解中国情况"等著名论断。

后来，毛泽东在延安时曾说："我做了寻乌调查，才弄清了富农与地主的问题，提出解决富农问题的办法，不仅要抽多补少，而且要抽肥补瘦。这样才能使富农、中农、贫农、雇农都过活下去。"

毛泽东开展寻乌调查，直接是为了解决中国革命当中的一个重要问题：土地问题。通过分析旧有土地关系，了解各阶级和阶层的政治态度和力量对比，目的就是要搞清楚中国革命到底要依靠谁、团结谁、打倒谁。

在整个革命战争期间，在毛泽东的推动下，全党十分注重开展调查研究，对世界反法西斯形势、中国社会各阶层情况、城市和乡村的关系等进行科学分析。在此基础上，毛泽东写出了《论持久战》《论联合政府》等对局势影响深远的著作。正是通过调查研究这一理论联系实际的桥梁，中国共产党把马克思主义与中国实际紧密结合，探索出建立党的抗日民族统一战线，开展土地革命、农村包围城市、武装夺取政权的正确革命道路，真正担负起民族独立解放的历史重任。也正是伴随着调查研究和解决问题的步伐，中国化的马克思主义——以一切从实际出发、实事求是为精髓的毛泽东思想走向成熟。

新中国成立后，调查研究仍然是中国共产党探索社会主义道路的制胜法宝。新中国成立后，中国共产党从革命走向建设，从局部执政走向全国执政，面对一个全新的局面和更为复杂的世界，全党通过调查研究了解新情况、解决新问题的紧迫性增加。在新中国成立的当月，毛泽东就明确提出，我们的干部要"注意研究情况""懂得新的工作方法"。

1953年，毛泽东带领宪法起草组，用了两个多月时间集中研究国内外各类宪法后，起草了中华人民共和国宪法初稿，为新中国基本政治制度的确立奠定基础。1956年，为探索社会主义建设道路，为即将召开的党的八大作准备，中央主要领导进行了一次历时两个多月的全面深入的调查研究，听取34个经济部门和各省、直辖市、自治区的工作汇报，在此基础上形成了《论十大关系》报告，成为中国共产党探索适合中国情况的社会主义建设道路的重要开端。1961年，面对"大跃进"的挫折，毛泽东要求领导干部去各地调研，解决食堂、社队体制和农业生产问题：周恩来到河北武安县伯延公社调研，邓小平到北京顺义进行调研，陈云到家乡青浦的小蒸进行调研……广泛深入的调查研究，为中国共产党探索在一个一穷二白、基础薄弱的古老大国建设社会主义，用短短几年时间确立社会主义制度，走上一条将马克思主义与中国国情结合的社会主义建设道路奠定了坚实基础。

进入改革开放时期，中国面临向何处去的关键抉择。经过真理标准大讨论，全党经过解放思想，党和国家领导人先后走出国门，学习国外的先进科技和管理经验，痛感与发达国家的差距，在调查研究中，通过改革开放加快建设步伐的总体思路开始形成。邓小平1978年9月在北方四省一市调查研究后形成"北方谈话"，提出全党工作重点向经济建设转移的崭新命题，为党的十一届三中全会实现伟大的历史转折奠定了思想和政治基础。

十一届三中全会后，调查研究在全党蔚然成风，中央政策研究室组织17个联合调查组、分赴15个省份调查包产到户，来自安徽的调查组报告说，包产到户是"农村的曙光，中国的希望"，引起中央高度重视，最终推动农村改革率先取得突破；中央委派的经济贸易考察组赴香港澳门实地考察后，向中央建议在沿海地区创办经济特区……通过调查研究了解实际、发现问题、认识规律、问计于民，改革开放以星火燎原之势在全国推进。

1992年初，邓小平视察南方，可以说是他晚年最重要的一次调查研究。此次调研，他从中国实际出发，站在时代的高度，提出了一系列新观点，讲出了一系列新思路，将建设有中国特色社会主义理论与实践，大大地向前推进了一步。这不仅标志着马克思主义与中国实际相结合的又一次伟大历史性飞跃的思想结晶——邓小平理论的最终成熟和形成，而且也标志着中国改革开放掀起第二次浪潮。

党的十八大以来，面对纷繁复杂的国际国内形势，面对繁重艰巨的改革发展任务，以习近平同志为核心的党中央继承和发扬中国共产党的优良传统，把调查研究作为治国理政、管党治党的重要思想方法和工作方法。

一部中国共产党的发展史，就是一部不断调查研究解决问题的历史。坚持调查研究、坚持"从群众中来，到群众中去"，是中国共产党走过百年历史留下的宝贵印迹，也是中国共产党走好新时代长征路的关键所在。

第四节

对"舌尖上的腐败"说不

党的十八大以来,以习近平同志为核心的党中央高度重视"舌尖上的腐败",从最常见公款吃喝治理开始,剑指党内长期存在的作风顽疾和沉疴旧病。

近年来,中央纪委国家监委宣传部、中央广播电视总台等联合制作重磅反腐纪录片,往往也会有一些"大老虎"贪腐的细节被披露。在2014年《作风建设永远在路上》专题片中,首次披露了广州市委原书记万庆良在中央八项规定出台后仍然出入高档会所的细节,在被调查前几天还在会所里大吃大喝。

一、纠正"四风"持续用力

"舌尖上的腐败""酒桌上的应酬"……曾几何时,党员领导干部违规吃喝乱象,人民群众深恶痛绝。对于"舌尖上的腐败",党和国家领导人历来高度重视。毛泽东说过"大吃大喝伤天害理";邓小平也曾说"在整个改革开放过程中都要反对腐败","廉政建设要作为大事来抓"。

2012年底以来,中央八项规定、六项禁令陆续出台,狠刹"舌尖上的腐败"。群众诟病已久的公款餐饮浪费行为,以及"上百个文件管不住一张嘴"的公款胡吃海喝之风得到有力遏制。

2013年,十八届中央纪委二次全会要求,严肃整治公款大吃大喝行为，落实公务接待有关规定，严禁以各种名义用公款互相宴请和安排高消费娱乐活动。

2014年，十八届中央纪委三次全会要求，坚决落实《党政机关厉行节约反对浪费条例》，规范并严格执行党政机关国内公务接待管理规定。

2015年，十八届中央纪委五次全会要求，"紧盯'四风'的新形式、新动向，警惕穿上'隐身衣'的享乐主义、奢靡之风"。

2016年，十八届中央纪委六次全会提出，"密切注意不正之风的新动向、新表现，查找隐形变异的'四风'"。

2017年，十八届中央纪委七次全会强调，"密切关注新动向，不断采取新招数，坚决防止不正之风反弹回潮"。

据中央纪委公布的数据，截至2017年3月31日，全国共查处违规公款吃喝问题1.2万多起，处理1.8万多人，给予党政纪处分近1.3万人。其中八项规定实施以来至2013年底查处1134起，处理1206人；2014年查处873起，处理1462人；2015年查处4761起，处理6591人；2016年查处问题5229起，处理7964人。

数据的增长，一方面反映了党的十八大以来各级纪检监察机关查处违规公款吃喝问题力度不减、执纪更严；另一方面也反映了公款吃喝问题存量大、增量降、总量升的交织局面。

财政部公布的中央财政预算数据表明，2013年、2014年、2015年、2016年中央本级公务接待费分别为12.09亿元、9.2亿元、5.42亿元、4.19亿元，连续四年递减，降幅高达65%。

"一升一降"两个数据，让广大群众切实感受到了整治公款吃喝的力度与成效。"一升"，意味着惩治的节奏不变、力度不减，震慑作用持续发挥；"一降"，意味着查处的成效逐渐显现，公务接待费用连续四年递减，公款吃喝现象正在得到有效遏制。

从最初处理公款聚餐的组织者，到"违规吃喝一人出问题，其他人一律要向组织说清楚",再到不分"主角"还是"配角"、不分普通干部还是领导干部,参与违规公款吃喝的人员都要受到追究处理。抓早抓小,动辄则咎,越往后执纪越严、处理越重。

在肯定成绩的同时,也要看到,个别地方公务接待仍不规范、"泡沫"很大,"点一桌剩半桌""吃一半倒一半"的现象时有发生,挥霍浪费令人心痛、铺张奢靡令人愤恨。有的地方接待标准玩"猫腻",搞豪华升级版,玩"大盘套小盘"数字游戏,给菜量提质加码等等,表面上看似没有超标、处范畴之内,实际上却远远突破走了样。这些方法不仅用于接待上级,在招商引资、接待客商、重要外事活动等公务中也屡屡出现。上有政策下有对策,制度规定很明确,却总有人自以为是地出于所谓迎合上级和贵宾要求,编造种种理由搞变通、加砝码。

尽管已有多地要求公务接待原则上实行自助餐,但仍有人觉得自助餐不上档次、不够排面,打着有利工作、联络感情的旗号继续安排桌餐。有的接待方为尽地主之谊,担心用餐者吃不好、不够吃,本着宁多勿少、宁剩勿缺的原则点餐上菜,用餐者再三劝阻也被当作"客气"对待,致使菜量无法控制、浪费难以避免。

二、树倒根存不容小觑

2020年9月27日,中央纪委国家监委网站发布2020年8月全国查处违反中央八项规定精神问题,其中违规公款吃喝查处问题数574起,处理877人。2020年1月至8月,全国查处违规公款吃喝问题6287起,占享乐奢靡问题查处总数的19.2%,居第三位。

2021年9月16日,中央纪委国家监委公开通报10起违反中央八项规定精神典型问题。其中多起涉及"接受私营企业主宴请"和"超标准公务接待"。而在2021年已公布的中管干部处分通报里,也不止一次出现"违规接受公款宴请""接受可能影响公正执行公务的宴请"等表述。

统计数据让人亦喜亦忧：喜的是违规公款吃喝问题占查处违反中央八项规定精神问题的增量持续下降，忧的是其比重、绝对数值仍然较高，违规公款吃喝问题依然不可小觑。

禁令高压之下，为何还有人敢顶风违规吃喝？

其一，受吃喝腐败亚文化的影响。官场的"吃喝文化""桌子文化"就是很典型的一种腐败亚文化。

中国饮食文化源远流长、博大精深。然而，在有的人心目中却发生变异被曲解，成为违规吃喝的理由和挡箭牌。一是把食文化当作"钟鸣鼎食"式的享乐奢靡生活。"食不厌精，脍不厌细"，对美食的热爱本没有错，但沉溺于山珍海味、美食佳肴就会陷入享乐主义和奢靡之风陷阱不能自拔，鼻子"灵"了、嘴巴"刁"了，腿脚却走歪了。二是把酒文化中的糟粕当作精华。千百年来，不少古人以酒抒怀，千古绝唱流传至今。然而，一些党员干部却把酒文化推到了极致：有的追求年份酒，一瓶酒喝掉一名普通百姓几个月的工资；有的把"酒品即人品、酒风即作风、酒量即能力"奉为圭臬，甚至作为选人用人的标准，致使喝好酒、喝大酒的言论甚嚣尘上。三是把吃喝饭局当作"面子"。一些领导干部错误地认为天天有饭局是能力强、圈子广的表现，有专家曾指出，这实际上不是满足食欲，而是满足心理，深层次是文化因素，是积弊多年的潜规则。一旦党员干部追求大吃大喝的面子，势必丢掉遵规守纪的里子。

党的十八大以来，不少党员干部仍然受这种"腐败亚文化"的影响，奉行"潜规则"，甚至一有机会就铤而走险，碰触红线甚至越过底线。

其二，权钱交易需要。违规吃喝的饭局，意不在于"饭"，而在于"局"。有的以饭局为载体平台，形成"小山头"；有的为了拿项目，获得大单；有的为了结识领导，寻求后续升迁提拔和办事方便；有的认为"接待就是生产力"，生怕以正常标准接待会怠慢了上级、冷落了客人，"吃饭不上茅台酒，你让人面子往哪儿放"的心态频频作怪；有的看似"一个愿打一个愿挨"，实则为了谋取不正当利益，对领导干部进行长期拉拢围猎，请客吃饭只是手段之一。

"拍马"是为了"骑马"，送去一条牛腿是为了牵回一头牛，醉翁之意不在酒，在于权力勾兑、利益输送。上海市杨浦区人民法院原党组书记、院长任涌飞长期频繁违规接受宴请，与不法商人勾肩搭背，大搞权钱交易，在协调案件、承接工程、干部职工录用等方面为他人谋利，对任职地区的司法环境造成极大破坏。这种不吃公款吃老板的饭局，看似不直接违背有关规定，但吃人嘴短、拿人手软，在推杯换盏中，原则让了步、规矩抛一边，公务办理变成吃喝办事，混淆了政商之间"亲""清"边界，影响了职务行为公平公正。

类似饭局，实则是小圈子的局，围猎干部的局，权力寻租、权钱交易的局，目的明确、利益明显。这也是违规吃喝异常顽固、屡禁不绝的一个重要原因。

其三，发现难界定难。一个是吃喝场所转入地下难以"人赃并获"，一个是报销单据伪装得更巧妙更难发现，还有一个是不吃公款改吃老板很难查证。江苏省纪委党风室相关负责人表示："不吃公款吃老板的情况不少，但查处的并不多，现在老板直接用现金把单买掉，并不出场，因此很难查证饭局的付款人是谁，也无法界定参与饭局的党员干部是否吃老板。"

有时发现违规吃喝问题，由于当事人提前布局，做好了必要"止损"准备，现实中处理起来也很难，轻了不痛不痒起不到作用，重了阻力重重板子落不下，致使有些人侥幸心理膨胀，甚至天天吃喝、夜夜笙歌、有恃无恐。

隐蔽公款吃喝是违规公款吃喝隐形变异后的产物，因为它具有很强的隐蔽性、衍生性和难查处性，所带来的后果更严重。

一是不利于促进党与人民的鱼水深情。党的十八大以来，驰而不息纠正"四风"使以前发生在人民群众身边明目张胆违规公款吃喝现象得到有效遏制，借机损害群众利益的现象也逐渐减少，一些已经参与或准备参与违规公款吃喝的人开始收敛、收手，进入观望状态，这些提振了人民群众对反腐倡廉的信心。但是隐蔽公款吃喝的出现为这些人提供了"新办法""新思路"，他们一有机会便钻制度空子、捡公家便宜，从事隐蔽公款吃喝的勾当，这在一定程度上动摇了这种信心，败坏了党在人民群众心中的形象，疏远了党和人民群众的血肉联系。

二是不利于监督执纪问责有效落实。隐蔽公款吃喝因为其吃喝主体身份隐蔽、吃喝手段花样翻新、吃喝地点由明转暗、费用结算错综复杂，监督手段没办法快速跟上，执纪过程中也因为信访举报线索过于笼统、证据材料不够齐全等原因，很难对隐蔽公款吃喝现象进行核实，大大增加了监督执纪的难度。同时，许多隐蔽公款吃喝"屡禁不止"，这在一定程度上影响了纪律的威慑效应，使部分党员干部有隐蔽公款吃喝"没办法查"的错误认识。

三是不利于反腐倡廉深入开展。针对公款宴请等问题，中央通过八项规定、纠正"四风"等一系列措施，严禁用公款搞任何形式的宴请。而一些党员干部在中央三令五申之后仍然不收敛、不收手，将公款吃喝由明转暗。如果不能及时采取强有力的手段来解决问题，将在一定程度上影响"不敢腐"的目标实现和"不能腐"的制度完善，延迟"不想腐"堤坝构筑。

三、管住钱、人和环境

公款吃喝隐形变异，无外乎主体隐蔽、手段隐蔽、场所隐蔽、资金来源隐蔽。只要紧紧盯住这些关键环节，隐形问题自然无处可逃。最为关键的是，通过建立严格的制度实现三个目的：管住钱、人和环境。

近年来，各地措施具体可归纳为以下几点：

第一，挤压灰色地带，重塑规则信仰。一是从制度上进行压缩和破除规则中被"人情化"占用的空间，减少制度规则执行中的"灰色地带"，逐步让"明规则"代替"潜规则"，重塑社会对规则的信仰。二是树立正确的权力观，处理好权力与个人利益、工作职责的关系，坚持谨慎用权，拒绝以权谋私。另外，普通党员和群众也要求从自身做起，自觉抵制请客吃饭等形式的"走后门""托关系"，拒绝公款吃喝"腐败亚文化"带来的"精神雾霾"。

第二，重点管好党内中高级领导干部。对公款吃喝违规违纪的党员干部实行"一票否决"制。尤其要管好"一把手"。俗话说，"兵熊熊一个，将熊熊一窝"，"一把手"不守规则，危害极大，只要把全国处级以上党的领导干部管好，不再用公款大吃大喝，也不再接受权力交易者的宴请，一定能杜绝"舌尖上的腐败"。这可能有点难度，其实，最难的问题是谁来监督、需要多少人来监督和谁来监督监督者？

第三，严肃纪律处分，增大震慑效应。一是加大处分力度。对于已经发生的隐蔽公款吃喝，不仅要处理当事人，还要对相应领导班子和领导干部实施责任追究，从上到下强化组织监督力度。二是从严从重从快处理。对于三令五申下仍然从事隐蔽公款吃喝行为的，尤其是处在关键岗位的党员领导干部，党纪政纪处分上从严从重从快处理。三是严防"灯下黑"。对于纪检干部，严格做到打铁必须自身硬，坚决杜绝隐蔽公款吃喝等违纪行为。

第四，精准识别面目，深挖细查。有针对性地研究破解公款吃喝隐形变异问题的具体策略，如采取巡查抽查、专项督查、集中检查等形式，针对重要节点、重要部位、重点人群，开展拉网式、"点穴式""嵌入式"监督检查；利用新媒体、新技术、新方法，借助各类消费记录平台、税控电子信息平台等，发现公款吃喝隐形变异问题；发动群众，以"随手拍""一键通"等方式，形成无所不在的监督网络。对隐形变异公款吃喝不能点到为止、就事论事，还要抽丝剥茧、深挖细查，对公款吃喝背后隐藏的违纪问题一查到底、追究到位。

第五，从严曝光典型，加压通电。继续加大点名道姓通报曝光力度，对因公款吃喝问题受到党纪政纪处分的，坚持"凡查皆曝、即查即曝、要案专曝"，不管级别高低，点名道姓通报曝光。对隐形变异公款吃喝问题，坚持时间节点与问题性质同时曝光、面上问题与隐形情节同时曝光、处分决定与变异实质同时曝光，营造具有威慑力的监督氛围，巩固"不敢"的压倒性态势。

第五节

刹住"车轮上的铺张"

党的十八大以来,中央驰而不息正风肃纪,"车轮上的铺张"在总体态势上得到有效遏制。

一、自上而下的公车改革

作为党政机关的顽疾,公车问题长期为社会所诟病。尽管随着"三公"经费的公开,让社会监督公车多了一个渠道,但多地公车改革基本上以失败告终,这让公众期待最高决策层推出更加彻底的改革举措。

首先,全国范围公车改革大幕开启。党的十八大以来,党和政府遇到问题决不回避,针对长期积累的顽症深入推进改革。2014年7月16日,中共中央办公厅、国务院办公厅印发的《关于全面推进公务用车制度改革的指导意见》《中央和国家机关公务用车制度改革方案》全文向社会公布。两个文件明确了公车改革时间表和路线图,全国范围公车改革的大幕正式开启。

《关于全面推进公务用车制度改革的指导意见》(以下简称《指导意见》)用于全面指导公车改革,阐明了公车改革的意义,明确了公车改革的指导思想、基本原则和总体目标,细化了公车改革主要任务,对健全公务用车管理和保障制度、认真做好组织实施工作提出了要求。

根据《指导意见》,公车改革的总体目标是力争2014年底前基本完成中央和国家机关及其所属参照公务员法管理的事业单位公务用车制度改革，2015年底前基本完成地方党政机关公务用车制度改革，用2年至3年时间全面完成公务用车制度改革。

《指导意见》规定了改革公务交通保障方式、合理确定党政机关公务交通补贴标准、妥善安置司勤人员、公开规范处置公务用车的具体办法。

《中央和国家机关公务用车制度改革方案》是针对中央和国家机关公车改革的具体实施方案，明确了参改范围、人员范围和车辆范围。

中央和国家机关公车改革的方式是在取消一般公务用车后，对参改的司局级及以下工作人员适度发放公务交通补贴，自行选择公务出行方式，在北京市行政区域（城区）内公务出行不再报销公务交通费用。具体为：司局级每人每月1300元、处级每人每月800元、科级及以下每人每月500元。适时适度调整公务交通补贴标准。

按照方案，中央和国家机关公车改革力争在2014年底前完成，中央和国家机关所属非参公事业单位、中央企业和中央金融企业公车改革力争在2015年底前完成。

其次，中央和国家机关公车改革全面完成。国家发展改革委2016年3月1日发布消息说，一年多来，公务用车制度改革扎实稳妥推进，中央和国家机关本级公车改革已全面完成，地方党政机关车改正积极推进，中央企事业单位车改正在启动实施。

国家发改委介绍，截至2015年底，中央和国家机关140个参改部门参改车辆全部封存，司勤人员全部安置，补贴全部发放到位，车辆处置全部公开，处置收入全部上缴国库，各项改革措施均已顺利落实，改革后公务出行实现多种方式有效保障。

国家发改委披露，初步统计，中央和国家机关140个部门共取消车辆3868辆，保留符合条件的2391辆，取消的占62%。各部门涉改公务人员49355人，公务交通补贴标准按司局级每人每月1300元、处级 800 元、科级及以下 500 元执行。

此外，初步测算，中央和国家机关车改节支率为 10.5%。综合测算司勤人员养老、医疗、办公用房、停车泊位建设和租赁费用等潜在支出，车改实际节支率还将有所提高。

据介绍，各部门封存停驶车辆经验收合格后，移交国管局、中直管理局处置。到达报废年限的进行解体，其余的公开拍卖。为扎实细致做好取消车辆处置工作，防止车辆甩卖、贱卖，国管局、中直管理局专门制定了《中央和国家机关公务用车制度改革涉及的车辆处置办法》，公开招标确定了 9 家车辆鉴定评估、拍卖和解体机构，已举办 26 场拍卖会，共 2672 辆车拍出，总成交价 15665.95 万元，平均溢价率 65.15%。处置收入抵扣相关税费后，按照非税收入管理有关规定上缴国库。

第三，事业单位、中央企业积极跟进公车改革。2016 年 2 月 17 日，中央公务用车制度改革领导小组发布中央事业单位和中央企业公务用车制度改革实施意见，明确党中央、国务院直属事业单位机关本级公务用车制度改革 2016 年上半年完成，力争 2016 年 6 月底前基本完成中央企业集团总部的公务用车制度改革。

对于中央事业单位公车改革，意见明确了改革范围、工作目标和基本原则：

党中央、国务院直属事业单位机关本级，取消一般公务用车，保留必要的机要通信、应急、特种专业技术用车和离退休干部服务用车等车辆，在确保节支的前提下，对参改人员适度发放公务交通补贴，通过社会化方式保障其公务活动出行。中央和国务院直属新闻媒体单位本级管理的新闻记者可根据情况由单位确定选择领取补贴或实报实销公务交通费用。

各部门机关本级的机关服务部门可保留 1 辆至 2 辆后勤服务用车。

各部门所属其他事业单位可根据业务保障和专业技术活动工作实际，保留必要的医疗救护、科学考察、技术勘察、检疫检测、环卫清洁等特定功能的特种专业技术用车和必要的业务用车。与主管部门机关同城异地办公的可根据需要保留1辆工作用车，用于机要通信、应急等公务，但不得借车改名义新增车辆。

各部门所属事业单位的中央管理领导干部，由各部门自行选择确定参加公务用车制度改革或维持原有公务交通保障方式。各部门所属事业单位主要负责人应当纳入改革范围，改革后原则上不再配备工作用车。原配有符合规定标准工作用车，确因工作需要保留，应当经本单位职代会或党委会同意，报主管部门批准；其本人不得再领取公务交通补贴或报销公务交通费用等。

对于中央企业公车改革，意见明确了适用范围和基本原则：

改革中央企业负责人公务用车实物供给方式，实行配备公务用车或者发放公务交通补贴。中央企业主要负责人原则上通过配备公务用车保障履职需要；中央企业副职负责人可由企业根据实际情况确定公务交通保障方式。采取配备公务用车方式的，要严格执行中央以及有关部门关于公务用车配备的规定，不得发放任何形式的公务交通补贴。采取发放公务交通补贴方式的，要取消为企业负责人配备的公务用车，每月按标准发放公务交通补贴或者按年度计算的补贴标准内据实报销公务交通费用。

全面推动其他符合条件的人员实行公务用车货币化改革。其他符合条件的人员（如总经理助理等岗位）公务出行全部实行社会化保障，取消配备公务用车方式。中央企业根据岗位特点和生产经营实际，在有关部门核定的公务交通补贴标准上限内，分档确定公务交通补贴标准，每月按标准发放公务交通补贴或者按年度计算的补贴标准内据实报销公务交通费用。

取消为退休、离任或者调离本企业的人员配备的公务用车，不得为中央企业集团总部部门负责人及部门其他员工、非本企业人员等配备公务用车。

分级推进中央企业各级子企业（含分支机构）公务用车制度改革。中央企业要统筹协调推进各级子企业公务用车制度改革。根据子企业生产经营实际、所处自然环境等客观因素以及规模、效益等情况合理确定公务交通保障方式，具备公务出行社会化保障条件的子企业负责人及其他符合公务用车配备条件的岗位和人员原则上要以社会化、市场化为方向进行改革，确需配备公务用车的可予以保障。中央企业要从严确定子企业的公务交通补贴标准和参改人员范围，合理控制其经营和业务保障用车的数量和配备标准。

从相关报道来看，事业单位、中央企业公车改革进展顺利，达到预期目标。

第四，地方公车改革有序推进。地方情况比较复杂，公车改革推进速度却比预想的要快。据国家发改委经济体制综合改革司向媒体介绍，地方公车改革进展顺利，到2016年底，除西藏、新疆和新疆生产建设兵团外，其他省份省直机关的公车改革已全部完成、已有26个省份完成了地市级的公车改革、近20个省份完成了县级公车改革。一项看似难度很大的改革，在中央的改革意志推动下及时完成，此次中央和地方党政机关公务用车制度改革能够为其他改革起到良好的参考示范作用。

此番改革有几大亮点，比如取消副部级以下领导干部用车和一般公务用车，改为发放公务交通补贴。还明确了中央国家机关的补贴标准：司局级每人每月1300元，处级每人每月800元，科级及以下每人每月500元。此外，还规定拍卖、取消的公务用车采取公开拍卖等方式公开处置，处置结果向社会公开。

毫无疑问，如此彻底的公车改革力度会受到社会的普遍欢迎，它有两个突出的好处。一方面，它能够大幅降低公众对公车使用的不满，公车存在会有各种抱怨和批评，大规模地取消了公车那就犹如釜底抽薪，现象都没有了，批评自然会减少。另一方面，公车改革能够节约大量开支，有专家测算，若取平均数算，公车改革措施到位后，每年会减少约1500亿元。

对于公车改革，各地摸着石头过河地改了二十多年，尤其是广东省、浙江省、江苏省、湖南省、重庆市等地区先行先试，积累了不少有益经验，但存在缺乏顶层制度设计和统一政策的指导，出现模式多样、交通补贴不一、政策不配套、新旧制度"双轨"运行等问题，迫切需要一套全面统一的公务用车改革政策进行规范。例如，杭州市早期的公车改革推行单轨制，即车改单位取消所有公车，除特种专业技术用车之外，包括执法执勤车在内的任何公务用车都被取消，之后又根据《关于全面推进公务用车制度改革的指导意见》作了适度调整。

在公车改革过程中的确碰到了一些困难，譬如公务出行频率不平衡问题、司勤人员安置问题、基层和一线工作人员工作积极性等问题，这些可预见的困难在车改前都做了相应的准备和安排。各地推进公车改革的积极性较高，基本达到了预期目的。这是一次以较快的速度完成的改革任务，本以为是一场难啃的改革攻坚战，结果却以较小的代价取得了全面的成功。

总体来看，中央八项规定和严打"四风"已经展现了一股由上至下的大力道，这给车改做了很多铺垫，使这次中央统筹的改革有了更多胜算。此次改革不但给破除利益格局增加了巨大的推力，也弥补了地方政府公信不足的问题，更带了一种从上而下的监督力量和上行下效的示范效应。从中国政治治理的经验看，从上而下的监督最为有效，而上行下效的示范则是比制度更刚性的约束。

二、从"人技物制"四方面入手

"一心可以丧邦,一心可以兴邦,只在公私之间尔。"损公肥私难长久,注定一失足成千古恨,唯有划清公与私的红线,恪守公与私的底线,才能击退"车轮腐败"的新变种,让谋私者无路可走。

近年来,各地在积极推进公车改革的同时,更从"人技物制"四方面入手,构建全方位、立体化监督格局,对公务用车的使用和管理情况进行全方位扫描,切实整治车轮腐败,取得了显著成效。

一是强化"人防"。各级党组织要扛起责任,加强公务用车管理规范化、实效化。公车监管职能部门应加快建立全方位、立体化监督机制,机关事务管理部门定期运用多部门数据关联比对分析快速挖掘出隐藏的问题线索;财政、审计部门将公务用车燃油费使用情况作为"三公"经费审计、监督的重要内容;各级纪检监察机关建立公务用车重点问题线索快查快结机制,强化追责问责力度,在严肃处理直接责任人的同时,要根据情形严肃追究相关党组织及其负责人的主体责任和监督责任,并点名道姓通报曝光。

二是强化"物防"。加快建设区域性公务用车服务平台,将机要、应急、调研接待、跨部门综合执法等车辆纳入平台集中统一管理,对公务出行实现高效保障,同时实现公车运行全过程监控、运维费用全流程记录,公车管理信息系统一键汇总分析,逐步实现公车管理"一张网"。用车单位、公车主管部门、纪检监察机关、审计部门、财政部门都可以将平台作为公务用车使用管理及监督的有效工具。

三是强化"技防"。将纠治"四风"数据监督平台建设与纪检监察机关信息化建设结合,高标准建成纠治"四风"数据监督网,实现"四风"数据收集、比对、分析、发现、查处智能化运作、高效率监督。搭建大平台的同时,建成公务用车监督子平台,打通公安、机关事务管理、石油公司、纪检监察等相关部门对公务用车运行数据的平台壁垒，通过对公务用车正常休假日加油、公务用车每次加油使用量不合理、每天有效加油量超过车辆总数、公务油卡消费其他物品等重点问题定向比对查找、预警识别，提升监督质效。

四是强化"制防"。注重提升制度实效性，综合分析"负面清单"的具体情形、认定标准和处理方式等，出台严格规范的责任追究实施办法。注重提升制度适用性，完善"三公"经费管理、公务用车使用管理等制度规定，梳理解决应急用车管理使用、异地交流任职干部用车、乡镇等基层公务用车保障机制等操作层面的问题。注重提升管理规范性，探索完善公车管理标准体系，推进公务用车管理科学化、精细化。

第六节

遏制"会所中的歪风"

2013年两会期间,全国政协委员、中国基督教协会副会长金蔚提交了关于"警惕和防范企业办的私家会所对党政干部的侵蚀"的提案,并于2013年8月29日收到中央纪委的复函。

"中央出台了八项规定,而且强调'老虎''苍蝇'一起打,这对公务腐败起到了很大的威慑,然而必须警惕一些违规活动由此转向暗处。"金蔚说,社会上有一些没有登记的私人会所,要避免这些处于监管盲区的会所化身权钱交易的暗箱,成为滋生腐败的温床。

十八届中央纪委三次全会要求,严肃查处党员领导干部到私人会所活动问题。会所中的歪风有哪些危害?如何刹住这股歪风?如何防止其死灰复燃?

一、剑指"会所中的歪风"

从媒体频频的报道与一些爆料中就可以看出,私人会所已经出现了许多老板和领导干部出入的记录,可以见得私人会所已经成为他们身份和地位的象征。老板和领导干部正是利用会所私密性强的特点,开始躲在里面建小圈子、搞小团体,谋取不正当利益。他们不仅在会所里大吃大喝,还搞起了权权交易、权钱交易,甚至权色交易,一步步将私人会所变成了藏污纳垢的地方,刮起了一股影响社会风气的歪风。

从法律角度看，私人会所这种意图逃脱工商税务登记和经营的隐蔽场所也逐渐成为当时政府部门的监管难点，而其中可能存在的涉毒、涉黑、偷税漏税，甚至贪污淫秽等问题也被频频曝出，整治"会所中的歪风"势在必行。

党的十八大以来，尤其是中央八项规定出台以来，针对"会所中的歪风"的整治工作在全国各地展开，各级纪检监察机关加强监督执纪，一方面，盯住党员领导干部，严肃查处出入私人会所吃喝玩乐等违规违纪行为。另一方面，针对公园、历史建筑等公共资源中设立私人会所的情况，展开大规模清理整治。

中央八项规定出台之后，某些门槛高、安保严甚至不对外开放的会所成为部分官员享受奢靡生活时所青睐的场所，而能享受高档消费的会员卡也成为不少行贿者的利器。在梳理包括中国出口信用保险公司原总经理唐若昕等人的犯罪记录时，人们发现了"会员卡腐败"的影子。小小会员卡连接了众多腐败链条，架起了利益输送的桥梁。

2013年5月，中央纪委下发《关于在全国纪检监察系统开展会员卡专项清退活动的通知》，要求全国纪检监察系统在职各级纪委委员（不含基层党总支、支部纪检委员）、纪检监察机关（组织）干部（含职工），各人民团体、企业事业单位、金融机构中从事纪检监察工作的干部，在2013年6月20日前自行清退所收受的各种名目的会员卡，做到"零持有、零报告"。

所谓会员卡，是指娱乐、健身、美容、旅游、餐饮等行业机构以及商场、会所、宾馆、俱乐部等发行的，具有一定价值、金额或消费次数，供持卡人在消费活动中进行会员身份认证识别，并凭此消费、免于付费或享受折扣的凭证。

正人先正己。作为反腐的职能部门，纪检监察部门首先清理会员卡，打扫"后院"，既是决心和态度的宣示，也是树立标杆的体现。

"打铁还需自身硬"。这是民间一句耳熟能详的大实话,也就是孔子所说的"其身正,不令而行;其身不正,虽令不从"。倘若说得再具体一点,则是明代政治家钱琦在《钱公良测语》中所讲的:"治人者必先自治、责人者必先自责、成人者必须自成。"

如此说来,在全国纪检监察系统率先开展会员卡专项清退活动,并不意味着纪检监察系统存在着"会所腐败"问题,也不意味着纪检监察干部手中掌控着各类会员卡。"率先"的要义就在于"打铁必须自身硬",要求别人做到的,自己要首先做到;要求别人清退的,自己要带头清退。

从这个意义上讲,在全国纪检监察系统率先开展会员卡专项清退活动,是刀尖对内旋转360度而清理自身毒瘤的务实之举,也是自我净化,打造一支高素质的纪检监察干部队伍的现实需要。

2013年12月,中央纪委、中央教育实践活动领导小组发出《关于在党的群众路线教育实践活动中严肃整治"会所中的歪风"的通知》,要求把整治"会所中的歪风"作为教育实践活动反"四风"的内容,严肃整治,并要求加强监督执纪,盯住党员领导干部,严肃查处出入私人会所吃喝玩乐等违规违纪行为,及时通报曝光。

各地结合实际,加大对"会所中的歪风"专项整治力度。北京对公园和文物保护单位开设私人会所情况进行全面摸底,约谈27家高档餐饮企业经营者,并已要求部分餐饮企业停业整顿;上海排查158个城市公园,发现私人会所3处、高档餐厅8处,均采取整改措施;江苏对私人会所情况进行"拉网式"排查,列出清单,逐一核实,关停钟山风景区内的"梅岭阁"、玄武湖公园内的"白苑"等10家会所;浙江省委常委会专题研究整治"会所中的歪风"问题,责成杭州市关停景区公园内的"西湖会""莲庄""听涛居"等15家高档餐厅、会所。

在中央和中央纪委的推动下,针对"会所中的歪风"的整治工作在全国各地展开,"会所中的歪风"得到明显遏制,不少高档会所难觅踪影。

2014年1月13日，在十八届中央纪委三次全会上，有关负责人强调，严肃查处党员领导干部到私人会所活动问题。2014年1月24日，中央政治局会议研究部署下一步改进作风工作，提出继续整治"会所中的歪风"，防止其成为奢靡腐败的温床。2014年5月，中央教育实践活动办再次发出通知，要求继续把整治"会所中的歪风"作为教育实践活动反"四风"重要内容。8月，中央教育实践活动办在关于持续用力推动落实中央部署的专项整治任务的通知中，又一次明确将整治"会所中的歪风"列入其中。

2015年1月12日，十八届中央纪委五次全会再次强调严肃查处领导干部出入私人会所的问题。

各级纪检监察机关按照中央和中央纪委要求，加强监督执纪，盯住党员领导干部，严肃查处出入私人会所吃喝玩乐等违规违纪行为，严格责任追究，及时通报曝光。比如，广西壮族自治区桂林市查处了全州县统计局原局长蒋济贤赴桂林园林植物园内的"西湖楼"会所消费，并违规使用公车的案件，给予其党内警告处分并免去党组副书记职务，市纪委予以通报曝光，在全市形成了有力震慑。

二、回归于民，走亲民路线

在严打态势下，"会所中的歪风"成为过街老鼠，人人喊打，不少领导干部被问责曝光，形成极强的震慑；不少高档会所或者难觅踪影，或者"放低身段"走向平民化，公共资源又恢复了本来的面貌。

会所清理关停之外，建筑资源被闲置和浪费了怎么办？以北京、广州、成都、杭州四座城市为例：

一是消费转型：价格回归亲民路线，在市场经济中开展良性竞争。让普通人望而却步的高消费几乎是所有景区高档会所的标配。会所要转型，就不能再靠公款吃喝、违规宴请支撑畸形发展。一些会所选择了最简单直接的转型方式——调低价格,拥抱普通消费者。

在成都杜甫草堂博物馆外诗圣文化园门口,曾经是一处叫作"蜀粹典藏"的高档餐厅。2015年8月改造为"浣花坊"餐厅后,价位调整为大众消费,还特别增加了大堂方便就餐选择,包间也不额外收费。

位于广州明珠楼景区内的原"唐韵茶庄"以经营茶叶为主,在检查中被发现存在违规内部接待等问题。整改之后,"唐韵茶庄"变成了"天英慢点"茶餐厅,并于2015年4月28日正式对游客开放,走大众消费路线,主要出品各种点心、简餐和茶艺。整改后的茶餐厅不设VIP包厢,不设消费门槛。价格优惠,一盅两件,人均只需25元。一壶茶一般为48—98元,可供4个人享用。

北京紫竹院公园内的"问月楼"曾是一家高档餐饮场所,如今也搞起了团购项目,以典雅的环境、优质的服务、实惠的价格赢得普通消费者的青睐。

然而,景区高档会所转型平价餐饮之路也不是一帆风顺。如果千篇一律地围着平价餐饮打转,难以体现特色,导致同质化严重,企业缺乏竞争力,转型难言成功。还需借助自身的独特资源,探索新出路。

二是文化转型:借历史文化的财富,发展文化产业、旅游产业。这些高档会所位于著名景区、公园内,往往具有独特的环境优势、文化优势,完全可以把这些优势用起来,借以发展文化产业、旅游产业。

在文化转型这条路上,北京、成都、杭州当仁不让。北京市属公园的会所和高档餐饮场所经历整改之后——颐和园的"益寿堂"办起了主题展览,北海公园的"碧海楼"以"大清邮局"的新身份开放……

位于成都市锦里二期的武侯祠博物馆原"锦里大院",过去主要提供高档次精品川菜餐饮服务,停业关闭之后,改造为锦里三国文化体验街区,并于2015年7月免费对外开放。现在,走进锦里三国文化体验街区,多幅印着"蜀"字的锦旗映入眼帘;大院中央的兵器架上,刀、枪、戟、斧样样都有,"武"气十足;咖啡书吧、经典小吃、古装摄影等众多休闲项目汇集,吸引着各地游客前来体验。

更系统化、规模化的转型,还要属杭州。以西湖景区为例,其自然环境优美、人文氛围浓厚,能够激发创意和灵感,非常适合文化、设计、研发等业态,成为文化元素突出的产业聚集地。

西湖景区对各产权单位进行文化产业方面的引导,把这些曾经的高档经营场所转型成和西湖文化底蕴相匹配的新型业态,让环境、文化与经济共赢。西湖景区内数十家高档经营场所转型之后,主要以茶文化、咖啡、摄影展、香道文化、古琴文化、民俗文化等为主。

朱红的色彩,老式的黑瓦,杭州北山路38号的"抱青别墅"是西湖边一座非常典型的古老西洋建筑。2015年8月18日,这座108岁"高龄"的建筑迎来了它的华丽转身,从会馆转型为杭州国画院美术馆,从此大开门庭免费对公众开放。

除此以外,曾经的"菩提精舍"变成了杭州党史馆,"江南会"二次转型办起了西湖边首家专业影社……

西湖本是文化之湖,通过与文化融合,高档会所的转型之路令人耳目一新。而这些创新发展模式也说明,正风反腐倒逼产业转型创新,有利于激发市场潜力、迸发文化活力。

三是公益转型:开展便民服务,让公共资源真正为公众所享。设立在公园和景区的高档会所,占据的是公共资源。一些会所在整改过程中,力图恢复本来的用途,为老百姓服务。

广州珠江公园有一座木结构建筑,原名"汇立江南荟",用作红酒销售。2013年11月,公园收到了市民群众关于木结构建筑经营点的投诉,反映其经常不对公众开放,只为少数人服务。随后公园向承租方发出了整改通知书,12月正式关门停业。停业后的木结构建筑改造为大众化书吧,并于2015年6月对外开放。

成都金沙博物馆内原来有一处名叫"金沙元年"的高级会所。如今，金沙博物馆将正门口的招牌由"金沙元年"改为"游客服务中心"，并在门口设立"宣传公示栏"，用于展示服务中心所提供的服务内容（比如，庭院茶水、便民服务包、旅游咨询、简餐及茶水的详细消费价目表等）。同时，还张贴了关于金沙博物馆的活动宣传以及社区的活动展示，更加贴近大众。

三、防止反弹回潮，建章立制求长效

随着中央和地方整治"会所中的歪风"的一系列政策和措施实行，高档会所市场明显萎缩，党员领导干部大吃大喝、出入私人会所等现象得到有效遏制。

然而，在看到成绩的同时，问题也不容忽视：严打之下总有一些高档会所在简单化妆变脸后重装上阵，并且变得更加隐秘，总有一些无视法纪的干部依然把会所当成掩护腐败的青纱帐。一是一些会所僵而不死，关前门、开后门，变得更加隐秘。二是少数党员领导干部心存侥幸、无视法纪，依然我行我素顶风出入私人会所。

2014年7月28日上午，中央纪委国家监委网站《反腐三人谈》节目将邀请中央纪委三位机关干部谢光辉、方文碧、冷葆青在线访谈，主题为"反腐败必须纠'四风'"。

关于反腐败、纠"四风"思路，方文碧表示，主要有两个方面，一方面就是对这些顶风违纪的要从严查处，重点是对党的十八大以后，中央八项规定出台，教育实践活动开展以后，仍然不收敛、不收手的这些干部，要从严查处。另一方面，作风建设不是一阵子。我们要按照中央的要求，锲而不舍、驰而不息地把这项工作抓好。

方文碧举例称，广东的万庆良（原广州市委书记），在中央八项规定出台，特别是中央整治"会所中的歪风"通知下发以后，仍然多次出

入私人会所,在被组织调查的前几天,还到会所里面去大吃大喝。

"还有一个案例是安徽的韩先聪,他是2013年1月任省政协副主席,自从任职以来,他就多次出入高档酒店和私人会所接受党政干部、国企老总、私企老板的宴请。在中央纪委对他宣布立案调查决定的当天,他的手机信息显示,当天他有两场饭局,中午晚上各一次。"方文碧说。

这些案例说明,尽管中央已经下大力气整治"会所中的歪风",但仍有个别党员领导干部顶风违纪,把中央的禁令抛诸脑后。

为根治"会所中的歪风",不少地方在整顿的基础上着力构建长效机制。同时,各地致力于管住领导干部的腿和嘴,普遍要求党员领导干部承诺不出入私人会所、不接受和持有私人会所会员卡,并对违规违纪行为严肃查处。

为防止"会所中的歪风"反弹,各地大体从三方面下功夫:

一是专项整治分类。整治会所,不是简单地一关了之,而是区别对待,分类治理,该关停的关停,该转型的转型。比如对公园类会所要使其向公益性转型,使公园真姓"公";对于纯粹进行权钱、权权、权色交易的会所必须坚决取缔。

以北京为例,截至2014年8月底,北京市纳入整治范围的37家私人会所和高档餐饮场所中,16家已关停、21家已通过调整菜价、提供公益服务等方式完成转型。为巩固整治成果,北京市进一步明确了"公园内的私人会所一律关停,公园内租用合同到期且与公园功能无关的场所一律不得出租,确保公园更好地面向游客、服务群众、提高质量"等一系列整治举措,并进一步畅通监督举报途径,加大查处力度,及时曝光典型案件,确保整治取得实效。

二是综合治理要协同化。住房和城乡建设、文化、公安、民政、商务、税务、工商等各部门密切配合,构建起横向协作、纵向联动、条块结合的整体工作格局。比如，在成都，当地制定专项治理方案，建立纪检机关和工商、规划、林园等10个部门联动机制，分类清理公共资源中实行会员制的会所、只对少数人开放的场所、违规租用经营的场所，确保不留死角、全面覆盖。

再如，河北对党政机关、事业单位和国有企业制定"三条禁令"，着力铲除"会所中的歪风"：不准设立会所，已设立的要立即清理纠正；不准将公务接待或公务活动安排到私人会所；不准用公款报销在私人会所的消费。当地还对各级干部也提出"三不准"：不准出入私人会所、不准接受和持有私人会所会员卡、不准设立或入股私人会所。

三是监督检查要常态化。持续开展明察暗访，采取抽查、巡查、暗访相结合的方式进行常态化监督检查，常杀回马枪、常回头看，对违规违纪线索，坚持快查重处，对整治后又反弹的，或者搞变通、打折扣的，坚决重拳打击，对典型案件实行"一案双查"，实施责任追究。

第七节

削"文山"填"会海"

"各级政府要坚决反对和整治一切形式主义、官僚主义,让干部从'文山会海'、迎评迎检、材料报表中解脱出来,把精力用在解决实际问题上。"2019年政府工作报告指出。

在我国反腐败斗争取得压倒性胜利的背景下,2019年政府工作报告提出"坚决反对和整治一切形式主义、官僚主义",并首次将"文山会海"作为目标进行治理,显示了政府推进党风廉政建设的坚定决心,也意味着政府将更加注重提升行政效能、实现国家治理能力现代化。

一、反弹的"文山会海"

"文山会海"是形式主义、官僚主义的重要表现。

中央八项规定中重申"精简会议活动,切实改进会风""精简文件简报,切实改进文风"。2013年之后,在中央开展的群众路线教育实践、"三严三实"教育等活动中,整治"文山会海"都是重要内容。

在党的十八届六中全会审议通过的《关于新形势下党内政治生活的若干准则》中,将"文山会海"当成反对形式主义的重点问题予以治理。

在一段时间内,一场轰轰烈烈的大整治活动带来了短暂的效应,然而,随着工作的进一步细化和增多,到了2017年,一些地方和部门的"文山会海"现象有反弹迹象。

在基层减负的硬杠杠下,"着正装"的文件少了,但"穿马甲"的便笺多了。一些原本需要走办公系统,或是加上红头的文件,摇身一变,成了不加文号、去了红头的"工作函"。有的地方,则是以电话通知、口头指示、纸质材料变电子消息等方式,代替下发文件。如此一来,文件数量确有明显减少,但基层干部的工作任务并未减少,甚至不减反增。这显然偏离了减负的要求。

2017年6月,《人民日报》在一篇报道中称,一名乡镇工作人员一年开了280多场会。不少会还是重复开,中央出台一个文件、部署一项工作,电视电话会议开到县一级,接下来省、市、县结合实际贯彻落实,又分别召开贯彻落实的会议。算下来,有的基层干部同一主题的会要开4次。

2018年9月,中央纪委办公厅印发的《关于贯彻落实习近平总书记重要指示精神集中整治形式主义、官僚主义的工作意见》提出,在学风会风文风及检查调研方面,重点整治频次过多过滥、浮于表面等突出问题。

有的地方减少了文件,却增加了各种工作APP、微信公众号,APP推送、微信群发等成为发文新渠道。南方一乡镇干部大倒苦水:"我手机上10多个政务APP,20多个微信、QQ工作群,每天要花不少时间浏览群组里的通知,稍有疏漏没能及时处理,就要被通报批评。"文件纸质变电子,使无纸化办公在有的地方异化为干部整天抱着手机、守着电脑的"五指化"办公。此外,有基层干部反映,因为带密级的文件不纳入统计范围,有的地方就把根本没有什么机密的文件定性为涉密文件下发,造成减少发文数量的假象。

诚然,会议、文件和各种活动是部署落实工作不可或缺的手段,但"过犹不及","成山似海"则成为工作的羁绊。

2018年11月26日,习近平总书记在十九届中央政治局第十次集体学习时指出,"文山会海"有所反弹。这些问题既占用干部大量时间、耗费大量精力,又助长了形式主义、官僚主义。过去常说"上面千条线、下面一根针",现在基层干部说"上面千把锤、下面一根钉","上面千把刀、下面一颗头"。这种状况必须改变!

二、削"文山"填"会海"难在哪

"文山会海"一词很早就已经出现,描述的是作风建设最难根治的顽疾之一。"文山会海"耗费精力时间,导致想干事却难成事,不少人说起来厌恶痛恨,做起来却"情不自禁"大念"山海经"。

在中央下大力气治理之后,"文山会海"为何依然存在?

一方面,政绩观错位是根源。有的仅唯上,追求形式上的轰轰烈烈、声势浩大,文越发越多、会越开越大,就为让领导看见、吸引上级注意到;有的急功近利,只顾来得快的面上政绩,不顾需下大力的里子实绩,急于向上邀功请好,实际比的是谁会开得最快、材料报得最早;有的图省事,把开会发文和落实工作画等号,觉得会开了、文发了,工作就算落实了,对上级也有交代……结果是"开会不过夜、过夜不落实""发文一大堆、没人具体抓"。

2019年2月,《中国纪检监察报》刊文称,"文山会海"病根很复杂,一个很大的因素就是一些地方的一些人总是把开会、发文当成展现担当、作为、落实的工具。

"显而易见,如果有些上级部门、上级领导不热衷于通过基层开了多少会、发了多少文来考察基层干部的工作实绩,那么'文山会海'就不会层层加码,越到基层越是严重。于是,有些干部不是主动、自觉远离'文山会海',而是主动、自觉拥抱,且乐在其中。"这篇文章说。

在失责必问责的大背景下,担心上级精神传达不到位被追责问责,于是一些人就把"退避三舍"的"保险观"作为开展工作的不二选择,使"省劲稳妥"的"文山会海"愈演愈烈。他们认为，只要开会发文布置了，不管落实与否，跟自己就没关系了。因此，不担责、怕追责、向下推责是"文山会海"的另一病根。现实中我们看到，有的凡上级指示、精神和要求，不管轻重缓急、实际情况、能否落实，一律靠文件会议把任务层层分解、责任层层下推。不少基层干部反映，他们承担了大量本该由上级部门干的工作，出了问题还要背锅，极大影响工作积极性。

有人搞"文山会海"是为了"政绩"和推责，也有人是能力不足。一些干部身子进入新时代，脑袋还停留在过去式，开展工作的方式方法单一陈旧，惯用开会发文的方式开展工作，除此之外便束手无策、"抓瞎"茫然，一说干工作就是多开会、开长会，发"形式大于内容"的文，心里才踏实、认为这就行。这种路径依赖，难免产生一面反对"文山会海"、一面又搞"文山会海"，一个问题消弭、另个变种又生的怪象。

另一方面，留痕式检查评比推波助澜。有的地方督导检查、考核评价表面化，重被检查单位工作留痕，而不重实际业绩，把"有没有开会发文"作为重要指标，甚至以留痕论英雄。中部某县一名干部吐槽，一个不到10人的无审批权、非执法单位，年度考核普法、禁毒、平安创建、创文创卫、乡村振兴、精准扶贫等有关会议文件记录纸一张不能少。"过度留痕，就是把炸毛的鸡打扮成开屏的孔雀。为啥？有的领导爱看孔雀啊！"一位基层干部如此说。

既当运动员又当裁判员，整治"文山会海"主体责任在各级党委，党委办负责协调推进，有的自我革命精神不强，自己对自己下不了手；有的在处理时顾忌领导，因为开会是领导批准的，文件是领导签发的；有的思想上不重视，认为多发个文、多开次会不算什么，甚至借口认定评判难，睁只眼闭只眼，处理问题高举轻放、网开一面，致使"文山会海"落落起起。

三、将"文山会海"纠治到底

不得不承认,治理"文山会海"这个痼疾顽症,我们要走的路还很长,要像纠正享乐主义、奢靡之风问题一样抓好"常""长",治标与治本结合,打好持久战。

从领导机关做起,坚决把规模控制住。对于治理"文山会海",2019年政府工作报告列出了具体措施,压减和规范督查检查考核事项,实施"互联网+督查"。减少开会和发文数量,2019年国务院及其部门要带头大幅精简会议、坚决把文件压减1/3以上。

也就是说,国务院及其所属部委,将要在整治"文山会海"中作出表率,先把国务院和部委的文件压减1/3以上,国务院的决心不可谓不大。

此次政府工作报告明确提出减少会议和文件的具体数量,反映了政府推动此项工作的目标十分明确。

政府工作报告提出了明确的要求,坚决把文件压减1/3以上,有利于为领导干部松绑,领导干部就会把更多的时间和精力用在法律政策的执行上,国务院及其部门带头这么做,自上而下推进、以上率下推动,为各级地方政府树立良好的榜样。

长期以来,"文山会海"治一治就好转,松一松就反弹的现象告诉我们,防止问题反弹回潮十分重要,必须加强日常监督管理,长盯不放、久久为功。

2019年3月,中办印发《关于解决形式主义突出问题为基层减负的通知》,明确提出将2019年作为"基层减负年"。上海、安徽、吉林、湖南、河南、福建和江西等地相继对文件、会议提出硬性的削减要求。截至2019年底,削减"文山会海"取得显著成效,各地发文和会议数量同比压缩30%以上。

上海市要求市委和市政府发至乡镇街道处团级等基层单位的文件同比减少30%—50%；市委和市政府各部门召开的本系统全市性大会每年不超过1次，全市性大会和专题会议原则上不超过2小时。

安徽省委提出"3314"等明确要求，即省委文件要比2018年压减1/3以上，全省性会议比2018年压减1/3以上；每年只安排1次省级脱贫攻坚督查，省直部门和市县不得开展脱贫攻坚专项考核；汇总编制省直部门涉及脱贫攻坚填报事项"一张表"，每季度最多让基层填1次，每年不超过4次。

吉林省探索解决困扰基层的形式主义突出问题，在精简文件、压缩会议等方面持续发力，对"文山会海"大刀阔斧"做减法"，并且分别明确了"硬杠杠"，为基层松绑减负。

在精简文件方面，吉林省严格明确了文件制发审核机制，要求部门提请签发文件前，必须先送党委、政府办公厅（室）文件审核机构对发文必要性、发文范围、合法合规等方面进行审核，坚决防止文件"倒流"问题发生。为减少文件数量，由部门发文或部门联合发文能解决问题的，不升级到党委、政府发文。未经党委、政府批准，部门不得向下级发布指令性公文或者在公文中提出指令性要求。据统计，2019年以来，省市发给县级以下的指令性、政策性文件数量减少30%以上。

吉林省还提倡"短实新"文风，政策性文件、综合性报告规定一般不超过4000字，专项报告一般不超过2500字。杜绝"穿靴戴帽""照搬照抄"，上级文件已明确背景意义、总体要求、基本原则等内容，下级配套文件不再重复表述。

吉林省还力所能及地压缩会议，减少会议总量。提倡集中开会、合并开会、套开会议，实行"无会周""无会日"制度。省委、省政府每月第一周为"无会周"，每周三为"无会日"，除特殊情况外不召开全省性会议。2019年以来，省市开到县级以下的会议减少30%以上。吉林省还严控会议规模和时间，按确有必要原则确定参会人员，切实减少陪会。会议时间规定一般不超过90分钟。

针对"文山会海"、督查检查考核过多过频、重留痕轻实绩、随意追责问责等突出问题，湖南省委2019年3月25日出台20条措施，要求各级各部门从五大方面力戒形式主义、官僚主义，并明确省纪委监委负责日常监督工作。针对监督检查考核过多过频问题，该省提出严格执行督查检查考核年度计划和审批报备制度，2019年省级层面督查检查考核事项较上年减少80%，对县乡村和厂矿企业学校的督查检查考核事项减少50%以上；针对学风漂浮、"文山会海"等问题，提出可发可不发的文件坚决不发，确须发文的要简明扼要；针对消极应付、事难办问题，省纪委监委将联合省信访局深入开展群众身边腐败和作风问题治理，起底一批群众反映强烈的问题线索，挂牌督办，直查直办，力争在2019年6月底前取得阶段性成果。

湖南省明确，除中长期规划等文件外，其他党内法规和规范性文件、综合报告不超过5000字，专项工作报告不超过2000字，确保2019年发给县级以下的文件减少30%—50%；从省级层面层层大幅度精简会议，确保2019年开到县级以下的会议减少30%—50%。

海南省委在整治"文山"问题上要求，省级层面发文同比减少42%，严格控制文件篇幅等；并着力破解"会海"突出难题，全省性及省委重要会议同比减少33.3%。

河南省委从省级层面做起，确保2019年发至县级的文件、召开的会议减少30%以上，对县乡村和厂矿企业学校的督查检查考核减少50%以上。

据福建省相关部门统计，截至2019年11月底，福建省省级层面文件和会议分别精简55.8%和59.0%，市级层面精简56.4%和55.4%。

"文山会海"、迎评迎检、材料报表等问题耗费基层大量精力，让干部不堪重负。在中央明确将2019年定为"基层减负年"后,江西省出台《关于力戒形式主义为基层减负的三十条措施》,从大幅精简文件、大力压缩会议、规范督查检查考核等方面力戒形式主义,为基层减负。

对症施策,需要回归到削减"文山会海"的本意。

中央要求"层层大幅度精简文件和会议",根本目的是让各级部门从无效忙碌中解脱出来,减轻无谓负担、提高工作效率。

由此观之,"减"当然是其中应有之义,但"减"的对象应当是那些无用、重复、低效的会议文件。对于那些务实、必要者,非但不能"减",还必须搞得更好。实际上,对于如何开会的老问题,毛泽东早就指出"有了问题就开会,摆到桌面上来讨论,规定它几条,问题就解决了",并且认为小型会议"时间不长,就地召开,这种形式最好"。会议有必要则开、不必要则不开,有话则长、无话则短,才是真正的实事求是。

开会发文本身不是形式主义,"文山会海"才是。该开的会还是要开,关键是应该尽量开短会,开有效率的、解决问题的会。发文件也是如此。打击形式主义关键是务实求真,不必为了减少形式而设置更多新的形式,最终落入"以形式主义反对形式主义"那一套。

作为"关键少数",领导干部敢于担当、起而立行,把"一级讲给一级听"变成"一级干给一级看",把"层层抓开会"变成"层层抓落实",工作氛围自然风清气正,比"无会月"更有示范作用。

第二章
以党内监督作为全面从严治党重要抓手

> 我国的政党制度决定了党内监督在中国监督体系中的地位和作用,决定了中国共产党必须做到敢于和善于刀刃向内、自己给自己动手术,才能监督好自己,才能带动外部监督帮助中国共产党监督好自己,才能增强党在长期执政条件下自我净化、自我完善、自我革新、自我提高的能力。

第一节

"三转"开创纪检监察新局面

建设一支政治素质高、忠诚干净担当、专业化能力强、敢于善于斗争的纪检监察铁军，是推动新时代纪检监察工作高质量发展的组织保障，是全面从严治党、正风肃纪反腐取得实效的关键。

2013年1月，党的十八大闭幕后不久，习近平总书记就在十八届中央纪委二次全会上提出："各级纪检监察机关要加强干部队伍建设，提高履行职责能力和水平，更好发挥监督检查作用"；此后在五次全会上要求纪检监察队伍"忠诚、干净、担当"，作为衡量纪检监察干部是否合格、能否过硬的基本标准；在六次全会上强调"以更高的标准、更严的纪律要求纪检监察干部"，彰显严上加严、越往后越严的鲜明导向。

打铁的人首先要成为铁打的人。党章赋予纪委很高的权威，党中央对纪检监察机关高度信任，人民群众对反腐败衷心拥护、对这支队伍充满期待。纪检监察机关只有自身先过硬，才能挺直腰杆监督别人。这支队伍在作风和纪律上偏出一尺，党风廉政建设离党和人民的要求就会偏出一丈。

因此，党的十八大以来，党中央根据党章规定、党风廉政建设和反腐败斗争形势任务，与时俱进地对纪检监察干部队伍建设提出新的工作要求。

2014年5月19日，时任中共中央政治局常委、中央纪委书记王岐山在纪检监察机关"转职能、转方式、转作风"专题研讨班上强调,纪检监察机关要深入贯彻党的十八届二中、三中全会精神,落实中央纪委二次、三次全会部署,明确职责定位,聚焦党风廉政建设和反腐败斗争,紧紧围绕监督执纪问责,深化转职能、转方式、转作风,全面提高履职能力。

中央纪委参与的议事协调机构由125个精简至14个,省级纪委则由4619个精简到509个;加强和改进巡视工作,对重点线索逐一核实,做到每件都有着落;各级纪检监察系统开展会员卡专项清退活动,做到零持有、零报告……

在中央纪委的示范推动下,各级纪检监察信访举报部门聚焦主业,集中力量把职责范围内的工作做深、做细、做实,不少人切实感受到:监督越来越严密、执纪越来越严厉、问责越来越严格。

一、深化"三转"核心要义的认识

深化"三转"核心要义的认识,目的是让各级纪检监察机关能够紧紧抓住"提高认识、加强协调、推动落实"三个关键环节,在"自觉转、转到位、有效转"上下功夫,全面提高履职能力,更好履行职责使命。

首先,为何转——党章赋职,形势所需,把监督执纪问责重任扛起来。《中国共产党章程》第四十四条明确规定了各级纪委的主要任务:维护党的章程和其他党内法规,检查党的路线、方针、政策和决议的执行情况,协助党的委员会加强党风建设和组织协调反腐败工作。

党的纪律检查机关从诞生之日起就被定位为党内监督的专门机关。党章和行政监察法规定的纪检监察机关主要职责任务,归结到一点,就是监督执纪问责。"三转"实际上是纪检监察机关按照党章和行政监察法基本规定以及新的反腐败组织体系分工要求,对工作重心、方式、作风的一种全面而及时的调整,是一种法定职能的校准回归和工作的调适加强，有利于各级纪检监察组织克服过往工作中发散有余、聚焦不足的问题，正确科学履职。

从这个意义上，深化"三转"就是贯彻党章的要求，各级纪检监察机关必须聚焦党风廉政建设和反腐败斗争这一中心任务，切实承担起监督执纪职责，把不该管的工作交还给主管部门，把该管的工作切实管好，解决工作发散有余、聚焦不足问题，不越位、不缺位、不错位，实现内涵与外延的统一。

反腐败斗争一直在路上，形势依然严峻复杂；在一些党员领导干部中，党的观念淡薄、"四风"积弊突出、组织纪律涣散等问题仍然存在。纪检监察机关作为反腐败的主力军，唯有从工作职能、机构设置、力量安排、方式方法、工作作风等方面主动调整，收拢五指、攥紧拳头、重拳出击，才能实现对腐败问题的最强打击、最大威慑，才可能完成遏制腐败的重大任务。

但是，以往的纪检监察工作不同程度存在职能泛化、方式固化、作风异化、功能弱化等问题，影响了反腐败工作成效和纪检监察队伍形象。比如，案件办得不少，但抓一漏万，办案威慑作用大打折扣，助长了一些人的侥幸心理；制度制定得不少，但并没有真正落实，成了"纸老虎""稻草人"；检查考核、专项治理不少，但浮于表面，针对性不强，真正发现和解决的问题不多；事情抓得不少，但过泛过宽，疲于应付、效果不佳等等。面对党要管党、从严治党的艰巨任务，如果纪检监察机关纪律涣散，不能抓住自己的中心任务，就会"种了别人的田，荒了自己的地"，如何攥紧拳头、凝聚反腐合力？如果纪检监察干部不能严格要求自己，怎样体现"打铁还需自身硬"，更遑论监督别人改进作风？

就此而言，只有深刻认识"三转"，并深入推进"三转"，纪检监察机关才能不断落实中央八项规定精神，增强党的观念、严肃组织纪律，坚决遏制腐败蔓延势头，深入推进党风廉政建设和反腐败斗争。

其次，转什么——聚焦主业，创新方式，以铁的纪律打造反腐铁军。在"三转"中，转职能是核心，聚焦主业是职责所在；转方式是关键，创新机制是形势所需；转作风是保障，锻造队伍是履职保障。

转职能，就是纪检监察机关要根据党章、党内法规和行政监察法的规定，进一步明确纪检监察机关的职责定位，聚焦党风廉政建设和反腐败斗争这个中心工作，集中精力抓好监督、执纪、问责三大"主业"，把不该管的交还给主责部门，做到不越位，不缺位，不错位。职责越明确越聚焦，工作就越具体越深入，工作方式的改变也就越突出越迫切。

转方式，就是纪检监察机关要积极创新理念思路，改进方式方法，更加科学有效地履行职能、担当责任。要加强反腐倡廉制度建设，建立健全监督检查常态化工作机制。要坚持抓早抓小、防微杜渐，对党员干部中的苗头性、倾向性问题，要早发现、早提醒、早纠正、早查处。要改进执纪监督方式，强化"再监督、再检查"职能。

转作风，就是纪检监察机关要按照"打铁还需自身硬"的要求，牢固树立宗旨意识，坚持不懈地纠正"四风"，以情况明、数字准、责任清、作风正、工作实为标准来推进纪检监察工作，建设忠诚可靠、服务人民、刚正不阿、秉公执纪的纪检监察队伍。

纪检监察机关是监督执纪的专责机关，对自身的监督必须更加严格，执行纪律必须更加刚性。

第三，如何转——统一思想，求真务实，把更多的力量压到主业上。深化"三转"，是各级纪检监察机关扛起监督责任的必由之路，需要紧紧抓住"提高认识、加强协调、推动落实"三个关键环节，把"三转"当成一个整体，相互关联、相辅相成，必须同步抓实、抓紧、抓到位。

一是，着力理念更新抓认识，在自觉转上下功夫。

认识是行动的先导。深入推进"三转"，首先要转思想，当务之急，就是要让各级纪检监察机关和广大纪检监察干部切实把思想认识统一到中央要求上来，努力做到思想上共通共鸣、认识上高度统一、行动上步调一致，营造"大家学、大家思、大家说、大家转"的良好氛围。

"三转"是科学应对反腐败斗争严峻形势的一项重要决策部署。党的十八大以来，党中央、中央纪委坚持党要管党、从严治党，对党风廉政建设和反腐败工作作出了一系列重要部署，反腐倡廉工作呈现出前所未有的力度和态势，取得了令人瞩目的成绩，凝聚了党心，提振了民心。但我们也要看到，当前反腐败斗争形势依然严峻复杂，滋生腐败的土壤依然存在，腐败问题在一些地方和领域依然易发多发。

中央纪委适时作出"三转"这一重要决策部署，既是当前党风廉政建设和反腐败工作的形势所迫，也是广大干部群众的热切期盼；既是纪检监察机关的职责所在，也是我们依靠法治思维和法治方式有效治理腐败的必然选择，同时也是纪检监察干部队伍建设的现状所需。

"三转"是纪检监察机关一次重要的思想解放。近年来，纪检监察机关存在着工作面铺得过宽、职能泛化和主业淡化等问题。要切实从"大包大揽"的繁重事务中解放出来，从"全面出击"的不合时宜的做法中解放出来，就必须解放思想，使纪检监察机关回归本位，依据党章和行政监察法赋予的职责，更好发挥党内监督专门机关作用，真正做到不越位、不缺位、不错位。

"三转"是实现纪检监察机关治理能力现代化的一个重要举措。通过"三转"，纪检监察机关加强体制机制创新，实现职能转变，聚焦主业主责，提升工作实效；以问题为导向，对改革中发现的各种突出问题，督促部门单位进行制度纠偏，通过完善监督制度，堵塞漏洞，实现监督方式的转变，切实提升监督工作的针对性、实效性和长效性；以强自身为着力点，不断提高服务和保障科学发展的能力、维护和改善民生的能力、科学防治腐败的能力和自我净化、自我完善、自我革新、自我提高的能力，锻造铁军，有效地履职。

二是,着眼形成合力抓协调,在转到位上下功夫。

"三转"能否转到位,协调是关键。"三转"的推进,离不开上级纪委的指导和同级党委政府的理解支持,各级纪检监察机关必须强化沟通协调,切实解决"上热下冷、内热外冷"的问题,理顺关系,达成共识,推动"上下内外"一起转,形成合力,努力营造纪检监察机关体制机制创新的良好氛围。

正确处理好主责与专责的关系。紧紧抓住党风廉政建设责任制这个"牛鼻子",锁定监督职能,切实厘清党委主体责任和纪委监督责任。各级党委要切实担负起党风廉政建设主体责任,种好自己的"责任田",做到守土有责、守土尽责。各级纪委要主动承担监督责任,既不能大包大揽,也不能袖手旁观。

正确处理好正人与正己的关系。打铁还需自身硬,正人必须先正己。纪检监察机关和广大纪检监察干部要牢固树立"对自身的监督必须更加严格,执行纪律必须更加刚性"的理念,要求别人做到的自己首先做到,要求别人不做的自己坚决不做。

三是,着力真转实转抓推动,在有效转上下功夫。

"三转"能否取得预期成效,推动落实这一环节至关重要。这就要求各级纪检监察机关准确理解领会"三转"的内涵和要求,真转实转,务求实效。

一是严肃执纪。坚持"有案必查、有腐必惩",严肃查办领导干部、执法司法人员违纪违法案件,严肃查办严重违反政治纪律案件,严肃查办用人上的腐败案件,严肃查办重大责任事故背后的腐败案件,既要严打"老虎",也要勤拍"苍蝇",始终保持惩治腐败的高压态势。

二是严格监督。要坚守责任担当,敢于亮剑。对同级党委,要加强监督制约,通过监督事达到监督人的目的;对所属部门,要强化派驻监督,通过实施派驻机构统一管理,强化对驻在部门班子成员监督;对广大党员干部，要加强日常监督，深入开展警示教育，开展廉洁承诺，注重信访监督，推行审计监督，用好监察建议、监察决定等法定手段，确保监督实效。

三是严厉问责。健全问责机制，完善责任分解、监督检查、倒查追究的完整链条，加大对滥用权力、失职渎职、决策失误等问题的责任追究力度，坚决查处虚作为、庸作为、不作为、慢作为、乱作为的行为，坚决防止"破窗效应"，以实际成效取信于民。

二、把"三转"推向更高层次更高水平

党的十八大前，一些地方纪检监察机关处于"救火队"状态。一方面牵头许多地方党委政府交办的"急难险重"任务，另一方面又常被网络舆情警报牵着去"救火"。在网上不时冒出的"房叔""表哥""小偷反腐""情妇反腐"事件中，总有声音故作深沉地问："纪检监察机关在干什么？"

"网络反腐"的出现，是网络舆情复杂性严峻性的体现，也是反腐败斗争复杂性严峻性在网络舆情中的体现，这种状况严重挑战了党对反腐败的领导。网络舆情只是一个缩影，随着一个又一个"盖子"被揭开，党的领导弱化、党的建设缺失，组织涣散、纪律松弛带来的一系列严重后果使人触目惊心。

挽狂澜于既倒，扶大厦之将倾。

党的十八大拉开了新时代的大幕。新时代写下的第一篇章就是"坚持党要管党、全面从严治党"，突破口就是党风廉政建设和反腐败斗争。

习近平总书记将反腐败斗争形势的判断，从延续了许多年"依然严峻"改为"依然严峻复杂"，提出了"坚决遏制腐败现象蔓延势头"的目标。

习近平总书记从党和国家事业全局出发，把党章赋予纪委的职责凝

练成六个字"监督执纪问责"。中央纪委监察部把研读党章作为第一课，回归党章本源，深入推进"转职能、转方式、转作风"，目的就是聚焦监督执纪问责，把不该管的工作坚决交还给主责部门。

2013年，中央纪委调整内设机构，加强纪律检查和党风政风监督工作，将参加的125个议事协调机构清理减少到14个；在内设机构、行政编制、领导职数总量不变的情况下，2014年，中央纪委再次调整内设机构，增设纪检监察室，组建组织部、宣传部、纪检监察干部监督室，执纪监督部门和人员分别占内设机构和人员编制总数的近70%。

在中央纪委监察部的示范带动下，各级纪检监察机关也深入开展"三转"，收缩战线，回归主责主业。省级纪委、监察厅（局）参与议事协调机构由4619个减至460个，纪检监察室新增61个，增幅达到了36%，执纪监督人员占总编制比例平均将近60%。

改革成效当年即显。2013年，中央纪委监察部查处中管干部31人，移送司法机关处理8人。其中，平均每月1名省部级高官"下马"、每两天1名厅级以上干部"中箭"的记录，兑现了"老虎、苍蝇一起打"的庄严承诺。中央纪委分4次对32起违反中央八项规定精神典型问题进行点名道姓公开通报，有效遏制了久治不愈的歪风邪气。

党的十八大以来，以习近平新时代中国特色社会主义思想为指导，中央纪委监察部坚决贯彻总书记关于全面从严治党系列重要讲话精神，2014年5月召开的"三转"专题研讨会明确，"三转"就要往监督执纪问责上转。

从"包打天下"到聚焦监督执纪问责，从站在法律底线到挺纪在前，从抓少数到管住大多数，这是一场深刻的变革。

数据更有说服力。2015年以来，全国纪检监察机关实践"四种形态"，共处理204.8万人次。其中，运用第一种形态占46.7%，第二种形态占39.9%，第三种形态占7.6%，第四种形态占5.8%，真正成为极少数。

在总的案件数量没有大的变化的情况下，这种结构性的变化反映出纪检监察机关的工作理念、方式方法也发生深刻变化，改变了过去把过多精力放在贪腐问题上做法，从盯违法到盯违纪，真正体现了党的"纪律部队"的特点和属性。

随着纪检机关职责的明确、"三转"的深化，纪检体制改革也步步深入。落实十八届三中全会精神，中央纪委监察部深化纪检体制改革，创新体制机制，推进巡视和派驻监督全覆盖，使党内监督不留死角、没有空白。

"三转"回归了主业，纪律恢复了刚性，不少纪检监察干部心里有了底气，眼里有了清晰的工作目标和思路——

比如，针对责任制考核中责任难以界定的问题，浙江省海宁市试行了免责办法倒逼责任落实。他们要求各职能部门"两个责任"主体，按照市纪委制定的"两个责任"清单，将日常履责情况，以谈话记录、讲话提纲复印件等形式向上级党委报告，并在同级纪委备案。一旦部门内党员干部发生违纪违法行为，受到查处需要追责时，报告就派上了用场。经过审核，能证明责任主体已经履责尽责了，就可以免责。反之，就会成为被追责的重要依据。

再如，在山东省烟台市，主体责任的落实有力推动了纪委"三转"。市纪委书记朱秀香介绍说，市委把"三转"置于落实"两个责任"的大盘子谋划，为支持纪委调整内设机构，市委给纪委增加了7个编制，并加大了优秀纪检监察干部选拔任用力度。

……

图垂成之功者，如挽上滩之舟，莫少停一棹。

转职能、转方式、转作风是一项长期的任务，纪检监察机关只有紧扣党章规定的职责定位,强化监督执纪问责,才能不断深化"三转"。

"人贵持志,事贵有恒。""三转"无止境,要在坚持中深化、在深化中坚持。各级纪检监察机关必须始终保持坚强政治定力,认准正确方向,踩着不变步伐,不断推动"三转"向基层延伸,把全面从严治党引向深入。

第二节

巡视监督震慑效应不断放大

2015年7月，2015年中央第二轮巡视进驻中央直属机关事务管理局、国家机关事务管理局、国家铁路局等11个部门、企事业单位开展专项巡视。

此前，中共中央政治局召开会议，审议通过《中国共产党巡视工作条例（修订稿）》，巡视成为了一柄悬在不正之风上空的"达摩克利斯之剑"，成为清污之器、除邪之器，是国之利器、党之利器。

2017年5月26日召开的中共中央政治局会议指出："党的十八大以来，以习近平同志为核心的党中央把巡视作为推进全面从严治党的重大举措，对加强和改进巡视工作作出一系列重大决策部署，坚持党内监督和群众监督相结合，赋予巡视制度新的活力。"

一、解密党最早的巡视制度

中国共产党自成立伊始，就十分重视对地方的巡行指导。

中共二大通过的《中国共产党章程》之第三章第十五条规定："中央执行委员会得随时派员到各处召集各种形式的临时会议，此项会议应以中央特派员为主席。"这应该是党内巡视最初的党内法规依据。

1923年中共三大通过的《中央执行委员会组织法》将中央执行委员会的法定人数增加到9人，其中5人组织中央局，其余4人则"分派各地，赞助地方委员（会）一同工作，每星期将所在地情形报告中央局一次"。这样，分派各地的中央委员就承担了帮助下级党组织开展工作、传递上下级信息的功能。

国民革命蓬勃发展起来以后，党对于监督、指导工作更加重视。1925年中央扩大执行委员会通过的《组织问题议决案》明确提出"应当增加中央特派的指导员，使事实上党对于区及地方实行指导全部工作"。

1926年7月，鉴于革命运动的发展，中央扩大会议再次决定："以后中央对于各区，各区对于各地方，最好能派遣特派员，考察并执行此种任务……"至此，党基本确立了从中央到区、地方、支部的党内巡视体制。

但是，作为一个制度存在，党内巡视却是在土地革命时期形成和成熟起来的。大革命失败以后，中国共产党生存环境的恶化，使党内巡视的重要性凸显出来。生存环境的恶化使原本就强调纪律和服从的中国共产党进一步走向了集中。

1927年11月，在《最近组织问题的重要任务议决案》中，中央认为许多决议和方针，"如土地问题，农民暴动的策略问题，劳动问题，国民党问题，往往在各地并不执行，谬解而成机会主义的实际行动"。首次提出"应当开始建立各级党部的巡视指导制度"。

据此精神，1928年10月，中央发布"第五号通告"，正式颁布党内《巡视条例》，该条例共15条，内容涉及巡视的目的，巡视员的派遣和条件，巡视员的职责等。条例规定自中央至县委、特委都须设专门巡视员。

中央认为只有执行巡视制度，才能"了解下级党部的生活和群众工作的实际，使上级指导能正确而且合于实际，能密切地传到下级党部"。

六届二中全会以后，党内巡视又成为上级党组织进行"活的领导"的重要手段。所谓"活的领导"就是要求上级组织缩小机关，避免以"公文"指导下级工作，而应直接派人到下级组织了解具体情况，"广泛发展群众的积极性与创造性"，并"当面解决问题"。中央认为党内巡视是实行"活的领导"、根除官僚主义的重要方法。

经过三年探索，1931年5月，中央通过《中央巡视条例》，并要求各省各地参照该条例建立自己的巡视制度。巡视员的主要任务是了解和传达党的决议并检查各级党组织对决议的执行情况，检查各级党组织的领导成分和领导方式，了解各地政治经济状况，了解各地群众组织状况，教育和提拔工农干部。《中央巡视条例》的颁布和执行，标志着党内巡视制度正式形成。

《中央巡视条例》分五章，包括巡视员的条件，巡视员的基本任务，巡视员的工作方法，巡视员的职权、教育与纪律，附则。

《中央巡视条例》规定："巡视员是中央对各地党部考察和指导工作的全权代表。"因此，中央巡视员必须具备相应条件，特别要求过去曾在地方党部做过负责工作。巡视员必须做巡视日记，至少两周向中央报告一次。因工作不力，致遭损失的，须向中央负政治责任。

《中央巡视条例》要求消灭官僚式的巡视制度，巡视前需与中央讨论确定巡视的中心任务，摒弃走马看花，只凭审阅文件的工作方式，尽量扩大谈话范围，加强实地调研，充分掌握地方党部的情况和搜集政治经济材料向中央汇报。

《中央巡视条例》对中央巡视员提出六大任务，要求监督地方贯彻中央决议的情况，及时纠正出现的偏差，不仅必须检查各地现有的干部，而且必须执行教育和提拔工农干部的任务，用种种方法来发现新干部，详细汇报各地方党组织的工作，使中央能够随时真正了解各地党的工作。当时革命形势复杂，各地党部常有突发事件，《中央巡视条例》规定巡视中遇有当地发生的新事变，必须迅速予以解决和布置。

巡视制度的逐步建立和完善，对传达落实中央指示、恢复发展地方党组织、指导解决党内纷争、密切联系群众发挥了重要作用。巡视工作也得到群众认可，苏区歌谣唱道：

> 干部常来我们乡，
>
> 巡视我乡谈家常，
>
> 油盐柴米样样问，
>
> 温暖送到心窝上。

民主革命时期的党内巡视制度具有两个显著特点：

第一，除支部外，党的各级组织都有权派出巡视员去监督、指导下级组织的工作。1931年颁布的《中央巡视条例》在附则中要求"各省各地须参照本条例建立自己的巡视制度"。

第二，巡视员是代表上级组织的"钦差大臣"，具有很大的"威权"。1931年的《中央巡视条例》将巡视员视为"中央对各地党部考察和指导工作的全权代表"。

民主革命时期，由于党长期处于秘密的、地下的状态，在反对旧政权、旧体制的过程中，只有形成高度集中的组织形态才能集中全党的智慧和力量。因此，作为一个革命党，肯定会强调个人对组织、下级对上级的绝对服从，也就需要建立相应的制度来保证这种服从。

民主革命时期，党内巡视良好运作的一个前提是共产国际、上级组织的决议、方针政策肯定是正确的，因此需要通过党内巡视保证下级组织忠实地贯彻和执行。

相反，如果共产国际、上级组织的决策不正确，则巡视制度可能会放大错误，进而带来灾难性的后果。这种状况在土地革命时期，特别是王明"左"倾错误时期，教训最为深刻。

那么，如何保证党中央、上级组织的决策正确呢？这就需要在充分利用巡视制度优势的同时，还应该积极发展党内民主，挖掘党内外其他监督形式，并将其制度化，使党内巡视与其他监督制度形成合力才能解决腐败、党内统一及保证中央权威等问题。只有这样，巡视制度的效果才会进一步提升。

二、党内巡视制度的延续与发展

中国共产党的巡视工作，不同时期重点各有不同。从党的二大首次明确党的特派员制度，到中央政治局 2015 年 6 月 26 日审议通过的《中国共产党巡视工作条例（修订稿）》，巡视工作与时俱进、不断探索发展。

1938 年党的六届六中全会通过的《关于各级党部的工作规则和纪律的决定》，明确提出"上级党委得向下级党委派遣巡视员，传达上级党委的意见，考察下面的情形报告上级党委"，为巡视制度的实行提供了推动力。

1990 年党的十三届六中全会作出了《中共中央关于加强党同人民群众联系的决定》，指出"中央和各省、自治区、直辖市党委，可根据需要向各地、各部门派出巡视工作小组，授以必要的权力，对有关问题进行督促检查，直接向中央和省、区市党委报告情况"。由此，党在新时期的巡视制度进入探索、建立和发展的新阶段。

1996 年 1 月，十四届中央纪委第六次全会通过了关于重申和建立巡视制度的决定。同年 3 月，中央纪委制定了《中共中央纪委关于建立巡视制度的试行办法》，对巡视干部的选派、巡视组的任务、职权、纪律和管理等方面作出了明确规定，并于当年派出两批巡视组，赴广西、四川、辽宁、煤炭部开展了巡视工作，这也是中央纪委第一次开展巡视。2001 年 5 月至 2002 年 10 月，中央纪委、中央组织部联合派出 2 批巡视组，对辽宁、云南、河北、安徽、河南、广西等 6 个省区开展巡视工作。

党的十六大报告明确提出要"改革和完善党的纪律检查体制，建立和完善巡视制度"。2003 年，中央批准在中央纪委、中央组织部设立了巡视组和巡视工作办公室。同年，中央颁布了《中国共产党党内监督条例（试行）》，其中巡视作为党内监督的一项重要制度写入条例。巡视工作进入了制度化、规范化、经常化的新时期。2004年，全国31个省、自治区、直辖市和新疆生产建设兵团党委也陆续设立了121个巡视机构。这一时期的巡视工作，完全不同于以往临时抽调人员组建临时性机构的办法，中央巡视组组长均由中央纪委、中组部刚离开工作岗位、还没办理退（离）休手续的正省（部）级干部担任，副组长则由副部级巡视专员担任。

2007年党的十七大进一步提出"完善巡视制度"的要求，新修订的党章把"党的中央和省、自治区、直辖市委员会实行巡视制度"纳入党的组织制度体系，这是巡视制度首次写入党章。

2009年7月中央颁布《中国共产党巡视工作条例（试行）》。2009年11月，中央政治局常委会议决定成立中央巡视工作领导小组，并将中央纪委、中央组织部巡视组和巡视工作办公室分别更名为中央巡视组和中央巡视工作领导小组办公室。31个省、区市和新疆生产建设兵团党委也相继成立了巡视工作领导小组。

党的十八大报告提出要"更好发挥巡视制度监督作用"。2013年11月，十八届三中全会决定第36条明确提出，"改进中央和省区市巡视制度，做到对地方、部门、企事业单位全覆盖"。2015年2月，中共中央政治局会议审议《关于巡视31个省区市和新疆生产建设兵团情况的专题报告》，习近平总书记发表重要讲话，明确了中央巡视工作方针。2015年6月，中央政治局会议审议通过《中国共产党巡视工作条例（修订稿）》。

2017年7月14日，新修订的《中国共产党巡视工作条例》正式发布，明确了中央对政治巡视的定位和要求，增加了"政治巡视""在一届任期内实现巡视全覆盖""中央和国家机关部委可以实行巡视制度""省以下市县建立巡察制度"等相关规定。巡视干部把使命、责任扛在肩上，敢于动真碰硬，使巡视的过程成为严明政治纪律的过程、传递震慑常在的过程，促进党章党规党纪成为各级党组织和全体党员的行动之规、检查之镜、护党之宝。

2017年10月，党的十九大党章修正案，将巡视工作作为党的组织制度单列为第十四条，为巡视工作提供了制度保障和根本遵循。

2017年6月22日，十八届中央第12轮巡视反馈情况结束。这也意味着，党的十八大以来，中央巡视组用4年多的时间，完成了对省区市地方、中央和国家机关、国有重要骨干企业、中央金融单位和中管高校等5个"板块"的巡视，实现了党的历史上首次一届任期内中央巡视全覆盖。

三、用好巡视这把反腐"利剑"

党的十八大以来，纪检机关发挥党内监督专责机关作用，全面强化党内监督、着力发挥巡视利剑作用，推动全面从严治党不断向纵深发展。

一是实现巡视全覆盖。 巡视全覆盖是实现党内监督不留死角、没有空白的具体举措，也是巡视工作的新境界。在巡视的对象、范围上实现了全覆盖，形成了上下联动、同频共振的工作格局，真正实现了"巡视全覆盖"，"全国一盘棋"，发挥了巡视监督的最大震慑力。

巡视全覆盖本身就是震慑，只有全覆盖，才能零容忍。

党的十八大以来，以习近平同志为核心的党中央立足于全面从严治党，强力推进巡视全覆盖。党的十八届三中全会决定明确指出，做到对地方、部门、企事业单位全覆盖。党的十八届六中全会审议通过的《中国共产党党内监督条例》规定，"中央和省、自治区、直辖市党委一届任期内，对所管理的地方、部门、企事业单位党组织全面巡视"，使全覆盖成为制度化的刚性规定。

全覆盖是决心，更是硬任务，必须不折不扣地完成。据统计，从2013年5月第一轮巡视正式启动，到2017年6月最后一轮巡视反馈结束，4年多的时间，中央巡视组12轮共巡视277个单位党组织，对16个省区市开展"回头看"，对4个中央单位进行机动式巡视。顺利完成对8362个地方、部门、企事业单位党组织全面巡视任务，实现了党内监督不留空白、没有死角。

二是创新体制机制。"明者因时而变，知者随事而制。"创新，能使"利剑"更快、更准、更利。2016年1月12日，习近平总书记在第十八届中央纪律检查委员会第六次全体会议上指出："要继续创新体制机制，建立健全组织领导、统筹协调、报告反馈、整改落实、队伍建设等工作机制。要创新组织制度，内部挖潜、盘活存量，充实队伍、优化结构。要创新方式方法，使专项巡视更专、更活、更准。"

创新组织方式。中央巡视组实行"三个不固定"：其一，巡视组组长不固定。建立中央巡视组组长库制度，在每一轮巡视之前根据具体情况确定人选，一次一任命，一次一授权，并实行严格的回避制度。其二，被巡视地区和单位不固定。其三，巡视组与巡视对象的关系也不固定。"三个不固定"有效斩断了巡视者与被巡视者可能产生的利益链条，也有效杜绝了巡视组成员产生徇私舞弊的可能。

创新工作方式。2015年，中央巡视组实行"一托二""一托三"的工作方式，即在一轮巡视中，每组巡视两个至三个单位。在巡视过程中，派驻机构与巡视组密切联系，及时主动向巡视组提供情况。这样做，更有利于发现相同发展阶段地区、同类企事业单位的共性问题，破解推进改革和制度建设的难题。

创新巡视类型。党的十八大以来，在常规巡视的基础上，新增了专项巡视和机动式巡视。2014年1月召开的十八届中央纪委第三次全会首次提出了"专项巡视"的概念。在随后开展的2014年首轮中央巡视中，首次实施了专项巡视，此后逐步成为中央巡视的普遍模式。

专项巡视还被归纳为几种具体的巡视方式：点穴式、巡查式、回访式等。专项巡视把巡视从程序、时间、对象等固化模式的制约中解放出来，不拘泥于复杂的工作流程，突破了对象类别、巡视批次、条块级别等的限制，出其不意、攻其不备，使巡视成为高悬的"达摩克利斯之剑"，让震慑常在。

接着，在第十二轮巡视工作动员部署会上亮出了巡视的又一新"招数"——机动式巡视。根据本轮巡视单位和地区名单，巡视组将对4个中央单位开展机动式巡视。中央巡视工作领导小组成员、办公室主任黎晓宏2016年11月16日在中央纪委国家监委网站上刊载题为《加快构建巡视监督立体网络格局》一文，文章指出："探索开展'机动式'专项巡视，更加机动灵活，让人摸不着规律，做到'闻风而动，出其不意'，切实增强针对性和实效性，使巡视成为党内监督的'移动探头'。"

三是坚持问题导向。"诛一恶则众恶惧。"能否发现问题、处置问题，是保持巡视工作生命力的关键。问题导向工作法，是习近平总书记反复强调的重要工作方法，也是中央巡视组的重要法宝之一。

一方面，发现问题是巡视工作的重点。奔着问题去并通过巡视把问题揭露出来，是巡视组的关键工作。巡视组就是要当好党中央的"千里眼"，瞪大眼睛找问题，火眼金睛寻"妖魔"，对违纪违法问题早发现、早上报、早处理。2013年4月25日，习近平总书记在中央政治局常委会审议《关于中央巡视工作领导小组第一次会议研究部署巡视工作情况的报告》时强调："巡视工作就是要发现和反映问题。"

另一方面，处置问题是关键。发现问题是为了处置问题。对巡视发现的问题线索，要深入分析，件件落实；在问题处理上，没有限额，没有指标，不设上限。2013年9月26日，习近平总书记在中央政治局常委会审议《关于二〇一三年上半年中央巡视组巡视情况的综合报告》时指出:"巡视发现的问题线索,凡是违纪违法的都要严肃查处。不要怕问题多,问题多的单位可以把握节奏。要一网打尽,有多少就处理多少。"

2014年1月23日,习近平总书记在中央政治局常委会听取2013年下半年中央巡视组巡视情况汇报时强调,对发现的问题,包括党风廉政问题、"四风"问题、干部问题,要把握节奏,分清轻重缓急,但都要纠正处置,件件都要有着落。

2016年1月12日,习近平总书记在第十八届中央纪律检查委员会第六次全体会议上强调:"对巡视发现的问题和线索,要分类处置、注重统筹,在件件有着落上集中发力。纪检机关、组织部门要及时跟进,分清问题性质,所有问题都要有明确说法。"

来自中央纪委的统计数据显示,党的十八大以来,中央纪委执纪审查的中管干部中,50%以上的线索来自巡视,特别是挖出了苏荣、王珉、黄兴国等一批"老虎",揭露了山西塌方式腐败案和湖南衡阳破坏选举案、四川南充拉票贿选案、辽宁拉票贿选案等。

同时,中央组织部对巡视移交的、反映较为集中的选人用人问题进行专项检查,已处理纠正和追究问责1100多人。截至2017年4月底,根据巡视移交问题线索,各地纪检监察机关立案厅局级干部1225人,县处级干部8684人。

四、扎实做好巡视"后半篇文章"

2017年5月26日,中共中央政治局召开会议,审议《关于修改〈中国共产党巡视工作条例〉的决定》,对中央和国家机关巡视工作、市县巡察工作、一届任期内巡视全覆盖等作出明确规定,为依纪依规开展巡视、推动巡视工作向纵深发展提供了制度保障。

"深化政治巡视,坚持发现问题、形成震慑不动摇,建立巡视巡察上下联动的监督网。"党的十九大报告在给予巡视工作充分肯定的同时提出了新的更高要求。

十九大新修改的党章,在组织制度中专列一条对巡视巡察工作作出规定。

十九大闭幕两个多月后,党中央审议通过并印发了中央巡视工作五年规划。

2018年2月,15个中央巡视组春节过后就出发,十九届中央第一轮巡视正式开始。

2018年下半年,中央巡视组首次围绕一个主题、集中在一个领域开展脱贫攻坚专项巡视。

……

党的十九大以来,新时代巡视工作坚持稳中求进工作总基调,不断深化改革创新,以新气象、新作为推动全面从严治党向纵深发展。

与此同时,加强巡视整改和成果运用,扎实做好巡视"后半篇文章",更是成为巡视工作的落脚点和提高巡视监督质效的关键所在。

在党中央坚强领导下,中央巡视工作突出巡视整改和成果运用,推动被巡视党组织落实巡视整改主体责任,明确纪检监察机关、组织部门承担巡视整改日常监督责任,发挥巡视办统筹协调、跟踪督促、汇总分析作用,促进巡视整改落实和巡视成果运用,取得明显成效。

"要坚决做好巡视'后半篇文章',坚决克服'过关'心态,保持长效整改标准不降、尺度不松、力度不减。"2018年12月24日,福建省召开省委常委会会议暨省委巡视整改工作领导小组第十一次会议,研究部署下一阶段巡视整改工作。

此两个月前,福建省委等30个地方、单位党组织向社会公开了巡视整改进展情况。与十八届巡视有所不同,本轮整改公开的情况多了"进展"二字。

一词之变,是巡视整改向常态化、长效化发展的细节体现,释放出巡视整改持续发力、久久为功的鲜明信号。

"阿拉善盟约谈相关企业负责人13人,累计清缴税款7937万元;锡林郭勒盟针对环保及生态问题,投入治理资金5.6亿元,完成露天矿山治理面积41.63平方公里……"2020年9月,内蒙古煤炭资源领域专项巡视整改情况向社会公布。

一段时间以来,内蒙古煤炭资源领域违规违法问题集中,随着专项巡视全部反馈完毕,一系列问题更直观地暴露出来。针对这些问题,内蒙古自治区纪委监委以"解决一批重大问题,坚决查办一批重大案件,坚决挽回一批国有资产损失,坚决堵塞一批制度监管漏洞"为目标,抓实煤炭资源领域专项巡视成果运用,推进煤炭资源领域共性问题集中整治。

整改不到位的原因,除了主体责任落实不力,很重要的一条就是对整改的日常监督弱化、缺位。针对这个问题,十九届中央巡视创新整改监督机制,明确由纪检监察机关和组织部门承担整改日常监督责任。

巡视整改不落实,就是对人民不负责。十九届中央纪委四次全会明确提出,突出抓好巡视巡察整改落实,综合用好巡视巡察成果。各地强化巡视巡察整改落实和成果运用,注重解决共性问题,推动重点行业、重点领域开展有效治理,用整改成效推动改革、促进发展。

各地从巡视发现的共性问题着眼,逐一对照、举一反三、认真查摆,建立问题清单和整改台账,推动即知即改、未巡先改,部分地区明确责任单位和包靠领导,推进整改落实。2019年4月,山东省梳理归纳十一届省委以来巡视发现的共性问题,以及巡视整改"回头看"发现的问题,分领域向同类型党组织进行通报。2020年3月,该省将第五轮、第六轮巡视县(市、区)发现的共性问题,向全省16个市及136个县(市、区)进行通报。

各地对巡视巡察发现的共性问题进行综合分析，建立共性问题分类通报机制，向有关牵头职能部门提出专项治理建议，推动未被巡单位主动查纠整改。湖南省纪委监委根据省委工程建设项目招投标专项巡视指出的问题，列出问题清单和整改清单，集中治理招投标领域中的共性问题，查处了一批违规干预项目招投标的领导干部和收受贿赂、徇私舞弊的评标专家。截至2020年7月，共对22名涉案人员立案并采取强制措施，其中4名公职人员因涉嫌串通投标等被移送检察机关。

广东省广州市对巡察发现的共性问题，建立健全上下贯通、横向联动，以点带面、举一反三的工作机制，推动各项专项治理取得实效。每轮巡察后，市委常委会会议、市委书记专题会、市委巡察工作领导小组会，分别听取汇报并对强化整改提出要求。特别是对共性和突出问题，市委书记点人点事并提出处置意见，要求分管市领导牵头，以专项治理着力解决当前存在的突出问题，以深化改革的方式破解体制机制方面的"中梗阻"。该市建立巡察发现共性问题专项治理机制，由巡察机构建立共性问题总台账抓分转督办，市不同职能部门及市区有关部门之间，根据市领导批示及各自职责抓落实成效，扩展提升巡察成果的综合运用成效。

把巡察整改与深化标本兼治结合起来，对巡察反馈的突出问题，举一反三、延伸拓展，以整改为契机，既促进问题解决，又推动深化改革、完善制度。四川省简阳市在每轮巡察结束后，市委巡察办会同巡察组对发现的问题进行分析研判，全面梳理系统性、领域性共性问题。对个性问题由被巡察单位按时落实整改，而共性问题则及时向主管部门制发问题移交通知书，要求其认真履行主管部门监管职责，查找制度漏洞，采取切实有效措施，标本兼治推动问题整改，杜绝类似问题重复发生。

2022年2月，经党中央同意，中共中央办公厅印发了《关于加强巡视整改和成果运用的意见》。该意见对巡视整改和成果运用的总体要求、责任内容、工作机制、实施保障等作出明确。

全面从严治党永远在路上,巡视成果的运用也没有终点。通过强化巡视整改和成果运用,将进一步深化巡视工作标本兼治的作用,强化不敢腐的震慑,扎牢不能腐的笼子,增强不想腐的自觉。

第三节 >>

发挥派驻监督的"探头"作用

2013年11月,党的十八届三中全会提出:"全面落实中央纪委向中央一级党和国家机关派驻纪检机构,实行统一名称、统一管理。"这是党中央依据党章规定作出的重大决策,是党内监督体制的重大改革。

从十八届党中央依据党章作出决定,到制定改革路线图,再到党章第43条从"规定"变为"现实",派驻全覆盖迈出了坚实步伐,并在全面从严治党中发挥着越来越重要的作用。

一、派驻监督是党内监督的重要形式

中国共产党历来重视党内监督,从成立伊始就把严格监督写在自己的旗帜上。1921年7月,党的一大通过的《中国共产党第一个纲领》明确规定:"工人、农民、士兵和学生的地方组织中党员人数多时,可派他们到其他地区去工作,但是一定要受地方执行委员会的最严格的监督""地方委员会的财务、活动和政策,应受中央执行委员会的监督"。

早在1927年,中国共产党第五次全国代表大会设立中央监察委员会,这是党内第一个专门监察机构,是中央纪律检查委员会的前身。1949年10月,中华人民共和国成立,中央人民政府委员会第三次会议决定成立中央人民政府政务院人民监察委员会。

1949年11月,中共中央作出《关于成立中央及各级党的纪律检查委员会的决定》，成立中共中央纪律检查委员会。新中国成立后不久，我国纪检监察派驻制度进入了探索和初创时期。

1951年9月，政务院决定在财政部、贸易部、重工业部等7个部门内设监察机构，且这7个部门的内设监察机构受部门首长的领导、受上级政务院人民监察委员会的指导。1955年10月，国务院在重工业部、铁道部、财政部等13个部门之中，设立国家监察局。而且"这13个国家监察局，可以有重点地向该部所属管理局和企业派驻检察机构"。

1962年9月，党的八届十中全会作出了《关于加强党的监察机关的决定》，规定了中央监察委员会可以派出监察组常驻国务院各部门，由中央监察委员会直接领导。当时，党的中央监察委员会在国务院部门先后建立40多个常驻监察组。这是中国共产党最早提出的派出纪检监察机构的制度性安排。

叶剑英在党的十一大作关于修改党章的报告时，正式提出恢复党的纪律检查机关。党的十一大通过的新党章为重建党的各级纪律检查机构提供了根本依据。

1978年12月，党的十一届三中全会决定恢复成立并选举产生了新的中央纪律检查委员会，标志着纪律检查机构的正式恢复重建。陈云任中央纪委第一书记，邓颖超任第二书记，胡耀邦任第三书记，黄克诚任常务书记，王鹤寿等11人任副书记。

1982年9月，党的十二大通过的党章规定，党的中央纪律检查委员会根据工作需要，可以向中央一级党和国家机关派驻党的纪律检查组或纪律检查员。这是党内根本大法对派驻监督作出的权威规定。

1986年12月，第六届全国人民代表大会常务委员会第十八次会议决定设立中华人民共和国监察部。1987年7月，监察部正式挂牌办公。

1993年1月，党中央、国务院决定中央纪律检查委员会与监察部合署办公，实行一套工作机构、两个机关名称，履行党的纪律检查和政府行政监察两项职能。

1993年5月，中央纪委监察部下发《关于中央直属机关和中央国家机关纪检监察机构设置的意见》，明确了"派驻纪检监察机构实行中央纪委监察部和所在部门党组、行政领导的双重领导，纪检监察业务以中央纪委监察部领导为主"的领导体制。这是最早提出的对派驻机构"双重领导一个为主"的管理模式。

2000年9月，中央纪委、中央组织部、中编办、监察部联合下发了《关于加强中央纪委监察部派驻纪检监察机构管理的意见》，指出中央纪委监察部派驻机构是中央纪委监察部的组成部分，进一步明确了"双重领导一个为主"的管理模式。

"派"的权威是派驻监督发挥作用的组织优势。纪委设置派驻机构有党章规定为依据。派驻机构由纪委领导，对纪委负责并请示报告工作。这一组织优势使派驻机构监督具有相应的独立性和权威性，有利于解决对领导干部特别是一把手监督难的问题。

"驻"的优势体现在可以就近监督、深入监督等方面。派驻机构长期在驻在部门工作，有熟悉驻在部门或单位人员、工作情况等便利条件，有利于解决监督太远的难题，增强监督的针对性，在党内监督中发挥不可替代的作用。

然而，实践中，"双重领导一个为主"的管理模式，在不少部门并没有把优势发挥出来，甚至使优势成为了劣势。比如，有的派驻机构，直接且过多地参与、负责驻在部门业务工作，"派"的权威这一优势没有体现在监督上，更多地体现在为驻在部门业务工作排阻清障的作用上，种了别家田、荒了自家地。原本是有利于监督职能发挥的抵近部门工作实际、熟悉情况的优势，却成为有的派驻机构碍于情面、影响监督的制约因素。

出现这些问题，原因是多方面的，有主观原因，有客观原因，而体制机制方面的原因是主要的。如，由于对派驻机构职责定位认识不够清晰，一些派驻机构承担了大量驻在部门党风廉政建设日常工作，一些派驻干部在"受谁领导、对谁负责"的问题上心存纠结，遇到情况向驻在部门领导请示汇报偏多，主动向上级纪委请示报告不够。

针对派驻机构管理体制存在的问题，2001年9月，党的十五届六中全会通过的《中共中央关于加强和改进党的作风建设的决定》明确要求"改革和完善党的纪律检查体制。纪律检查机关对派出机构实行统一管理"。

2002年10月，中央纪委监察部召开了派出机构统一管理试点工作会议，并在卫生部等8个部门进行了试点工作。

2004年4月，中央纪委、中央组织部、中央编办、监察部出台《关于对中央纪委监察部派驻机构实施统一管理的实施意见》，规定中央纪委监察部全面实行对派驻机构的统一管理。改革领导体制，将派驻机构由中央纪委监察部与驻在部门双重领导改为由中央纪委监察部直接领导。强化监督职能，切实加强对驻在部门党组和行政领导班子及其成员的监督。实行统一管理后，派驻机构实施监督和查办案件工作直接受中央纪委监察部领导，重要情况和问题直接向中央纪委监察部请示、报告。

二、充分发挥"派""驻"的威力

党的十八大以来，根据新的形势和任务，习近平总书记强调："要实现对中央一级党和国家机关派驻纪检机构全覆盖，使党内监督不留死角、没有空白。"

2013年11月，党的十八届三中全会对包括派驻机构改革在内的党的纪律检查体制改革作出全面部署。全会决定要求，全面落实中央纪委向中央一级党和国家机关派驻纪检机构，实行统一名称、统一管理。派驻机构对派出机关负责，履行监督职责。这是党中央依据党章规定，从形势判断和目标任务出发作出的重大决策，是全面从严治党、强化党内监督的重要举措。

2014年12月，中央政治局常委会议审议通过了《关于加强中央纪委派驻机构建设的意见》，为派驻全覆盖确定了时间表和路线图。根据意见，中央纪委派驻机构实施单独派驻和归口派驻，探索实现全面派驻的有效途径。派驻机构由中央纪委直接领导、统一管理，统称派驻纪检组。明确派驻机构监督对象，纪检组组长不分管驻在部门其他业务工作。

从2014年至今，派驻监督成为了党的自我监督的重要形式——

第一，派驻全覆盖，实现党内监督的重大突破。党的十八大以前，对中央一级党和国家机关只派驻50多家，还有近2/3没有纳入监督范围。

中央和国家机关权力集中、地位重要，影响力大，在国家治理体系中起着中枢作用，理应在加强党的建设、执行党的纪律上走在前列。如果看不住中央和国家机关的权力，中央和国家机关不能在从严治党上带好头，就谈不上以上率下，反倒会上行下效、带坏风气。

任何权力失去有效监督和制约，都有可能出现严重违纪和腐败问题。近年来发生的一些案件表明，中央和国家机关也并非净土，党风廉政建设和反腐败斗争形势也同样严峻复杂，甚至容易出现"灯下黑"的情况。

从已查处的案例来看，有的党组织党的意识淡漠，没有很好地履行主体责任；有的不守政治纪律和政治规矩，对党的路线方针政策断章取义、阳奉阴违；有的对党员领导干部管控不力、监督不严，权力寻租问题突出，靠山吃山、靠水吃水现象依然存在。追根溯源，就在于管党治党不严、党的领导弱化，主体责任不落实、监督责任缺失。

派驻监督的本质，就是上级纪委对下级党组织和领导干部的监督。对于派驻机构来说，不仅承担督促驻在部门党组织把主体责任扛在肩上的任务，还要履行对驻在部门的监督责任。同时，派驻监督的全覆盖，有利于加强日常监督，抓早抓小，从根本上预防和减少违纪问题的发生。

党的十八大以来，全面从严治党掀开新篇章，实现派驻全覆盖提上日程。巡视工作进一步明确了政治巡视定位，聚焦党风廉政建设和反腐败工作，突出巡视的发现、震慑、遏制和治本作用，推动形成了反腐败斗争压倒性态势。

2014年6月，中央政治局会议审议通过《党的纪律检查体制改革实施方案》，其中重要的一项内容就是中央一级党和国家机关实现全面派驻；12月，中央政治局常委会议审议通过《关于加强中央纪委派驻机构建设的意见》，明确了派驻全覆盖的改革路线图。

2015年1月，经党中央审批同意，中央纪委在中共中央办公厅等中央和国家机关新设7家派驻纪检组，迈出了派驻全覆盖的重要一步。2015年3月25日至27日，中央办公厅、中央组织部、中央宣传部、中央统战部、全国人大机关、国务院办公厅、全国政协机关分别举行见面会，欢迎中央纪委派驻纪检组组长任职报到。这些新任纪检组组长履新，标志着派驻全覆盖迈出了关键一步。过去，中央纪委没有向党的工作部门派出纪检组，也没有向人大、政协机关派驻，监督留了不少空白。这新设的7家派驻机构在党的历史上是首次，对实现派驻全覆盖具有里程碑意义。

2015年底，经党中央同意，中共中央办公厅印发了《关于全面落实中央纪委向中央一级党和国家机关派驻纪检机构的方案》的通知。2016年初，中央纪委共设置47家派驻机构，实现了对139家中央一级党和国家机关派驻纪检机构全覆盖。

实现全覆盖后,派驻监督单位增加87个,派驻机构减少了5家,副部级和司局级职数没有增加一个,做到了精简高效,内涵发展,统一名称,统一管理。

从作出决定到落实,两年时间实现全面派驻,这是中国共产党推进党内监督的重大突破。这一举措充分体现了当代共产党人的政治勇气和责任担当。

第二,盘活存量、优化结构,坚持走内涵发展道路。按照方案规定,中央纪委共设置47家派驻机构,要实现对139家中央一级党和国家机关派驻全覆盖。

与改革前相比,被监督单位从52家增至139家,而派驻机构却从52个减少到47个。面扩大了,量增加了,派驻机构数量却减少,全覆盖如何实现?

改革的本质是实施组织和制度创新。整合资源、内部挖潜、盘活存量、优化结构,坚持走内涵发展道路,实现精简高效,是推进派驻全覆盖的一大亮点。

对系统规模大、直属单位多、监督对象广的部门,单独设置派驻机构;对业务相近相关或者系统规模小、监督对象少的部门,归口设置派驻机构。

如此,综合派驻随之产生,即把有限的人员集中起来、统筹安排,派驻机构在一处办公、监督多个部门。这是重大的组织制度创新,综合派驻改变了"点对点"派驻的单一模式,让纪检组"吃一家饭、管多家事",完全是一种全新探索。

新设的47家派驻机构,其中,20家实行单独派驻,主要监督系统规模大、直属单位多的20个部门;27家则为综合派驻,负责监督余下的119个单位。综合派驻占派驻机构总数的57%、被监督单位总数的86%。

规范有效的工作离不开科学严密的制度设计。《中央纪委派驻纪检组组长、副组长提名考察办法（试行）》、派驻机构工作经费在驻在部门预算中单列等制度相继出台，为纪检组全力履职尽责提供有力保障。

上行下效。2016年3月，浙江省在全国率先实现省市县3级派驻全覆盖。截至2017年9月，各省区市基本上完成了纪委派驻机构改革任务。

第三，敢于担当，勇于监督，派驻纪检组有为有位。敢于负责、勇于担当，敢于监督、勇于问责，敢于发声、勇于亮剑；有为有位，有位有威，有"样"有"范儿"。这是派驻全覆盖以来，对派驻机构的生动写照。

这一"敢"一"勇"的背后，是全覆盖后派驻机构的定位更精准、职责更明确、任务更清晰。派驻纪检组更加突出派驻监督是上级纪委对下级党组织和党员领导干部监督这一本质特征，牢牢盯住驻在部门领导班子及中管干部和司局级干部，着力加强对驻在部门本级机关和直属单位的监督。纪检组组长不分管其他业务工作，一心一意干纪检。派驻机构更加恪守本职，聚焦聚焦再聚焦，强化监督执纪问责。

把派驻全覆盖的成果转化为监督执纪问责的实际成效，这是中央的明确要求，也是全覆盖的根本目的。

驻在部门党组织和领导干部执行政治纪律情况，是派驻纪检组监督的重点。"严重违反政治纪律"，这是2015年12月28日，驻全国人大机关纪检组通报全国人大常委会办公厅离退休干部局副巡视员杨绍丞违纪问题首先提到的。

没有问责，责任就落实不下去。国办某单位一名司局级干部长期接受他人安排打高尔夫球，且不收敛、不收手。驻国办纪检组在查处其本人的同时，对其所在司局主要负责人和其他班子成员共4人进行问责。驻中央统战部纪检组以问责为抓手，推动综合监督单位落实"两个责任",2017年上半年,对4家综合监督单位相关部门15名领导干部进行问责,其中司局级干部12名。

"中央纪委就在身边,纪律就在眼前。"这是驻在部门多数人的感受,也道出了派驻机构"派"的权威和"驻"的优势。

实践是最好的阐释,数字是最好的说明。2016年,中央纪委派驻纪检组共谈话函询2600件次,立案780件,给予纪律处分730人,同比分别增长134%、38%、56%。

强化监督执纪问责方面,各省区市纪委派驻机构也取得明显成效。2016年,浙江省各级派驻机构共立案1863件,纪律处分1974人。海南省纪委各派驻纪检组从2016年7月至2017年7月,共处置问题线索282件,谈话函询32件,初核244件,立案66件,纪律处分27人,移送司法机关1人。

派驻纪检组交出的成绩单,印证了"不是没有问题,而是监督不到位"的判断,更表明了推进派驻全覆盖这一重大决策的现实意义。

第四节

紧盯"关键少数"

为政之要,莫先乎人;成事之要,关键在人。包括党政主要负责同志在内的"关键少数"能否发挥关键作用,事关党和国家事业的前途命运。

党的十八大以来,以习近平同志为核心的党中央从抓"关键少数"破题,突出"关键少数"这个重点,以身作则、以上率下,严明纪律、严格要求,建章立制、着眼长远,不断推动全面从严治党向纵深发展。

一、"关键少数"是法治建设的关键要素

"关键少数"概念,是党的十八大以来,以习近平同志为核心的党中央在全面从严治党的实践中提出的,其确切含义指向"领导干部"。这里的领导干部主要是指各级党政机构、企业事业单位和社会组织中的主要负责人,尤其指党员领导干部。

"关键少数"是党管干部原则中的核心要素,是党通过在国家机构和社会组织中的党员干部带头实施党的政策、国家法律法规,起到政策和法律实施主要推动者的作用。因此,"关键少数"是否懂法、是否尊重宪法法律权威、是否能运用法治思维和法治方式来解决实际中出现的各种重大、复杂和疑难问题,直接关系到全面依法治国工作能否在实践中真正落地、产生实效。

抓住"关键少数",是加强党的建设的宝贵经验。早在民主革命时期,毛泽东就对"关键少数"的性质和作用有了科学和深刻的认识。1938年10月,毛泽东在党的六届六中全会上指出,"政治路线确定之后,干部就是决定的因素","有计划地培养大批的新干部,就是我们的战斗任务"。

改革开放之初,邓小平指出:"领导干部,特别是高级干部以身作则非常重要。群众对干部总是要听其言、观其行的。"邓小平在《党和国家领导制度的改革》一文中还语重心长地指出:"人才问题,主要是个组织路线问题。很多新的人才需要培养,但是目前的主要任务,是善于发现、提拔以至大胆破格提拔中青年优秀干部。这是国家现代化建设事业客观存在的迫切需要。"

强化对重点人群的监督,是党的十八大以来党中央多次强调的监督思路。从党的十八大以来查处党员干部严重违纪违法案件来看,腐败问题的背后,总有"上梁不正下梁歪"的因素,一些领导干部甚至高级干部的不良示范难辞其咎。

党的十八大以来,习近平总书记从全面从严治党的高度,对领导干部这个特殊群体进行特别定位,从政治立场、理论素质、党性修养、业务能力以及法治思维等不同角度提出了一系列政治要求,旨在通过抓"关键少数"来加强党的建设,提高党依法执政、依法治国的能力和水平。

对"关键少数"的高标准和严要求,首先体现在全面推进依法治国领域,并集中表现为领导干部要带头学法懂法尊法用法,要学会运用法治思维和法治方式来解决实际中出现的各种重大、复杂和疑难问题。

2012年12月4日,习近平总书记在首都各界纪念现行宪法公布施行30周年大会上指出:"各级党组织和党员领导干部要带头厉行法治,不断提高依法执政能力和水平,不断推进各项治国理政活动的制度化、法律化。各级领导干部要提高运用法治思维和法治方式深化改革、推动发展、化解矛盾、维护稳定能力，努力推动形成办事依法、遇事找法、解决问题用法、化解矛盾靠法的良好法治环境，在法治轨道上推动各项工作。"

2015年2月2日，在省部级主要领导干部学习贯彻党的十八届四中全会精神全面推进依法治国专题研讨班上的讲话中，习近平总书记一针见血地指出："在现实生活中，不少领导干部法治意识比较淡薄，有法不依、违法不究、知法犯法等还比较普遍，特别是少数领导干部不尊崇宪法、不敬畏法律、不信仰法治，崇拜权力、崇拜金钱、崇拜关系，大搞权权勾结、权钱交易、权色交易，一些地方和单位被搞得乌烟瘴气，政治生态受到严重破坏。"各级领导干部作为具体行使党的执政权和国家立法权、行政权、司法权的人，在国家治理体系中占据关键地位，在全面推进依法治国方面肩负着重要责任，能不能带头依法办事，在很大程度上决定着全面依法治国的方向、道路、进度。因此，抓住了领导干部这个"关键少数"，就抓住了全面推进依法治国的"牛鼻子"。

党的十八大以来，各级领导干部作为"关键少数"在全面推进依法治国中的地位和作用得到了前所未有的重视，"关键少数"成为法治建设的"关键要素"。党的十八大报告首次提出了要提高领导干部运用法治思维和法治方式深化改革、推动发展、化解矛盾、维护稳定能力。

党的十九大报告从全面从严治党的高度明确提出了抓住"关键少数"的政治要求，并指出要"不断增强党自我净化、自我完善、自我革新、自我提高的能力，始终保持党同人民群众的血肉联系"。

十九届四中全会审议通过的《中共中央关于坚持和完善中国特色社会主义制度、推进国家治理体系和治理能力现代化若干重大问题的决定》进一步强调指出："完善担当作为的激励机制，促进各级领导干部增强学习本领、政治领导本领、改革创新本领、科学发展本领、依法执政本领、群众工作本领、狠抓落实本领、驾驭风险本领,发扬斗争精神,增强斗争本领。"

相比广大党员群体,领导干部虽居少数,但身处关键岗位、关键领域、关键环节,对所在地区和部门、单位的发展起着至关重要的作用。而作为"关键少数"中的"关键少数",高级干部职务高,觉悟要更高;权力大,责任也更大。常言道,群众看党员,党员看干部。领导干部既是党的光荣传统和优良作风的弘扬者,也是政治生态的风向标。这个"关键少数"以身作则,大家就会跟着学、照着做;反之,负面影响往往不容小觑。

2021年3月,《中共中央关于加强对"一把手"和领导班子监督的意见》出台,针对加强对"一把手"的监督、同级领导班子监督和对下级领导班子的监督,细化规定了21项措施,要求各级领导干部正确对待党组织和群众的监督,习惯在接受监督和约束的环境中工作生活。

这是党中央首次聚焦对"一把手"和领导班子监督制定的专门文件,为对"关键少数"特别是"一把手"开展全方位监督提供了制度依据。

习近平总书记在此次中央纪委全会上强调,各级党委(党组)要履行党内监督的主体责任,突出加强对"关键少数"特别是"一把手"和领导班子的监督。此次中央纪委全会还明确提出,要紧盯"关键少数",加强对"一把手"和领导班子落实全面从严治党责任、执行民主集中制、依规依法履职用权等情况的监督。

二、抓住"关键少数"推进全面从严治党

有人这样总结"一把手"腐败的特点:花钱"一支笔"、用人"一句话"、决策"一言堂"、项目"一手抓"。据统计,2020年全国纪检监察机关立案审查调查的县处级以上"一把手"5836人;党的十九大后

查处中管干部中，主要问题发生在"一把手"岗位上的就有100多人。如何更有力、有效地监督好"一把手"，是一个亟待解决的难题。

难题难在哪里？难就难在，"一把手"是"关键少数"中的"关键少数"，权力集中、责任重大、岗位重要，监督难度相对更大。难就难在，上级监督太远，同级监督太软，下级监督太难，在实际操作中容易出现虚化、弱化的问题。时日一长，个别"一把手"习惯凌驾于组织和班子集体之上，蜕变成为"一霸手"，进而破纪破法，甚至污染一个单位或集体的政治生态。

从严治党，关键是抓住领导干部这个"关键少数"。

党的十八大以来，党中央紧紧抓住"关键少数"，强调率先垂范，改作风从中央政治局改起，自上而下激扬清风正气；惩贪腐从"老虎"打起，巡视工作从中央向地方推进，层层落实全面从严治党。

第一，以身作则，以上率下——"关键少数"要作关键表率。党的十八大以来，每年初中央党校省部级主要领导干部专题研讨班都会如期"开课"。在研讨班开班式上，习近平总书记都会为学员们讲授"第一课"，明方向、定遵循、聚共识。

在2015年2月学习贯彻党的十八届四中全会精神专题研讨班上，习近平总书记特别提出了"关键少数"这个概念。他强调，各级领导干部在推进依法治国方面肩负着重要责任，全面依法治国必须抓住领导干部这个"关键少数"。1个月后，他在参加十二届全国人大三次会议上海代表团审议时再次强调，从严治党，关键是要抓住领导干部这个"关键少数"，从严管好各级领导干部。

2016年10月，在具有里程碑意义的党的十八届六中全会上，习近平总书记的重要讲话再次强调了"关键少数"的关键所在——"加强党的建设必须抓好领导干部特别是高级干部，而抓好中央委员会、中央政治局、中央政治局常委会的组成人员是关键。""把这部分人抓好了，能够在全党作出表率，很多事情就好办了。"

党的十八届六中全会审议通过的《关于新形势下党内政治生活的若干准则》明确提出，要制定高级干部贯彻落实本准则的实施意见；通过的《中国共产党党内监督条例》，则专门就党的中央组织的监督单设一章，突出强调抓好"关键少数"。

党的十八大以来，全面从严治党的伟大实践，抓住"关键少数"无疑是贯穿始终的关键一招。

——这是一场自上而下、层层动员的政治实践。

2013年下半年开始，中央政治局率先开展党的群众路线教育实践活动，中央政治局各位常委同志带头开展批评和自我批评。

以党的群众路线教育实践活动为起点，2015年起开展的"三严三实"专题教育聚焦县处级以上领导干部；2016年全面启动的"两学一做"学习教育，则进一步把党的思想政治建设延伸到了所有基层党组织和全体党员。一条以上率下、层层深入的教育实践脉络清晰可见。

同样是率先垂范、以身作则。2012年12月4日，党的十八大闭幕不到一个月，中共中央政治局会议审议通过关于改进工作作风、密切联系群众的八项规定。几天后，习近平总书记到深圳考察，不腾道、不封路、不扰民，没有欢迎横幅，没有层层陪同……

从作风建设切入，从中央政治局做起，习近平总书记为全党树起了标杆。从此，全面从严治党令出必行、驰而不息，一级做给一级看，一个节点接着一个节点抓，推动党风政风、社会风气发生根本性的变化。

中央政治局处在党和国家政治生活最高层，是"关键少数"中的"关键少数"。

2016年12月26日至27日，习近平总书记主持召开中共中央政治局民主生活会并发表重要讲话时指出："中央政治局的同志要牢固树立政治意识、大局意识、核心意识、看齐意识，坚持以党的旗帜为旗帜、以党的方向为方向、以党的意志为意志，当政治上的明白人。"

"加强和规范党内政治生活、加强党内监督，是对全党提出的要求，也是全党的共同任务。同时，准则稿、条例稿都强调以高级干部为重点，主要考虑是加强党的建设必须抓好领导干部特别是高级干部，而抓好中央委员会、中央政治局、中央政治局常委会的组成人员是关键。把这部分人抓好了，能够在全党作出表率，很多事情就好办了。因此，加强和规范党内政治生活、加强党内监督，必须首先从这部分人抓起。"在关于《关于新形势下党内政治生活的若干准则》《中国共产党党内监督条例》的说明中，习近平总书记阐释了突出高级干部这个"关键少数"的良苦用心。

省部级高级领导干部是执掌重要权力、承担重大责任的"关键少数"。

2013年7月，习近平总书记在河北调研指导党的群众路线教育实践活动时指出："在党内，谁有资格犯大错误？我看还是高级干部。高级干部一旦犯错误，造成的危害大，对党的形象和威信损害大。我们绝大多数党的高级干部在思想上、政治上、作风上是过硬的。但是，也有少数高级干部身居高位久了，慢慢疏远了群众，出现了这样那样脱离群众的现象，个别的甚至违法乱纪、以权谋私、腐化堕落。高级干部必须时刻警醒自己，做到自重自省自警自励。"

县一级处在承上启下的关键环节，县委是党执政兴国的"一线指挥部"。

"郡县治，天下安。"2015年1月12日，习近平总书记在同中央党校第一期县委书记研修班学员座谈时强调，县委是我们党执政兴国的"一线指挥部"，县委书记就是"一线总指挥"。做县委书记就要做焦裕禄式的县委书记，始终做到心中有党、心中有民、心中有责、心中有戒。

心中有党，就是清楚"我是谁"。党性是县委书记的根本属性，是其履职的思想基础、信仰基石。把牢政治方向、强化组织意识，都离不开党性这一大前提、总开关。县一级阵地，必须由心中有党、对党忠诚的人坚守。作为党的干部，不论在什么地方、在哪个岗位上工作，都要经得起风浪考验，不能在政治方向上走岔了、走偏了。县委书记信仰不变、立场不变、方向不变，工作才不会踏错步。

心中有民，就是明白"我为谁"。以民为本，尊重群众的主体地位、倾听民众的多元诉求，就是解决了"为谁当官"的人生定位问题。县委书记着力解决好人民最关心最直接最现实的利益问题，特别是要下大气力解决好人民不满意的问题，多做雪中送炭的事情。只要做到"民之所好好之，民之所恶恶之"，县委书记也自然会赢得好口碑。

心中有责，就当明确"该何为"。县委书记要敢于担当，才能长风破浪；直面困难，才会披荆斩棘。县委书记要有责任意识，"有权必有责"，权责对等，这是现代治理的基本准则。有了责任意识，方能一马当先。敬畏责任机制，才有实实在在的政绩。

心中有戒，就要深省"不可为"。不以规矩，难成方圆。讲纪律、守规矩，就是要恪守边界，不超越底线。要心存敬畏、手握戒尺，慎独慎微、勤于自省，遵守党纪国法，做到为政清廉。作为县委书记，要经得起各色考验，才能清清白白做人、干干净净做事、坦坦荡荡为官。

"些小吾曹州县吏，一枝一叶总关情。"有什么样的县委书记，就有什么水平的县级治理。在全面深化改革的背景下，县委书记作为"一线指挥部"的总指挥，承载着发展经济、保障民生、维护稳定等重大使命。

第二，严明纪律，严管厚爱——"关键少数"要有严格要求。上面偏出一尺，下面跑出一丈。对于"关键少数"而言，如果不负责、不担当，甚至违法乱纪，其结果不仅是导致个人的腐化堕落，更会带坏一批干部，破坏一个部门一个地区一个系统的政治生态。

因此，惩治这一手决不放松，坚持党纪国法面前没有例外，不管涉及到谁，不管级别有多高，都一查到底，决不姑息——

没有免罪的"丹书铁券"，没有"铁帽子王"。越是高级干部越要严格自律，越不能心存侥幸和幻想。

党的十八大以来，党内监督紧盯"关键少数"，以高级领导干部特别是"一把手"为监督重点，发现问题，该曝光的一律曝光，该处理的坚决处理——

时任国务院扶贫办党组成员、副主任欧青平2014年至2015年先后3次违规组织、参加公款宴请活动，受到党内严重警告处分；中国人民银行原行长助理杨子强公款支付应由个人承担的费用，受到党内警告处分……

党的十八大以来，制度建设的脚步不断加快，党内法规体系日趋完善，不断扎紧的制度之笼，推动从严治党、从严治吏越来越有规可循、有据可依——

从出台《配偶已移居国（境）外的国家工作人员任职岗位管理办法》《推进领导干部能上能下若干规定（试行）》，到颁布《中国共产党问责条例》，修订《党委（党组）讨论决定干部任免事项守则》，再到党的十八届六中全会通过的《关于新形势下党内政治生活的若干准则》《中国共产党党内监督条例》……

一系列新举措、新探索，对"关键少数"管好用好身边的人，不断提升自身能力素质，防止出现搞"一言堂"、任人唯亲等倾向起到了切实有效的作用。

党的各级干部在严明的纪律约束下，在严格的要求鞭策下，政治意识、大局意识、核心意识、看齐意识不断强化，队伍的纯洁性、战斗力不断提升，"关键少数"的关键作用正源源不断地释放出来。

第三，真抓实干，勇于担当——"关键少数"要起关键作用。"党政主要负责同志是抓改革的关键,要把改革放在更加突出位置来抓,不仅亲自抓、带头干,还要勇于挑最重的担子、啃最硬的骨头。"2017年2月6日,习近平总书记主持召开中央全面深化改革领导小组第三十二次会议,为党政主要负责同志擂响改革战鼓,对"关键少数"如何抓改革提出明确要求。

在此前的2017年1月24日,习近平总书记前往河北省张北县,踏着皑皑白雪进村入户,看望慰问困难群众。

"火车跑得快,全靠车头带!"习近平总书记在考察中,对作为脱贫攻坚责任人的"第一书记"寄予殷殷厚望。

历史发展的关键时期,呼唤更多勇于担当的"关键少数",带领广大干部群众在纷繁复杂的局面中攻坚克难,发挥举足轻重的关键作用。

党的各项事业,作为"关键少数"的地方和部门"一把手",抓与不抓大不一样,虚抓实抓大不一样。面对经济社会发展各项艰巨任务,领导干部要做实干家、促进派,而不是"背手干部""甩手干部""挥手干部"。

面对形势,投身工作,"关键少数"不止要严守底线,更要勇攀高峰。

对领导干部来说,增强"四个意识",不是一句空话,而要见诸行动、务求实效,体现在具体工作中,就是要做到第一时间传达贯彻党中央的精神,不折不扣落实党中央的决策部署,不断提高领导、谋划、推动、落实各项工作的能力和水平。把"扑下身子、狠抓落实"当作不可懈怠的政治责任,一以贯之的精神状态。

三、压紧压实"关键少数"主体责任

党的十九大以来,各级纪检监察机关围绕如何加强"关键少数"监督进行了持续探索实践,既聚焦"关键少数"强化监督执纪,以重点突破带动工作整体推进,又压紧压实"关键少数"主体责任,促使其尽责担当。各地亮出了不少实招硬招——

北京：推动"关键少数"监督制度化。在深化纪检监察体制改革中，北京市积极推动建立健全市委书记、市委常委会会议听取市纪委监委工作汇报、分析研判反腐败工作形势体制机制；严格执行使用留置措施须经同级党委主要负责人和上级纪委监委批准的规定；明确要求领导班子副职谈话函询的书面说明应送领导班子主要负责人签字背书，等等。

一系列规定的制定完善，直指"关键少数"监督这个难点，为加强党对反腐败工作的集中统一领导提供了制度保障。同时，这些措施也促使市区两级党委（党组）特别是党委（党组）"一把手"切实担负起主体责任，把全面从严治党主体责任落到实处，引领纪委监委将改革制度优势发挥出来、取得实效。

宝鸡：动态更新电子廉政档案，让"关键少数"监督实时化。多维度精准"画像"、立体式"望闻问切"，运用"大数据"综合分析研判县区和部门政治生态状况……陕西省宝鸡市纪委监委为充分发挥廉政档案在日常监督和审查调查中的作用，从"关键少数"着手，建立起市管干部电子廉政档案一体化管理平台。

通过动态更新1600余名市管干部电子廉政档案，实现信息的采集、统计、分析、查询等应用功能，宝鸡市纪委监委能实时掌握领导干部的"廉情"变化，切实把"关键少数"置于严密监督之下，让廉政档案的"管"和"用"都活起来。凭借这一平台，宝鸡市纪委监委在对市管干部廉政信息和违纪违法记录比对时，发现问题线索32件，立案10人。

宁波：开展"三交底"廉政谈话，协助党委督促"关键少数"扛牢主责。"你单位在东西部扶贫协作和对口支援工作中存在未认真履行工作职责、有关精准扶贫精神贯彻不够等问题……"2018年4月起，宁波市纪委监委在全市推行"三交底"廉政谈话，围绕主体责任履责清单、所在单位问题清单、重要廉政风险清单，与新任党委（党组）书记等"关键少数"面对面谈话交底。区别于一般廉政谈话，"三交底"廉政谈话不仅通过三张清单把"病症"列举出来、"病因"分析出来，还"对症下药"、开出"处方"，为新任党委（党组）书记明晰履行主体责任的方向和重点，提供落实主体责任的载体和途径，让他们能"按图索骥"精准施策，实打实整改。

山东：构建述责述廉工作体系，让"关键少数"监督常态化。"党的十八大以来，你市先后有多名省管干部严重违纪违法被查处，你作为市委书记，在履行管党治党第一责任方面将采取哪些措施？"在山东省2018年度各市市委书记向省纪委全会述责述廉会议上，一个接一个"辣味十足"的问题被提出来，直指市委书记履行全面从严治党主体责任的关键环节。现在，山东在省市县三级构建起规范有序、务实有效的述责述廉工作体系，持续促进述责述廉常态化、规范化，为压紧压实"关键少数"主体责任、强化党内监督提供了有效载体和渠道。而让"一把手"走上台来，亮出家底、直面质询，当面锣、对面鼓，也在全国各地成为常态。

贵州：对准"关键少数"精准问责，让监督真正"长牙带电"。"遵义市播州区农牧局原党组书记、局长王健因单位多人违纪违法问题被问责……" 2018年6月，贵州通报4起落实全面从严治党主体责任不力被问责的典型问题，"一把手"占大多数。

从全省来看，截至2018年11月，当年问责的部门"一把手"共有666名，警醒效果明显。问责问的是主体责任、监督责任和领导责任，把问责对象聚焦在"关键少数"身上，不仅有利于防止问责泛化等问题，也能充分发挥问责的震慑效果。有鉴于此，不少地方纪委监委着力强化精准思维，把问责"板子"对准领导干部特别是"一把手"，以严格问责倒逼"关键少数"管党治党政治责任落实落细。

第五节

清除"灯下黑"

谁来监督纪委？这个问题，十分尖锐，有很强的现实性和紧迫性。

2014年1月，习近平总书记在十八届中央纪委三次全会上明确指出："各级纪委要解决好'灯下黑'问题，自觉遵守党纪国法，你们是查人家的，谁查你们？这个问题要探索解决。"

"灯下黑"，根据老百姓的经验观察，是指油灯下光线难以照亮之处，这是由于灯具本身的遮盖和遮蔽所造成的光线盲区。由此引申，权力"灯下黑"现象，是指由于权力本身的遮盖和遮蔽，导致对权力自身及其"身边人"难以监督，由此出现了"监督盲区"而造成种种"权力异化"和"公权私用"现象。

对于这个问题，中央纪委有着清醒认识。

时任中央政治局常委、中央纪委书记王岐山逢会必提队伍建设。他反复强调，信任不能代替监督，对自身的监督必须更加严格，执行纪律必须更加刚性。

连用两个"必须"，折射出了王岐山的决心，也预示了雷厉风行的落实：仅2014年，各级纪委就处分违纪违法纪检监察干部1575人，其中不乏魏健、曹立新等"重量级"人物；而党的十八大以来，中央纪委已多次点名道姓公开通报纪检监察干部违纪违法典型案例。

在2015年1月召开的十八届中央纪委五次全会上，王岐山告诫全体纪检监察干部——"通过强化自我监督，真正做到打铁还需自身硬，任务依然艰巨。"

与此同时，全国纪检监察系统也不断采取措施加强自身建设，适应全面从严治党要求，直面存在的问题，从严管理监督，努力建设一支忠诚于党、让人民放心的过硬队伍。

一、从不讳疾忌医，勇于直面挑战

近年来，从被查处的纪检监察干部违纪违法问题看，纪检监察机关不是"保险箱"，纪检监察干部也不具备天然的免疫力。

中央纪委布局整治"灯下黑"，有着鲜明的问题导向，从不回避、不掩饰自身存在的问题。

2015年10月12日，中央纪委国家监委网站刊文称"纪检监察系统也绝非净土，面临的形势同样严峻复杂"；2015年9月23日，中央纪委召开前所未有高规格的纪检监察干部监督工作座谈会，时任中共中央政治局常委、中央纪委书记王岐山强调"严管就是厚爱，信任不能代替监督，要用严明的纪律管住自己"。一个月内两次提到"纪委非净土"，充分释放了中央纪委坚持把纪律挺在前面，不仅对外有效，也同样对内实施。

"党的十八大以来，全国纪检监察系统共处分违纪干部3400多人，中央纪委机关查处处置14人。" 2015年9月23日，王岐山公布了打自家"虎"的数据。这一方面显示了纪检监察系统的自我净化能力，另一方面也说明纪检监察系统确如王岐山所说"也不是净土"，有的纪检干部顶风违反中央八项规定精神，违反审查纪律和保密纪律，跑风漏气甚至以案谋私。

王岐山放狠话震慑"灯下黑"，纪委决不允许有"内鬼"藏匿。中央纪委自戴"紧箍咒"，充分彰显了中央纪委"权力自洁""正家风"的公正态度，也反映了中央纪委坚持原则，敢于碰硬，不遮丑、不偏袒、不护短，坚决杜绝"灯下黑"的反腐决心。"治人者必先自治，责人者必先自责，成人者必须自成。"

随着反腐的不断深入，党风廉政建设和反腐败工作越发严峻，中央纪委队伍中的一些"害群之马"也相继被清理出去——

党的十八大以来，中央纪委已进行了两轮机构改革。其中一项，就是为解决"灯下黑"问题，在2014年4月增设了纪检监察干部监督室。该监督室主要承担与纪检监察内部人员有关的信访举报处理、线索调查和训诫惩处。随后，多地纪检部门跟进增设了类似内设机构。如2014年5月山东省纪委设立干部监督室，督促指导全省17个市纪委成立干部监督机构。至此，省级纪委已经全部成立了干部监督室。

同时，纪检机关不断加强自身建设，率先在全国纪检监察系统开展"清卡"活动，带头对纪检干部违反中央八项规定精神问题点名道姓、通报曝光；在系统机关内设立纪检干部监督机构、强化自我监督、坚决"清理门户"。

2014年2月，王岐山主持召开中央纪委常委会议，审议通过了《关于公开曝光纪检监察干部违反中央八项规定精神案件的通知》。这样的行动，充分展示了中央纪委对强化自我监督的自信。

二、严，而且越来越严

信任是对纪检监察干部的最大支持，但是信任不能代替监督。

中央纪委始终强调，纪检监察机关不是"保险箱"，纪检干部也并没有天生的免疫力，必须加强管理，使监督常在。

细节中有魔鬼，功夫还在日常。

中央纪委防范"灯下黑"，首先在"日常"二字上用力，每一个对策都很具体，针对性强、操作性强，"信任不能代替监督"和"打铁还需自身硬"的要求贯彻始终。随着全面从严治党向纵深发展，纪检监察队伍也将经受更大考验，迫切需要加强对纪检监察机关行使权力的监督。

一是适应新形势新任务新要求，实现党内法规制度的与时俱进。2018年11月26日，在中央政治局审议《中国共产党纪律检查机关监督执纪工作规则》时，习近平总书记强调，打铁必须自身硬，纪检监察机关必须扎紧制度笼子，强化自我约束，对执纪违纪、执法违法者"零容忍"。

2017年1月，十八届中央纪委七次全会审议通过的《中国共产党纪律检查机关监督执纪工作规则（试行）》，对纪检监察机关履行职责的权限和程序作出规范，体现了纪检监察机关坚持刀刃向内，把自身权力关进制度笼子的高度自觉。

党的十八大以来，各级纪检监察机关坚持刀刃向内，强化自我约束，自觉清理门户，坚决防止"灯下黑"。

党的十九大以来，不断加强内部制约，实行监督检查、审查调查部门分设、职能分离，开展"一案双查"，取得了良好效果。实践中的有效做法和具体实招，为规则制定奠定了坚实基础。

党的十九大对推动全面从严治党向纵深发展作出战略部署，为深化纪检监察体制改革指明方向。随着纪检监察体制改革的深入推进，实践中一些问题逐渐显现，这迫切需要法规制度建设的与时俱进，从制度层面进一步加强对纪检监察权的规范。

制定规则，就是要适应新形势新任务新要求，不断健全纪检监察机关内控机制，建设忠诚坚定、担当尽责、遵纪守法、清正廉洁的纪检监察干部队伍，推动全面从严治党向纵深发展。规则共10章77条，其中有5章涉及纪检监察机关最核心的监督执纪权，包括线索处置、谈话函询、初步核实、审查调查和审理。在监督执纪权运行的全链条上，一套内部监督制约机制贯穿整个纪检监察工作流程。

二是健全内控机制，给监督执纪权戴上"紧箍"。 监督执纪问责是纪委最重要的权力，也是最容易出问题的环节。没有严格的制度制约，就会造成管理漏洞，产生监督盲区，必须找准风险点，扎紧制度"篱笆"。

2018年12月13日，中央政治局第十一次集体学习时，习近平总书记强调，要完善各项工作规则，整合规范纪检监察工作流程，强化内部权力运行的监督制约。

结合监督检查和审查调查职能分离，规则吸收党的十八大以来深化纪检监察体制改革的理论、实践、制度创新成果，立足有效监督制约，在健全内控机制、优化工作流程上着力，针对实践中反映的问题和权力运行中的风险点作出严格规范——

在线索处置环节，明确信访举报部门归口受理信访举报，案件监督管理部门对问题线索实行集中管理、动态更新、定期汇总核对，确保对问题线索处置全程可控；

在审查调查环节，突出强调党委（党组）对审查调查处置工作的领导，严格报批程序，明确审批权限，严格管控措施使用，强调重要取证工作必须全程录音录像，纪检监察机关相关负责人通过调取录音录像等方式，加强对审查调查全过程的监督；

在案件审理环节，规定纪律处理或处分必须坚持民主集中制原则，集体讨论决定，坚持审查调查与审理相分离，审查审理和复议复查相分离，做到事实清楚、证据确凿、定性准确、处理恰当、手续完备、程序合规，严格依规依纪依法审核把关；

……

一条条落实落细的举措，盯住了人看住了事，对存在的问题精确制导，给监督执纪权戴上"紧箍"。

三是专设监督管理一章，锻造纪检监察铁军。2018年12月13日，在中央政治局研究部署党风廉政建设和反腐败工作时，习近平总书记强调，要时刻铭记打铁必须自身硬的要求，从严从实加强纪检监察队伍建设，努力做到政治过硬、本领高强，打造忠诚干净担当的纪检监察铁军。

落实习近平总书记对纪检监察干部队伍建设的新要求，总结纪检监察机关自身建设经验，规则还专设"监督管理"一章，进一步强调纪检监察机关要强化自我监督，自觉接受党内监督、社会监督和群众监督。

以制度立规矩，规则设立了一系列自我监督制度，包括干部准入、设立临时党支部、打听干预案情报告备案、回避、脱密期管理、安全责任制等，确保纪检监察干部在履职过程中用一言一行诠释干净的内涵、留下干净的记录。

着眼于自身建设，规则还强调加强纪检监察机关党的政治建设、思想建设、组织建设以及干部队伍作风建设。

规则第六十三条明确规定，纪检监察机关应"树立依规依法、纪律严明、作风深入、工作扎实、谦虚谨慎、秉公执纪的良好形象，力戒形式主义、官僚主义，力戒特权思想，力戒口大气粗、颐指气使"。

对于纪检监察队伍中存在的那些滥用监督执纪权、甚至自身腐败的"害群之马"，各级纪检监察机关刀刃向内，发现一个，查处一个，释放了对执纪违纪行为坚决查处、失职失责行为严肃问责的强烈信号。

对此，规则在第七十一条中明确，对私存线索、跑风漏气、以案谋私等行为，要依规依纪严肃处理，涉嫌职务违法、职务犯罪的，依法追究法律责任。

纪检监察机关在维护监督执纪工作纪律方面失职失责的，要予以严肃问责。规则第七十三条规定"建立办案质量责任制，对滥用职权、失职失责造成严重后果的，实行终身问责"，用铁的纪律锻造纪检监察队伍，确保党和人民赋予的权力不被滥用、惩恶扬善的利剑永不蒙尘。

三、中央单位巡视清除"灯下黑"

2017年6月5日,中央国家机关工委组织召开警示教育会,通报了5起发生在中央国家机关的典型违纪违规案件。

常言道,上行下效,上率下行。中央和国家机关是党和国家治理体系的中枢,权力集中、地位重要,既是党的路线方针政策的"第一执行者",又是各个领域、系统的领导者,理应在全面从严治党等方面走在前列、做排头兵。

然而,党的十八大以来巡视反馈和纪律审查情况表明,中央和国家机关也不同程度存在"灯下黑"问题。中央国家机关工委此次通报的5起案件正是典型例证:有的党组织党的意识淡漠,履行主体责任不力,对作风和腐败问题没有及时发现和纠正;有的党员领导干部不守政治纪律和政治规矩,对党不忠诚、不老实,甚至订立攻守同盟、对抗组织调查;有的管理缺失、乱象丛生,权力寻租问题突出。

一是坚持问题导向,坚定正确政治方向。中央单位巡视,是指中央和国家机关党组(党委)对其所管理的党组织进行巡视监督。由于中央单位的重要性和特殊性,中央单位巡视被赋予了重要意义。

党的十八大以来,中央巡视工作领导小组坚决贯彻党中央决策部署和习近平总书记关于巡视工作的系列重要论述,加强组织领导,传导责任压力,推动中央有关部委和中央国家机关部门巡视工作逐步规范、迅速发展。2016年,国务院国资委党委对55家国资委党委管理主要负责人的中央企业进行了全面巡视;截至2017年6月,教育部党组先后分8批次对49所直属高校和33家直属单位开展巡视,实现了巡视全覆盖目标……

对于中央单位而言,"灯下黑"问题并非虚言。从党的十八大以来中央巡视组向各中央单位反馈的情况来看,党的领导弱化、党的建设缺失、全面从严治党不力等问题不同程度存在。

以问题为导向,党中央高度重视中央单位巡视工作。2015年,中央在印发《中国共产党巡视工作条例》的通知中明确要求,有关中央部委和国家机关部委党组(党委)的巡视工作,参照条例执行。十八届六中全会审议通过的党内监督条例,在党内法规层面第一次提出中央和国家机关部门党组(党委)巡视工作,明确规定加强对中央有关部委、中央国家机关部门党组(党委)巡视工作的领导。

切实加强对中央单位巡视工作的领导,中央巡视工作领导小组多次专题研究,为中央单位开展巡视工作指明着力方向。

2016年9月,时任中共中央政治局常委、中央纪委书记王岐山出席学习贯彻习近平总书记关于巡视工作论述暨中央单位巡视工作座谈会,着重强调中央部委必须把握政治定位,增强"四个意识",围绕党的领导、党的建设、从严治党、党风廉政建设和反腐败工作,着力发现落实"五位一体"总体布局、"四个全面"战略布局、新发展理念存在的突出问题,保证党中央的路线方针政策落到实处。

中央巡视办不断加强对中央单位巡视工作的指导。从2015年初开始,每轮中央巡视进驻时中央巡视办都会套开省区市和部分中央单位巡视办负责同志座谈会,对推进中央和国家机关巡视工作提出要求,作出安排和部署。同时中央巡视办对开展巡视的中央单位进行深入调研,针对发现的领导体制不够顺畅、机构设置不够统一、巡视重点不够聚焦等问题,提出"授权要规范、试点要规范、制度要规范",推动中央单位巡视不断规范发展。

二是加强组织领导,创新方式方法。制度的生命力在于执行,执行制度最终靠人。中央单位普遍加强了巡视干部队伍建设,截至2017年9月,已有56家中央单位成立了巡视机构,配备巡视办干部327名、巡视组干部956名。有的中央单位还建立了巡视人才库,如税务总局建立了10个专业293人规模的巡视人才库,为开展好巡视工作提供了有力支持。

紧跟中央巡视步伐,与时俱进创新巡视方式方法。近年来新出现的专项巡视、"回头看"等方式,在中央单位巡视中也得到运用。2017年3月底,国务院国资委党委2017年第一轮巡视全面启动,此前不久才在中央第十二轮巡视中出现的机动式巡视也在此轮正式亮相。

三是发挥利剑作用,效果不断显现。巡视既是为了发现问题,更是为了解决问题。加强对巡视成果的运用,是强化巡视效果的重要方面。

以巡视为契机查找深层次原因,不断完善体制机制,促进标本兼治,是强化巡视成果运用的应有之义。比如海关总署党组围绕拆解利益链、重组权力链、紧固责任链,在深圳、黄埔海关开展查验环节改革试点,通过规范化、制度化、标准化、留痕迹、可追溯的"制度+科技"手段,有效压缩了自由裁量权。

更重要的是,中央单位的巡视工作为坚持党的领导、加强党的建设、全面从严治党提供了重要支撑。

党的十八大以来,中央单位通过巡视工作,有力维护党的集中统一领导,推动各单位党的组织不健全、组织生活制度不落实、执行民主集中制不规范等问题及时纠正和解决,党组织软弱涣散、党员队伍管理松散等问题及时整改,干部选拔任用不规范问题及时改进,在严肃党内政治生活、净化党内政治生态上发挥了重要作用。

四、盘点各地防止"灯下黑"

近年来,在中央纪委的率先垂范下,各地纪检监察机关把"严"字诀贯穿于干部队伍建设全过程,纷纷设立监督自身队伍的专门机构,严防"灯下黑"。

纪检监察机关在监督别人的同时也加强对自己的监督，不仅是保证这支队伍的纯洁性和战斗力的客观需要，而且能够让监督真正发挥出威慑力，从而更加有效地遏制腐败蔓延的势头。

广西：严明纪律，强化内部监督，严防"灯下黑"。"驻国土厅纪检组原组长罗卫国多次收受巨额贿赂款物，受到开除党籍、撤销退休待遇处分。"2015年10月16日，广西壮族自治区北海市的纪检监察干部集体参观了全区党风廉政警示教育巡回展。

组织纪检监察干部参观展览，用身边事教育身边人，只是该自治区纪委、监察厅从严教育管理干部、防止"灯下黑"的一个缩影。2014年以来，他们以深化纪律检查体制改革为契机，进一步加强纪检监察干部监督管理工作，从严教育、从严管理、从严监督、从严查处，着力破除"灯下黑"问题，纯净纪检监察干部队伍。

一是画红线，严明纪律要求。

从严要求干部，就必须画出执纪用权的红线，让纪检监察干部明白何能为、何不能为。自治区纪委在中央纪委提出的"四个不准"的基础上，针对全区实际，进一步细化要求，提出了"6个不准"和"9个严禁"，作为纪检监察干部不可触犯的高压线。

"不准谋取政策规定以外的任何利益；不准违反规定私自驾驶公车；不准有损害纪检监察干部形象的言行……"自治区纪委、监察厅将"6个不准"和"9个严禁"张贴在办公楼的醒目位置，让每一名纪检监察干部时时受到教育。

二是筑防线，创新监管方式。

出台多项制度机制，织密制度"笼子"，是广西壮族自治区纪委强化内部监督的着力点。自治区纪委明确把相关岗位和环节列为重要风险点，分别制定了《干部业务工作流程》《信访举报工作实施细则》《案件检查工作程序规定》，最大限度避免相关人员"权力寻租"。

三是守底线，严惩"害群之马"。

坚决捍卫纪律底线，揪出"害群之马"，广西壮族自治区纪委对纪检监察干部违纪违法行为做到"零容忍"。2014年5月，自治区纪委专门设立纪检监察干部监督室，其后，全区14个市纪委也相继成立，内部监督力量和力度进一步加强。

南京：建立纪检监察干部监督信息系统，严防"灯下黑"。 筑起"隔离墙"，即使"身边人"被调查也"浑然不觉"；永久留痕，问题线索一旦录入谁也无权"删除"……2015年，江苏省南京市纪委建立纪检监察干部监督信息系统，用信息化技术提升纪检监察干部监督水平，严防"灯下黑"。

该系统涵盖"线索受理、线索办理、统计分析、监督资料、干部信息、监督检查"六大核心模块，借助局域网络，将各种来源渠道反映的有关纪检监察干部的信访举报和问题线索，从受理、归集研判与批办到线索处置、立案调查等环节工作，有机衔接在一体的电子办公信息系统中，实现在局域网上办公、查询、监控等多种功能，对纪检监察干部监督工作实现全程监管、全面监控。

与非纪检监察干部监督部门的办公系统彻底"隔离"，是该系统的一大亮点。这包括两个"隔离"，一是整个干部监督系统与全市纪检监察机关的"大办公系统"实行物理隔离，在技术上实现了与非案件审查部门的"全屏蔽"。在此基础上，该系统开口与信访监督、案件管理等案件审查相关部门的业务系统"全口径"对接，确保将信访举报、案件管理中涉及纪检监察干部的问题线索"一网打尽"。同时，建立高密级的数据"防火墙"，实现干部监督系统内的流转办理情况对非纪检监察干部监督机构的"全隐形"，从技术上保证调查信息绝对无泄漏，确保干部监督工作的独立与安全，实现第二个"隔离"。

纪检监察干部问题线索一旦录入系统，就全程留痕，谁也无权"删除"，这是该系统的另一亮点。从源头保证纪检监察干部问题线索全程痕迹化管理。这一功能的实现，目的在于严防对"身边人"下不了手，"贪污"或销毁纪检监察干部问题线索。

深圳：成立干部监督室公布举报电话，严防"灯下黑"。 2016年1月，深圳市纪委正式成立深圳市纪检监察机关内务监督委员会和市纪委纪检监察干部监督室，并向内务监督委员会全体委员颁发了聘书，寄望各位委员发挥身份优势和渠道优势开展监督，与纪检监察干部监督部门一道严防"灯下黑"。

根据《深圳市纪检监察机关内务监督委员会章程（暂行）》，委员会承担对全市纪检监察干部的作风建设和廉洁自律等情况进行监督；对全市纪检监察机关队伍建设和干部监督工作进行调研，提出加强和改进工作的意见、建议；转递、反映和收集对全市纪检监察干部的检举、投诉等六项职能；可以通过召开会议、询问质询、评议测评、开展调研、反映转递、组织检查、案件监督等七种方式开展监督。首次聘请的18名委员来自社会各界，包括人大代表、政协委员、反腐专家、媒体记者、企业代表以及纪检监察系统以外的党政领导干部等。

同时成立内务监督委员会和干部监督室，目的就是自律和他律双管齐下，努力构建内外结合、优势互补的监督体系，实现对监督工作的有效再监督。

海南：加强纪检监察干部队伍建设，严防"灯下黑"。 打铁自身硬，正人先正己。海南省用更严的标准、更严的要求、更严的措施抓好纪检监察机关自身建设，聚焦主责主业，着力打造一支忠诚干净担当的纪检监察干部队伍。

一是加强学习培训，提升履职能力。

海南省纪委结合各部门的工作特点，开展专门培训，不断提升纪检监察干部的监督执纪水平。省纪委还分别以"把纪律挺在前面，将'三转'要求贯彻到纪律审查各个环节""关于做好纪律审查工作的有关问题"等为题,给全省近千名纪检监察干部授课。2016年7月,举办海南省纪委派驻机构干部专题培训班,省纪委27个派驻纪检组204名新任和新进干部参加了培训。

二是扎紧制度"笼子",规范监督执纪权力运行。

海南省纪委相继出台了一系列的制度来规范监督执纪权力的行使,如出台《海南省纪检监察干部行为规范》,明确规定纪检监察干部要严守的纪律并提出"二十个不准";《干扰执纪审查工作报告登记制度》,明确了八种应当报告的影响纪律审查工作的情形……构建起对纪检监察干部立体式的监督制约体系。

2016年12月30日,海南省纪委又印发了《关于建立纪检监察机关内部巡察制度的意见(试行)》,进一步压实"两个责任",加强纪检监察干部队伍建设。这些制度表面上看是给大家戴上了"紧箍",但实质上是给纪检监察干部的履职之路加上了"安全阀"。

三是刀刃向内,严防"灯下黑"。

近年来,省纪委对纪检监察干部违纪行为零容忍,加大对反映纪检监察干部违纪问题查处力度,坚决把"害群之马"从队伍中清除出去。

海南省纪委第九派驻纪检组(监察室)原主任科员刘招雄严重违反政治规矩和审查纪律、保密纪律,多次收受他人贿赂,被开除党籍和公职。海口市琼山区原区委常委、区纪委书记孙道静利用职务上的便利,违规经商;在征地拆迁等方面为他人谋取利益并收受财物,被开除党籍和公职。

海南省纪委切实把自己摆进去,坚决防止"灯下黑",把"信任不能代替监督""严管就是厚爱"的理念贯彻到自身建设的全过程,以零容忍态度查处执纪人员违纪问题,2016年,给予纪律处分25人、组织处理15人、谈话函询61人。

山西：出台纪检监察干部"三条禁令"，严防"灯下黑"。为进一步落实中央"打铁还需自身硬"的要求，2017年6月，山西省纪委监委紧密结合工作实际，出台纪检监察干部"三条禁令"：严禁泄露执纪监督、执纪审查（调查）工作秘密；严禁未经批准擅自接触被审查（调查）人、涉案人员及其特定关系人；严禁打听案情、过问案件、为涉案人员说情打招呼。

山西省纪委监委要求全省各级纪检监察机关认真学习、深刻领会，坚持把"三条禁令"作为政治纪律和政治规矩，更加严格地遵守、更加自觉地执行，特别是全体纪检监察干部要将"三条禁令"的要求贯穿到工作各方面和全过程，争做遵纪守规的表率、严格自律的标杆。

河北：加强纪检监察队伍自身建设，严防"灯下黑"。2017年，河北省坚持打铁必须自身硬，深化机关作风整顿，深入推进能力作风建设年活动，提升政治觉悟和履职能力，念好"紧箍咒"，严防"灯下黑"。

一是筑牢压舱石，不断强化思想政治引领。

从班子做起。在西柏坡，省纪委领导班子进行专题教育活动，强调要带头作"五个表率"，践行"四个意识"的表率、加强作风建设的表率、担当实干的表率、廉洁自律的表率、团结开拓的表率。

二是念好"紧箍咒"，强筋健骨夯基石。

为严格管理规范，省纪委修订了《省纪委常委会议事规则》，制定了《省纪委办公会议规则》《省纪委监察厅机关及其派驻机构执纪审查专项经费管理办法》……一项项制度规定把对自身的监督螺栓一圈圈拧紧。

同时，健全内控机制，强化监督措施，进一步完善专案组工作纪律、保密规定，制定打听案情、过问案件、说情干预登记备案制度，细化办案借调人员管理、审查审理人员回避、防止利益冲突等规定……

省纪委对照监督执纪工作规则，结合实际制定出台《实施办法》，执纪审查工作审批权限规定及流程图，统一制作谈话函询等30个文书模板，进一步固化了纪律审查工作程序和标准。

规范"3+3"排查会、会审会、调度会，对问题线索逐一分析调度、把脉问诊，确保执纪审查做到"四精"，即处置线索精心，事实证据精确，划清责任精细，定性量纪精准。

业务工作开展到哪里，党组织的管理就跟进到哪里。省委巡视组、省纪委纪律审查组均成立了临时党支部，不断强化自我监督。

贵州：建立内部巡察制度，严防"灯下黑"。 2018年3月，贵州省纪委印发《中共贵州省纪委关于建立纪检监察系统内部巡察制度的意见（试行）》，坚决落实"打铁必须自身硬"要求，以严格的自我监督坚决防止"灯下黑"。

《意见》明确，省纪委设立内部巡察工作领导小组，向省纪委常委会负责并报告工作。内部巡察对象为省纪委监委派驻（出）机构、市（州）纪委监委、省管国有企业纪委、省属高等院校纪委及省纪委常委会安排的其他内部巡察对象，可以根据工作实际情况延伸至县级纪委监委或下属单位纪委。

《意见》坚持问题导向，要求围绕党的政治建设、思想建设、组织建设、作风建设、纪律建设和深入推进反腐败斗争扎实开展政治巡察，对纪检监察机关（机构）和纪检监察干部是否牢固树立"四个意识"、坚定"四个自信"，是否严明政治纪律和政治规矩，是否聚焦主责主业履行监督责任，是否严格执行监督执纪工作规则和实施办法、依纪依法履行监督执纪问责和监督调查处置职责，"一把手"和班子成员落实全面从严治党政治责任是否到位，纪检监察干部是否做到担当尽责、遵纪守法、清正廉洁等进行检查。重点发现违规选人用人、履行监督责任不到位及执纪违纪、执法犯法等问题。

为确保内部巡察工作规范有效开展，《意见》严明巡察纪律，要求巡察人员要强化政治意识和责任意识，瞪大眼睛、拉长耳朵，主动发现问题。被巡察对象要提高政治站位和政治觉悟，自觉接受巡察监督，对巡察反馈的问题要统筹研究、综合分析、举一反三，及时堵塞制度漏洞、完善体制机制。

安徽：反面警示与典型示范两手抓，严防"灯下黑"。安徽省纪委原驻省交通运输厅纪检组组长阎如政严重违纪违法被开除党籍；安徽省委第七巡视组原副组长胡洪涛一审被判处有期徒刑10年零6个月；安徽省水利厅原党组成员、纪检组长方卫星一审获刑6年……

2020年1月，安徽公布一批违纪违法纪检监察干部受到严惩的消息。省纪委监委以案为诫，印发胡洪涛、方卫星等严重违纪违法案件通报，用身边人身边事讲好纪律故事，开展警示教育，引导全省纪检监察干部深刻吸取教训。

2019年以来，安徽坚持反面警示与典型示范两手抓，教育引导广大纪检监察干部忠诚坚定、担当尽责、遵纪守法、清正廉洁。

根据中央纪委全员培训有关要求，安徽加大全员培训力度，探索开展"提级轮训+全员覆盖"培训，省纪委监委对800名市县纪委监委班子成员、1495名乡镇纪委书记进行"全覆盖"培训；创新运用视频会议系统举办6期"视频讲堂"，每期省市县7000余名干部同步参训，促进全省纪检监察干部提高依规依纪依法履职水平。

同时，安徽省纪检监察系统严格内部监督管理，严格执行纪检监察干部打听案情过问案件说情干预备案登记等规定，督促抓好十届省委巡视市县纪委反馈问题整改，优选评聘24名特约监察员，并邀请他们走进省纪委监委机关。

湖南：强化内部监督提升队伍素质，严防"灯下黑"。为加强对纪检干部的管理与约束，省纪委先后出台了《案件线索管理制度》《办案工作纪律》《案件材料管理制度》等一系列制度文件，做到了有章可

循。2015年12月中旬,湖南省纪委完成了《湖南省纪检监察干部监督工作暂行办法》的征求意见并将出台实施,其中就"监督工作制度"进行了明确界定:实行执纪执法办案"说情"报告制度,对可能妨碍执纪执法公正的"说情"行为应该及时以书面形式报告;存在瞒案不报、压案不查和违纪违规"说情"的,依照有关法律法规追究责任。同时还拟定了《对纪检监察机关(机构)及其工作人员的信访举报受理和调查处理办法》征求意见稿,以制度的约束带动作风的持续改进。

与此同时,全省各级纪检监察机关(机构)内部监督机制不断加强。益阳市纪委完善纪检系统内部监督机制,建立纪检监察干部网络监督管理平台,对全市所有纪检监察干部实行常态监督;张家界重申《市纪检监察干部"八不准"》;怀化市先后5次对全市纪检监察系统工作作风建设明察暗访,公开曝光纪检监察机构和干部违反办案纪律案例3起,立案调查1人,调离2人;省文化厅纪检组制定了《纪检组监察室内部工作规则》。

奉化:为全市纪检干部上"廉政户口",严防"灯下黑"。 2015年以来,浙江省奉化市纪委坚持从严从实管理纪检干部队伍,完善"内部管理、谈心提醒、常态监督、考核评价"四大机制,严防"灯下黑",着力打造忠诚、干净、担当的执纪铁军。

建立离甬汇报制度,明确全市纪检干部离开宁波市区必须向纪委干部室备案。同时,修订完善请销假、财务管理、差旅费报销等管理细则,形成用制度管事管人的内部管理体系。

注重抓早抓小、防微杜渐,按照分管职能和年初、年中、年末及专项谈话等时间和要求,建立层层约谈制度,在全市纪检监察干部中开展谈话提醒教育工作。

不定期开展明察暗访,从纪委内部开始,加强对纪检干部的日常监督,对反映纪检监察干部存在的苗头性问题特别是"四风"方面的问题，及时了解核实，并列出整改清单，及时进行整改。充分发挥纪检监察干部监督员队伍作用，强化对纪检干部"八小时"以外的监督。

细化考核办法，把纪检干部的德、能、勤、绩、廉作为考核内容，对纪检监察干部进行严格考核，对工作成效不明显、工作不在状态和不能按时完成工作任务的纪检干部进行提醒谈话。同时，完善廉政管理机制，为全市纪检监察干部上"廉政户口"，实现纪检监察干部的基本信息、个人有关事项申报、出国出境、个人工作考核、家庭成员情况等信息实时更新和动态监控。

五、防治"灯下黑"问题的成功经验

"灯下黑"其实是人类社会发展面临的普遍性问题。一切有权力的人都容易滥用权力，这是万古不易的一条经验，反腐败机构及其人员自然也概莫能外。

出于反腐败工作的实际需要，反腐败机构往往拥有某些特殊权力，比如常见的调查权、逮捕权、搜查权以及扣押权，甚至允许其在某些案件中使用特别侦查手段，比如截取通信、控制下交付及远程追踪刑事案件卷宗等。使情形更加复杂的是，反腐败机构的权力运行往往存在较大的秘密性，这虽是打击腐败这种桌面下的交易行为所必需，但也使得反腐败机构的权力运行存在类似"黑箱作业"的可能性，从而导致"灯下黑"问题的产生。

即使廉洁程度在各种相关排行榜中名列世界前茅的新加坡，其反腐败机构同样存在"灯下黑"的情况。新加坡贪污调查局（CPIB）1997年、2002年、2012年均爆出有高级反腐败官员贪污。据媒体报道，2013年，新加坡反贪局主管行动支援组的助理司长杨少雄因挪用176万余新元被控。这起案件因涉及反腐官员自身而引起了公众强烈不满；反贪局局长亦为这一"灯下黑"问题承担责任。

就我国内地而言,纪检监察机关承担的使命与职责虽不限于反腐败执法,但仍可从一定意义上归于反腐败机构。当前,腐败治理总体上仍属于自我监督范畴,反腐的水平与能力仍存不足,"灯下黑"问题尤其值得高度警惕。

就境外相对成功的经验来看,防治反腐败机构"灯下黑"问题,一般需要在充分赋权与加强监督和问责之间求取平衡。从一定意义上说,我国香港地区反腐败机构的相关实践,充分体现了上述原理。

香港廉政公署成立之初,即设有贪污问题咨询委员会、审查贪污举报咨询委员会、防止贪污咨询委员会、社区关系市民咨询委员会,分别负责监督廉署整体工作和廉署下设三个部门的工作并提供咨询服务。此外,廉署的内部调查及监察组(L组)专责调查涉及廉署人员的违纪行为和贪污指控,以及涉及廉署或其职员的非刑事投诉。

防治反腐败机构"灯下黑",内部监督往往尤其局限。因此,L组负责廉政公署人员的所有贪污及相关刑事罪行的投诉,均须知会律政司司长,由他决定是否由廉政公署或其他执法机构调查;很多时候,尤其是情节严重、社会关注度高的案件,为避免利益冲突,会交警务处相关部门来调查。当我们谈到涉及廉署的刑事案件调查由律政司长决定时,已经不是内部监督的问题,而是引入了外部的监督,尤其是来自不同机构的权力制约,从这个意义上说,它就不是监督,而是制约了。

当香港反腐取得突出成效,香港已成"廉洁之都"之后,因某些特殊事件,舆论一度认为应削减廉政公署特权。但对其评估结果及其后的相关法律修订最终没有削弱廉政公署条例和防止贿赂条例赋予廉署的任何既存调查权力,相反,廉署获得部分"扩权"。例如,新授权廉政公署可查阅税务纪录;廉政专员在履行指明防止贿赂职责时有权向公共机构取阅其持有的一切纪录、簿册及文件。在加强监督与问责方面,在程序上将某些权力的行使交由法庭而不是专员来审批授权。如《防止贿赂条例》第 14 条指明,廉署人员搜查楼宇(特殊情形除外),或防止疑犯处置财产时,需要取得法庭批准,而不是像过去一样由专员批准即可。

不同于香港从独立的反腐败机构设立之初即注重充分赋权与制约、监督反腐败机构两手都抓,新加坡贪污调查局(CPIB)显然更为重视充分赋权与效能发挥。首先,坚定的、一贯零容忍腐败的强烈政治意志,通过全政府的反腐败努力得到持续贯彻,发挥了普遍的监督乃至震慑作用。百里渠爵士调查委员会第二次报告书指出,新加坡开国领袖"所痛心疾首的事物之一是贪污",将腐败看作是亡国的原因,"社会各阶层人士,由内阁部长以至街边小贩,都感觉到他的统治力量"。这种廉以立国、腐则亡国的共识,始终如一的反腐败政治意志,以及全政府反腐的方式,对于处于该政府行政系统中的贪污调查局来说,无疑具有强力约束作用。其次,不断评估与调整反腐措施,与时俱进防治"灯下黑"。腐败与反腐败从来就是道魔之间的持续博弈,没有任何体制机制可以一劳永逸地发挥作用。新加坡政府从总体到各部门始终注重不断评估腐败易发生的漏洞,及时通过制度与程序调整腐败预防措施,这当中也包括对贪污调查局相关监督制度漏洞的弥补。

第六节

党内监督和国家监察相互促进

2016年11月7日,中共中央办公厅印发《关于在北京市、山西省、浙江省开展国家监察体制改革试点方案》;

2017年10月23日,中共中央办公厅印发《关于在全国各地推开国家监察体制改革试点方案》;

2018年3月20日,十三届全国人大一次会议通过《中华人民共和国监察法》。23日,中华人民共和国国家监察委员会在北京揭牌;

……

党的十八大以来,以习近平同志为核心的党中央站在党和国家事业发展全局的高度,把全面从严治党纳入"四个全面"战略布局,并在反腐败斗争深入推进的同时,高瞻远瞩、审时度势,作出了深化国家监察体制改革的重大决策部署,开启了党和国家反腐败工作新篇章。

自我监督是世界性难题,是国家治理的"哥德巴赫猜想"。实践充分表明,中国共产党能够依靠自身力量发现问题、纠正偏差,深化改革、强化治理,推动管党治党和执政能力整体提升。

一、确定蓝图,先行先试——为全国推开积累经验

中国共产党领导是中国特色社会主义最本质的特征,是中国特色社会主义制度的最大优势。

深化国家监察体制改革是对我国政治体制、政治权力、政治关系的重大调整,是一项重大的组织创新、制度创新,加强党的领导至关重要。

以习近平同志为核心的党中央高度重视国家监察体制改革。2016年1月,习近平总书记在十八届中央纪委六次全会上指出:"要坚持党对党风廉政建设和反腐败工作的统一领导,扩大监察范围,整合监察力量,健全国家监察组织架构,形成全面覆盖国家机关及其公务员的国家监察体系。"

仅在2016年6月至10月期间,习近平总书记便6次主持召开中央政治局会议、中央政治局常委会会议、中央全面深化改革领导小组会议,研究审议深化国家监察体制改革和试点工作方案,明确了国家监察体制改革的方向和时间表、路线图。

2016年10月,党中央决定在北京、山西、浙江三地先行开展国家监察体制改革试点工作,从体制机制、制度建设上先行先试、探索实践,为在全国推进改革和成立国家监察委员会积累经验。

中央深化国家监察体制改革试点工作领导小组坚决贯彻党中央要求和习近平总书记重要指示精神,深入调研北京、山西、浙江等地开展国家监察体制改革试点工作情况,审议试点地区改革试点工作实施方案,不断加强对改革试点工作的指导。

按照中央确定的蓝图,北京市、山西省、浙江省成立改革试点工作小组,扎实有序推进改革试点工作,取得了实质性进展——

试点地区将人民政府的监察厅(局)、预防腐败局及人民检察院查处贪污贿赂、失职渎职以及预防职务犯罪等部门的相关职能整合至监察委员会,与纪委实行合署办公。

试点地区坚持内涵发展,对内设机构和人员编制重新配置,对原有人员和转隶人员统筹安排,做到机构、编制、职数"三不增",在力量配备上向监督执纪一线倾斜,省市两级实现执纪监督部门和执纪审查、依法调查部门分设。

试点地区完善内部运行机制,认真履行监督、调查、处置职责,采取谈话、讯问、询问、查询、冻结、调取、查封、扣押、搜查、勘验检查、鉴定、留置等措施,确保惩治腐败力度不减。

习近平总书记十分关心改革试点进展情况,2017年6月在视察山西时指出:"你们在国家监察体制改革试点上下了很大功夫,制度优势正在转化为治理效能,要运用好这一改革成果。"为进一步做好改革及试点工作指明了前进方向、坚定了信心决心。

三省市改革试点的实践成效充分证明,党中央深化国家监察体制改革的决策部署是完全正确的。国家监察体制改革在实践中迈出了坚实步伐,积累了大量可复制可推广的经验。

——党和国家自我监督体系更加完善。准确把握监察委员会是政治机关的定位,坚持把讲政治放在首位,有效运用监督执纪"四种形态",不断增强反腐败工作的政治效果,推动形成风清气正的良好政治生态。

——反腐败领导体制更加健全。从组织形式、职能定位、决策程序、资源配置、措施手段等方面,全面加强党对反腐败工作的领导,党委的统一领导更加坚强有力。

——构建集中统一、权威高效的监察体系。完成人员转隶,整合监察力量,组建监察机构,扩大监察范围,推进监察全覆盖,实现了党内监督和国家监察有机统一。

——实现纪委、监委合署办公。共同设立内设机构,力量配备向监督执纪一线倾斜,加强思想政治工作,开展业务培训,抓好政策衔接,确保队伍不乱、人心不散、工作不断,推动机构、职能和人员全面融合。

——全要素试用调查措施。充分运用12项调查手段,以留置取代"两规",严把决策审批关,确保监委履职有力、监督有效,保持惩治腐败的高压态势。

——探索执纪监督与审查调查部门分设。执纪监督部门负责日常监督，审查调查部门负责立案审查，案管部门负责综合协调和监督管理，审理部门负责审核把关，形成执纪监督、审查调查、案管审理相互配合、相互制约的有效机制。

——实现纪法贯通、法法衔接。形成执纪与执法相互贯通、监察机关与司法执法机关相互衔接的工作机制，加强监察机关与公安机关、检察机关、审判机关的沟通协作，实现了监察程序与司法程序有序对接、监察机关与司法执法机关相互配合相互制约。

……

各试点地区紧紧围绕改革试点方案提出的目标任务，积极探索实践、认真归纳总结、积累宝贵经验，为改革的全面推开和组建国家监察委员会提供了实践支撑。

二、集中统一，全面覆盖——党对反腐败工作领导进一步加强

国家监察体制改革事关全局、意义重大，既要积极坚定，又要稳妥审慎。

在试点三省市先行先试的基础上，2017年10月23日，中共中央办公厅印发《关于在全国各地推开国家监察体制改革试点方案》。随后，十二届全国人大常委会第三十次会议通过在全国各地推进国家监察体制改革试点工作的决定。

中央纪委和各地区坚决贯彻党中央要求，蹄疾步稳、扎实有序推进各级监察委员会组建工作。

2018年3月23日上午8时58分，中央纪委机关大院的机关大楼门柱上，一块被红色绸布覆盖的牌匾在掌声中被揭开，一个全新的国家机构"中华人民共和国国家监察委员会"正式挂牌。至此，国家、省、

市、县四级监察委员会全部组建产生，标志着监察体制改革由试点迈入全面深化新阶段，党和国家反腐败工作新的篇章就此开启——

仅一年，国家、省、市、县四级监察委员会完成组建和人员转隶，共划转编制6.1万个、转隶干部4.5万人；

仅一年，中央纪委国家监委调整派驻机构设置，统一设立46家派驻纪检监察组监督中央一级党和国家机关129家单位；

仅一年，纪委监委合署办公，共同设立内设机构，统筹人员调配使用，力量配备向监督检查和审查调查一线倾斜，以"形"的重塑、"神"的重铸为目标，实现了机构、职能、人员的全面融合和战略性重塑；

仅一年，多个省区市完成县级纪委派驻机构全覆盖，监察权延伸覆盖各乡镇（街道）；

……

唯改革者进，唯创新者强，唯改革创新者胜。各级纪检监察机关用实实在在的行动交上了一份沉甸甸的成绩单，为推动全面深化改革、全面从严治党和全面依法治国不断贡献着创新探索和生动实践。

2018年12月13日，中共中央政治局召开会议，听取中央纪律检查委员会工作汇报，研究部署2019年党风廉政建设和反腐败工作，习近平总书记主持会议。此前，习近平总书记主持召开中央政治局常委会会议，听取中央纪委2018年工作情况和十九届中央纪律检查委员会第三次全体会议准备情况汇报。

同日，中共中央政治局就深化国家监察体制改革举行第十一次集体学习。习近平总书记在主持学习时强调，在新的起点上持续深化党的纪律检查体制和国家监察体制改革，促进执纪执法贯通，有效衔接司法，推进反腐败工作法治化、规范化，为新时代完善和发展中国特色社会主义制度、推进全面从严治党提供重要制度保障。

这是党的十九大以来，党中央加强对反腐败工作全方位全过程领导的典型例证。监察体制改革之前，反腐败力量分散在纪委、行政监察机关、检察院反贪机构等多个部门，存在管理多头、政出多门、效率不高等问题。改革后，党委定期分析研判本地区政治生态状况、听取重大案件情况报告、党委"一把手"参与本级管理干部问题线索谈话、纪委向本级党委专题报告频度不断增加……各地通过深化监察体制改革的探索，将反腐败的力量统一整合到一个部门，由原来侧重"结果领导"转变为"全过程领导"，健全完善了党对反腐败工作集中统一领导的体制机制。

2018年6月20日傍晚，一条短消息迅速登上各大门户网站的显要位置：中央纪委国家监委统一设立派驻机构，名称为"中央纪律检查委员会国家监察委员会派驻纪检监察组"。这迈出了对中央和国家机关所有行使公权力的公职人员监察全覆盖的重要一步。从统一设立46家派驻纪检监察组，监督中央一级党和国家机关129家单位，到印发《关于深化中央纪委国家监委派驻机构改革的意见》，分类施策推进中管企业、中管金融企业、党委书记和校长列入中央管理的高校纪检监察体制改革，再到各省区市纪委监委完成向机构改革后的省级党和国家机关全面派驻纪检监察组……各级纪委监委不断深化派驻机构改革，及时扩大派驻监督对象的覆盖范围，确保监督范围不留死角、没有空白。

从整体来看，深化国家监察体制改革成效突出。一方面，监察体制改革强化了对公职人员的日常监督，改变了过去对公权力监督乏力的状况，党员干部受监督，非中共党员的公职人员也受到监督。监察体制改革之前，行政监察的范围过窄，监督对象范围有限，很多非中共党员没有被纳入监督范围。监察体制改革之后，执纪执法综合运用"四种形态"，将所有行使公权力的公职人员纳入监督范围，大大填补了原有监督范围的空白点。

另一方面，监察体制改革弥补了因纪法衔接不畅导致的空白地带，存在"犯罪有人管、违法无人过问"的现象，一度出现"党员带着党籍蹲监狱"等问题。改革之后,不仅要对严重违纪违法、涉嫌犯罪的行为进行审查调查,还要对轻微违纪违法、尚未构成犯罪的行为进行监督检查和监察调查。在监察体制改革前,这3名非党员村干部并非监察对象,其行为只要不构成犯罪,就难以得到有力查处。

三、执纪执法贯通,有效衔接司法——反腐败法治化规范化水平不断提升

"通过!"

2018年3月20日9时6分,北京,人民大会堂,十三届全国人大一次会议表决通过了《中华人民共和国监察法》,热烈的掌声响起。

作为反腐败国家立法,监察法的制定出台,使党的主张通过法定程序成为国家意志,对于构建集中统一、权威高效的中国特色国家监察体制,具有重大而深远的影响,体现了全面从严治党、全面深化改革、全面依法治国的有机统一。

确保纪委监委高效履职、与检察机关和审判机关衔接顺畅,重塑工作流程、厘清职责关系、建立协调机制首当其冲,建章立制至关重要。参与制定和修改8部国家法律、2部中央党内法规、3部党中央发布的党内规范性文件,发布中央纪委文件28部、国家监委文件5部……监察法出台后,在党中央坚强领导下,中央纪委国家监委积极研究思考纪检监察机关内部工作流程再造问题,建立统一决策、一体化运行的执纪执法权力运行机制,持续为纪法贯通铺设制度轨道,为各级纪检监察机关依规依纪依法履行职责提供重要制度保障。

中央纪委国家监委坚持"先立后破、不立不破",主动适应调查职务违法和职务犯罪新模式,把监委组建后迫切需要的制度、流程等先建立起来。仅2018年,就起草制定《党组讨论和决定党员处分事项工作程序规定(试行)》等30余项法规制度,完善信访举报、线索处置、案

件审理等方面制度规范。制定《国家监察委员会管辖规定（试行）》，明确监察对象范围和管辖职务犯罪罪名。配合全国人大常委会修改刑事诉讼法，实施《国家监察委员会与最高人民检察院办理职务犯罪案件工作衔接办法》等制度规定，确保了执纪审查与依法调查、监察机关与审判机关、检察机关、执法部门工作衔接既规范有序又高效顺畅。

2018年11月26日，中共中央政治局会议审议《中国共产党纪律检查机关监督执纪工作规则》，把原来中央纪委的工作规则上升为党中央制定的党内法规。规则在指导思想中明确"全面贯彻纪律检查委员会和监察委员会合署办公要求"，在领导体制中规定"把执纪和执法贯通起来，实现党内监督和国家监察的有机统一"。规则还具体在管辖范围、监督检查、线索处置、审查调查、审理、请示报告、措施使用等各个环节，建立统一决策、一体运行的执纪执法工作机制，扣紧纪委监督执纪和监委监察执法的链条，体现促进执纪执法贯通、有效衔接司法的要求，实现执纪与执法同向发力、精准发力。

四、永不停歇，纵深推进——使全面从严治党和国家监察向基层延伸

相对于"远在天边"张牙舞爪的"老虎"，近在眼前"嗡嗡乱飞"的"蝇贪"给群众的感受更真切，对群众的伤害更直接。基层公职人员滥用公权力，让公权力"越界"而为，直接损害群众的切身利益，群众看在眼、记于心，严重损害党的形象、威信和执政之基。

监察体制改革以来，各地积极推动监察工作向基层延伸，构建监察全覆盖监督网，着力打通监督监察"最后一公里"。

向乡镇派出监察机构，是全国一些地方推进监察体制改革向基层延伸的重要探索。

作为监察体制改革的首批试点地区，浙江探索在全省乡镇（街道）

设立监察办公室，监察办公室履行对基层所有行使公权力人员的纪检监察职能。截至2018年7月底，全省1389个乡镇（街道）已全部完成监察办公室设置和人员任职工作，任命监察办公室主任1360人，副主任1178人、监察员3986人。

北京市纪委监委指导全市16家区级监察委员会向街道派出监察组、向乡镇派出监察办公室，截至2018年10月，所有乡镇（街道）均实现监察机构、人员、职能"三到位"。宁夏回族自治区，四川德阳市、宜宾市等地也通过多种途径对乡镇（街道）派出监察机构进行探索。

针对群众自治组织中从事集体事务管理的人员占比大的实际情况，山西省纪委监委制定下发《关于推进乡镇监察工作的指导意见》，探索在全省乡镇设立监察员。按照意见，山西每个乡镇一般设2名监察员，1名由乡镇纪委书记兼任，1名由乡镇机关具有公务员身份的专职纪检干部担任。

截至2018年10月，除长治市城区、郊区因行政区划调整暂缓之外，山西其他116个县（市、区）的1406个乡镇（街道办）全部完成监察员配备并逐步推开监察工作。在山西朔州市平鲁区，2018年1—6月13个乡镇（街道办）共处置问题线索268件，谈话函询204件，党纪政务处分61人，组织处理201人。

除了山西，全国不少地方纷纷对乡镇派出监察员进行探索——

为更好发挥监察专员作用，海南省纪委监委还建设"监察对象管理信息系统"，为监察对象建立电子档案，收集监察对象的相关信息，确保随时可看、可查。此外，江西宜春市、河南郸城县等地也探索向乡镇（街道）派出监察员，使监察职能向基层延伸。

国家监察体制改革后，针对村（社区）监察对象较多、乡镇（街道）监督力量较少的现实状况，许多地方探索在村级设立监督员等方式，将日常监督延伸到群众"触手可及"的地方。

重庆在全市范围内探索建立村居监察监督员制度,将其作为乡镇派出监察室的延伸和触角。村居监察监督员由区县纪委监委派出监察室选聘,聘期3年,每个村居至少聘任1名监察监督员,监察监督员的主要职责是监督基层群众性自治组织中从事管理的人员行使公权力情况。

在广西南宁市,1559个基层廉洁工作站陆续建立,构建起覆盖所有村屯的监督员队伍,实现对村(社区)"两委"及帮扶干部履职、作风和廉洁自律等情况的全方位监督,被当地群众称为"家门口的纪委监委"。而山西在向乡镇派出监察员的同时,以监察员为桥梁,在村里选聘监督信息员或联络员,成为乡镇监察工作的"瞭望所"和"消息哨"。

扎实推进,步履铿锵。

随着改革的深入推进,一个集中统一、权威高效的国家监察体系呼之欲出,将实现党内监督与国家监督的有机统一,这一重大改革必将在中国政治体制改革进程中留下浓墨重彩的一笔。

第三章
以重拳反腐
为全面从严治党开局

> 一切都在履行一个承诺：不论什么人，不论其职务多高，只要触犯了党纪国法，都要受到严肃追究和严厉惩处。党的十八大以来，中央坚持有腐必反、有贪必肃，"老虎""苍蝇"一起打，对于触犯国家法律和党的纪律者，一查到底、绝不手软，构筑起惩防腐败的高压线与防火墙。

第一节

"打虎"无禁区

党的十八大以来,以习近平同志为核心的党中央全面加强党的领导和党的建设,全面从严治党成效卓著。党的十九大后,中国共产党从党政部门反腐到国企掀反腐风暴,"打虎"不断,继续推动全面从严治党向纵深发展。

一、"反腐没例外,往上不封顶"

党的十八大以来反腐工作的突破性进展正体现了以习近平同志为核心的党中央"有腐必反、有贪必肃"的坚决态度,"要做到惩治腐败力度决不减弱、零容忍态度决不改变,坚决打赢反腐败这场正义之战"。

2013年1月22日,习近平总书记在十八届中央纪委二次全会上的重要讲话中指出:"要坚持党纪国法面前没有例外,不管涉及到谁,都要一查到底,决不姑息。"2014年10月23日,习近平总书记在中共十八届四中全会第二次全体会议上指出:"发现一起查处一起,发现多少查处多少,不定指标、上不封顶,凡腐必反,除恶务尽。"

党的十八大以来,反腐败斗争的一大看点,就是"反腐无例外,往上不封顶"。

"法治之下,任何人都不能心存侥幸,都不能指望法外施恩,没有免罪的'丹书铁券',也没有'铁帽子王'。"习近平总书记2015年2月在省部级主要领导干部专题研讨班上讲的这句话，彰显了中共反腐的"打虎"决心，也成为在群众中流传甚广的名言。"无禁区、全覆盖、零容忍"的反腐态度更是广为人知。

"铁帽子王"是指世袭罔替的王爵，它源于清代的封爵制度。清皇族袭爵的方式分为两种，一种是因血缘封爵实行降等承袭为通例，即子孙承袭，每代要递降一个等级。另一种是酬功的原等承袭，作为皇帝"酬功"的赏赐，称为"铁帽子王"。2015年，"铁帽子王"却成为中国反腐斗争中的一个新热词。

2015年1月，《人民日报》发表评论员文章时，借用了"铁帽子王"一词：腐败没有"铁帽子王"，反腐败绝不封顶设限。

2015年2月初，中央纪委国家监委网站刊文《不得罪腐败分子 就要得罪13亿人民》，再次提到"铁帽子王"：在贪腐问题上，没有人能当"铁帽子王"。谁违反党纪国法，不论是什么人，不论担任过什么职务，都决不姑息。

"在反腐斗争中，发现一起查处一起，发现多少查处多少，绝不封顶设限，没有不受查处的'铁帽子王'。"全国政协十二届三次会议新闻发言人吕新华2015年3月2日在回答有关反腐风暴问题时的表态，再次为"铁帽子王"添了一把火。

似乎对此不解渴，在新闻发布会上，不少未获得提问机会的记者纷纷询问"铁帽子王"指的是谁。追问背后，反映出人民群众对"打虎""拍蝇"的极高期待。人们好奇谁是"铁帽子王"的心情可以理解，但其实大可不必刻意追问谁是"铁帽子王"。因为，"没有不受查处的'铁帽子王'"重点不是在暗示具体谁是"铁帽子王"，而更像是一种宣誓，将反腐倡廉推进到底的一种宣誓。严肃查处周永康、徐才厚、令计划、苏荣等严重违纪违法案件，是这种宣誓的注脚。

"发现多少、查处多少，绝不封顶设限"的铿锵之言，预示着暂避风头玩"潜伏"者没有出路，麻木不仁或铤而走险挑战纪律法规更没有出路，不管是谁，碰了"高压电"，貌似的"铁帽子"都会变成"纸帽子"。

反腐没有"铁帽子王"这一表述，是中央反腐决心的生动体现。

"做到零容忍的态度不变，猛药去疴的决心不减，刮骨疗毒的勇气不泄，严厉惩处的尺度不松"，"不定指标、上不封顶"……习近平总书记多次对反腐发表重要论述，释放了中国共产党坚持反腐斗争不放松的信号。

二、反腐败无禁区

党的十八大以来，中央以反"四风"为突破口，无禁区、全覆盖、零容忍打击各类腐败行为，有案必查、有腐必惩，凸显了中央一查到底、猛药去疴的决心和刮骨疗毒、壮士断腕的勇气，对贪腐分子形成强大震慑。

"刑可上大夫"、退休不能免责、严查"灯下黑"……本轮反腐不断突破传统意义上的禁区。除了"老虎""军队老虎"，"内部老虎"也成为反腐重点。中央纪委第四纪检监察室原主任魏健等多名纪检系统高官被查处，被网民点赞为"反腐不护短""正人先正己"。

从军队到地方，从高校到国企，从医院到学校，从科研院所到金融机构，本轮反腐覆盖各级干部、各类腐败行为，可以说是一场全方位的"无限战""超限战"。

同样，金融领域的反腐败工作，也从未像这轮反腐一样备受关注。

金融，是现代经济的血液。我国要保持经济社会平稳健康发展，推动金融行业高质量发展至关重要。随着改革开放不断深入，我国金融业发展取得巨大成就。截至2020年三季度末，我国金融机构总资产超347万亿元，是世界重要的金融大国。在我国金融业迈向高质量发展进程中，金融风险问题愈发凸显。

在金融行业，金钱与权力深度纠缠，利益和资源相对集中。金融监管部门的领导干部通常具有较大权力，监管众多金融企业，掌握相对密集的资源和资金，因而具有较高的腐败风险。

金融行业腐败案件具有专业化特点。许多腐败分子精通监管规则、熟悉市场操作，令腐败行为具有隐蔽性，实际上在一点一点地腐蚀着国家金融安全。

还需要警惕的是，金融行业腐败具有极强的蔓延性，它不局限于行业之内，会向其他领域传染、扩散，可能对实体经济发展造成冲击，也可能诱发社会问题。

金融腐败案件的巨大伤害，以及与其密切关联的防范化解金融风险、维护国家金融安全等问题，引起习近平总书记的特别关注。

习近平总书记在2019年1月11日召开的十九届中央纪委三次全会上强调："要加大金融领域反腐力度，对存在腐败问题的，发现一起坚决查处一起。"随后发布的全会公报，也在2019年的工作部署部分专门强调要"加大金融领域反腐力度"。

全会闭幕仅3天，中央纪委国家监委驻交通银行纪检监察组、上海市纪委监委发布消息，交通银行发展研究部总经理李杨勇涉嫌严重违纪违法，目前正接受纪律审查和监察调查。

其实，金融领域会成为反腐工作重点之一早在2014年3月就有预兆。2014年3月17日，中央纪委第二次内部机构调整情况公布，纪检监察室（办案室）的数量由10个增加至12个，其中的第四监察室负责主导金融系统反腐工作。

2014年5月，时任中央纪委书记王岐山同志先后4次主持会议，与部分中央国家机关和中央企业、国有金融机构负责同志座谈。王岐山强调，决不能只重业务不抓党风、只看发展指标不抓惩治腐败。有媒体指出，王岐山选择央企、金融机构等领域负责人座谈，其中深意值得玩味。

2015年2月11日，中央巡视工作动员部署会指出，中央决定完成对中管国有重要骨干企业和金融企业巡视全覆盖。当年10月，中央第三轮巡视启动，在31家被巡视单位中，有21家金融机构，包括五大国有银行在内的14家中管金融企业和"一行三会"等监管机构。

2016年1月，时任中央纪委副书记吴玉良在国新办新闻发布会上表示，"反腐败和金融是相关的，腐败问题必然导致金融一些暗箱操作，引起一些不正常的现象……金融领域反腐败只有深入进行……一定会深入开展下去"。

党的十九大以来，刮向金融圈子的反腐风暴仍在持续。2017年12月，中国建设银行山东分行原党委书记、行长薛峰落马；2018年4月，中国华融资产管理股份有限公司原党委书记、董事长赖小民被查。2018年10月15日，赖小民被"双开"，通报指其擅权妄为、腐化堕落、道德败坏、生活奢靡，甘于被"围猎"，政治问题与经济问题相互交织，群众反映特别强烈、腐败问题特别严重、性质特别恶劣。

党的十八大以来，截至2019年1月，金融领域至少已有赖小民、杨家才等9名中管干部落马，意味着金融领域作为"重点关注对象"已进入反腐深水区。

2020年是必将被铭记的一年，在防控疫情斗争、决胜全面建成小康社会、决战脱贫攻坚多个纵横交织的战场上，同样要打好防范化解金融风险之战。

这一年里，金融领域有80余人被查处，近20人是中央一级金融单位的领导干部，也有已经退休多年的干部。这些腐败分子突出集中在银行业，以及金融监管机构、非银行金融机构。

三、"主动投案潮"彰显治腐效能

2021年7月8日晚,中央纪委国家监委网站发布消息,北京师范大学党委原书记刘川生涉嫌严重违纪违法,主动投案,目前正在接受中央纪委国家监委纪律审查和监察调查。简历显示,刘川生当年已经超过70岁,卸任高校党委书记近5年,其主动投案,引发强烈关注。

刘川生并不是2021年第一个主动投案的中管干部,在此之前,青海省人民检察院检察长蒙永山于2021年6月被通报主动投案,接受审查调查。同时,有媒体记者梳理中央纪委国家监委网站审查调查通报发现,2021年已有40余名省管及以上干部投案自首,接受审查调查。

党的十九大以来,在惩治腐败的震慑下,在党的政策感召下,主动找党组织找纪检监察机关投案的有4.2万人。违纪违法干部选择主动投案,彰显着一体推进不敢腐、不能腐、不想腐形成叠加效应,反腐败治理效能不断提升。

首先,主动投案从"现象"变为"常态"。近年来,向纪检监察机关主动投案的问题官员人数呈现大幅增加态势,主动投案正从"现象"变为"常态"。十八届中央纪委六次、七次全会工作报告公开的数据显示,2015年主动向纪检监察机关交代违纪问题的党员干部5400余人,2016年则有5.7万名,一年间增长10倍;2019年1月召开的十九届中央纪委三次全会工作报告透露,党的十九大以来共有5000余名党员干部主动投案;十九届中央纪委四次全会工作报告显示,2019年全国共有10357人主动投案。

从工作领域来看,投案人员中既有党政机关领导干部,也有国企、高校等单位管理人员和村(社区)干部;从年龄来看,既有年轻干部,也有已经离岗、退休人员。

部分身处关键岗位的领导干部主动投案,产生了明显的多米诺骨牌效应。比如,艾文礼投案自首消息公布不到20天,河南省人大常委会党组副书记、副主任王铁也投案自首,还有邯郸市委原常委、统战部部长王社群,焦作市副市长魏超杰,吉林省通化市人大常委会党组成员、副主任刚振涛等多名省管干部投案。

从政治高度看待、从政治视角考量,纪检监察机关一体推进不敢腐、不能腐、不想腐,精准运用"四种形态",对主动投案者依照党纪法规有节有度地施行宽严相济的政策,让越来越多问题干部迷途知返,走到了主动投案这条正确道路上来。

在反腐败追逃追赃方面也是如此。2018年8月,国家监委等五部门联合发布《关于敦促职务犯罪案件境外在逃人员投案自首的公告》,一天之内便有外逃职务犯罪嫌疑人吴青和外逃24年的贪污犯罪嫌疑人倪小沪等回国自首。在该公告规定的投案自首期限内,有165名外逃人员主动投案。

其次,推进不敢腐不能腐不想腐成效持续彰显。 党的十九大后,全面从严治党不松劲、不停步、再出发,正风肃纪、高压严打的势头有增无减,制度"笼子"越扎越紧,追逃"天网"越织越密。特别是随着国家监察体制改革逐步深化,《中华人民共和国监察法》正式颁布实施,所有行使公权力的公职人员都被纳入了监察全覆盖的范围。强大震慑下,问题干部的心理防线受到巨大冲击。

"特别是十九大之后,落马的一个接一个,这也是一种震慑。当时就是吃不好、睡不好。我也把我自己的这些事儿捋了捋,我觉得跑不了,不能再有侥幸心理了。"在专题片《国家监察》中,艾文礼这样剖析自己主动投案的心路历程。

刚振涛也说道,在参加全省警示教育大会后,很受触动,产生了"五怕"心理:"一怕上班,怕路上被带走;二怕开会,怕在会场被带走；三怕办公室敲门，怕进来的是纪检监察干部；四怕电话铃响，怕通知'到纪委来一趟'；五怕回家，怕进小区门迎到纪检监察干部。"

不少问题干部表示，自己选择投案，首先还是因为"怕"。一个"怕"字，折射出反腐败高压态势对违纪违法者形成的强大震慑力。

党的十九大以来，正风肃纪、反腐惩恶持续保持高压态势，一系列动真碰硬的举措彰显了中国共产党把"严"的主基调长期坚持下去的坚定决心，让许多仍怀揣幻想的问题干部逐渐认清形势，回到相信组织、主动交代的正确道路上来。

除了高压态势的持续震慑、相关制度的不断完善，政策感召、思想教育也是推动问题干部思想转变的重要原因。一些问题干部坦言，脑海中曾多次闪现主动投案的念头，甚至在纪委门口徘徊过好几回，但就是缺少"临门一脚"的勇气。所以，各级纪检监察机关通过理想信念、思想道德和党纪国法教育，唤起问题干部的初心，通过政策感召和思想政治工作让他们卸下思想包袱，抓住组织"拉一把"的关怀和挽救机会，主动投案交代问题。

实践中，在呼吁问题干部"主动来、如实说、彻底退"，求真务实、不折不扣地兑现政策，也要让问题干部主动投案后感受到"一诺千金"的政策温暖。

这一点在河北省政协原副主席艾文礼身上得到了印证。作为国家监委成立后首个投案自首的中管干部，艾文礼于案发前携带赃款赃物主动到中央纪委国家监委投案，并如实供述自己的罪行。中央纪委国家监委提出对其减轻处罚的建议，检察机关的量刑建议中，亦提出减轻处罚的意见。2019年4月18日，法院审理认为，艾文礼构成自首，具有法定、酌定从轻、减轻处罚情节，依法可对其减轻处罚，判处八年有期徒刑。

越来越多违纪违法党员干部选择主动投案，充分说明一体推进不敢腐、不能腐、不想腐成效的持续彰显。随着党的纪律检查体制和国家监察体制改革不断深化,制度优势正转化为治理效能,不敢腐的震慑效应不断强化,不能腐的笼子越扎越牢,不想腐的自觉日益增强,标本兼治综合效应更加凸显。

第三,纪检监察机关精准甄别主动投案。"自己人生中最痛的有'三大悔',第一悔就是主动投案不彻底……"这是陕西省西安市原副市长强小安忏悔录中的内容。

在审查调查中,纪检监察机关坚持惩前毖后、治病救人,真正把思想政治工作贯穿始终,因案制宜、因人施策、用心用情,让审查调查对象相信组织、真心悔过,使审查调查的过程成为改造人的过程。在精准执纪执法面前,强小安的幻想破灭了。

经查,强小安严重违反党的政治纪律、中央八项规定精神、组织纪律、廉洁纪律,涉嫌受贿犯罪,违纪违法金额共计9116.82万元,其中涉嫌受贿犯罪所得为7465.82万元。2021年1月8日,强小安被"双开",其涉嫌犯罪问题移送检察机关审查起诉。

惩前毖后、治病救人,是中国共产党的一贯方针。十九届中央纪委四次全会提出,对主动投案者依规依纪依法从宽处理。

主动投案认真交代问题,于纪于法、于理于情都是组织欢迎的积极行动。党纪处分条例第十七条规定,主动交代本人应当受到党纪处分的问题的,可以从轻或者减轻处分。监督执纪工作规则第三条写明,把握政策、宽严相济,对主动投案、主动交代问题的宽大处理。监察法第三十一条规定,涉嫌职务犯罪的被调查人自动投案,真诚悔罪悔过的,监察机关可以按规定程序提出从宽处罚的建议。

2019年7月,中央纪委办公厅印发《纪检监察机关处理主动投案问题的规定(试行)》,进一步规范了纪检监察机关在监督检查、审查调查中对主动投案的认定和处理。

从以往情况来看，不乏打着"如意算盘"的主动投案者，有的故作姿态、转移视线，徒有投案之名，却无交代之实；有的避重就轻、以小博大，企图交代一部分轻微问题蒙混过关。

针对主动投案在实际中容易出现的问题，各级纪检监察机关应对方案日趋成熟，不但"擦亮眼睛""洗净耳朵"，对主动投案者听其言是否发自肺腑，查其交代问题是否完全彻底，准确把握主动投案的内涵与要件，综合考虑投案时机、供述内容、供述稳定性等因素，分析判断其真实目的，严防跑冒滴漏。在决定具体处分时，还坚持原则性与灵活性相统一，既体现组织对主动投案行为的认可，彰显"惩前毖后、治病救人"精神，又坚持实事求是，以事实为依据、以纪法为准绳，确保"法网恢恢，疏而不漏"。

主动投案案件的处理涉及纪法衔接、法法衔接，社会关注度高。各级纪检监察机关在提出从宽处罚建议时，确保决策程序公开公正，避免随意性和暗箱操作。同时，加强对主动投案案件处理情况的监督检查和指导督导，既防止该转化不转化、该从轻不从轻，又防止从宽处罚无边、从轻处理无度。

此外，还及时向社会公布处理结果，既让问题干部看到希望，主动向组织靠拢、交代问题，又讲清处理依据，正面引导舆论，消除社会公众对从宽处理的误解，实现良好的政治效果、纪法效果和社会效果。

第二节
"拍蝇"赢民心

"老虎""苍蝇"一起打!

2013年1月22日,在十八届中央纪委二次全会上,习近平总书记这句通俗易懂的话铿锵有力,亮明了中国共产党惩治腐败的鲜明态度和行动策略:既坚决查处领导干部违纪违法案件,又切实解决发生在群众身边的不正之风和腐败问题。

始终坚持人民立场这一根本政治立场,始终把人民的根本利益放在第一位。党的十八大以来,以习近平同志为核心的党中央高度重视解决群众反映强烈的"苍蝇扑面"问题,着力推动全面从严治党向基层延伸。

多年来,各省区市认真贯彻落实党中央决策部署,按照中央纪委全会部署的任务严查"微腐败",持续打响"蝇贪歼灭战",坚决清除损害党同人民血肉联系的"拦路虎",在不断增强群众获得感中厚植党执政的政治基础。

一、基层"蝇贪"危害更甚

相对于"远在天边"的"老虎",群众对"近在眼前"嗡嗡乱飞的"蝇贪"感受更为真切。

基层的一些腐败问题究竟是如何出现的?

从以往"拍蝇"的经验中不难发现,村民自治是一个易滋生腐败的环节。在个别地方，黑恶势力和家族势力相互勾结，操控村主任等村干部的选举是比较严重的现象。在村民自治过程中，尤其是在村主任选举过程中，有些表面公平的选举最后演变成一种形式，结果被黑恶势力操控。选出来的村主任，不是站在最广大人民利益的角度，而是代表了少数人的利益，为这些少数人谋私利。

个别基层干部存在对公共财产贪腐、挪用、私分等行为，出现这些问题的原因在于，一些地方在基层治理工作中对群众的关怀不到位，导致村一级甚至乡镇一级的权力与黑恶势力勾结、权力与金钱勾结。这不仅会滋生腐败，更会使有些村官黑恶化。

归根结底，基层腐败的出现包括两方面主要原因：

一方面是基层治理能力仍然存在一些不足之处，有些地方的基层治理能力还没有达到与现代社会发展相适应的水平。也就是说，基层治理模式在实践过程中还存在一些漏洞，没有建立起一个有效的运行机制，从而给基层腐败留出了活动空间。

另一方面是对基层干部权力的制约程度还不够，没有形成一种强有力的约束，并且达到震慑腐败的水平。在这种环境下，思想道德水平不够的基层干部与当地的一些黑恶势力一拍即合，勾结到一起，形成利益同盟。权力制约一般是自上而下进行的，但有时到了基层"最后一公里"，到了老百姓家门口的时候，容易放松出现漏洞。

虽然基层腐败的直接危害不是很严重，但无论从政治上还是从经济上看，其真实危害极大。

——基层"蝇贪"侵害的是老百姓最直接的切身利益，最让老百姓反感。发生在群众身边的不正之风和腐败问题，虽然腐败程度较小，但这些发生在群众身边的贪腐行为会直接损坏群众的切实利益，影响恶劣。

——基层"蝇贪"如果得不到有效治理，就会"纵蝇成虎"，酿成更大的腐败。在长期的"小贪"中，不少贪官慢慢就不满足"索要几只鸡"这样的点滴腐败了，乃至"苍蝇"有了"老虎"的胃口，从而出现了"小官大贪"的现象。

——基层腐败会造成"苍蝇扑面"，严重恶化政治生态和社会生态。以全面从严治党来营造政治上的"绿水青山"，就必须旗帜鲜明地全面治理基层腐败，要坚决铲除"苍蝇"栖息的场所，对基层"蝇贪"不能有一丝一毫的纵容。

——基层反腐是治理腐败的"最后一公里"。治理基层腐败是整个国家治理现代化的重要内容。基层腐败的治理是反腐败漫漫征程中的最后"一公里"，也是最关键的"一公里"，是决定反腐败能否赢得民心的"一公里"，也是决定反腐能否最终取得胜利的"一公里"。

——基层腐败会恶化党群、干群矛盾，动摇党的执政根基，影响党和国家的长治久安。社会的长治久安，就必须从根本上治理腐败，必须旗帜鲜明地对基层形形色色的腐败进行坚决反对、抵制和打击，对各种基层腐败行为进行"长抓""抓常"式的常态化治理。

鉴于基层腐败的危害性、顽固性，反腐败决不能"抓大放小"，在打"老虎"的同时，也要拍"苍蝇"。始终坚持"老虎""苍蝇"一起打，不仅是人民群众的期盼，也是反腐正能量的有力彰显。

二、"拍蝇"鼓点越敲越密

堤溃蚁穴，气泄针芒。整治群众身边腐败问题，事关党的执政基础。民心是最大的政治。一个政党、一个政权，其前途命运归根到底取决于人心向背。

无数教训表明，"微腐败"也会成为"大祸害"。它损害老百姓切身利益，啃食的是群众获得感，挥霍的是基层群众对党的信任，严重侵蚀党执政的政治基础。

"我不满意，甚至愤怒的是，一些扶贫款项被各级截留，移作他用""社保基金、扶贫资金、惠民资金等关系千家万户切身利益,历来贪污挪用这种钱要罪加一等,也有人敢下手"……习近平总书记在多个场合都对当前基层党风廉政建设的严峻形势进行深刻分析,并对着力解决群众身边的不正之风和腐败问题提出明确要求。

中央纪委以制定和贯彻问责条例为重要契机,推动各地加大问责力度,并建立月通报制度,对各地查处的侵害群众利益问题点名道姓通报曝光,持续释放强烈信号,形成强大声势,发挥了警示震慑和教育引导作用。

参照中央纪委做法,河北、辽宁、山东、山西、河南、甘肃、宁夏、四川、安徽等省区,选择反映问题较多的122个县作为重点督办县,要求重点落实县委主体责任,针对发现的问题开展专项整治,初步起到"将压力传导到县乡、把责任压实到基层"的效果。

在2016年初召开的中央纪委六次全会上,习近平总书记发出"推动全面从严治党向基层延伸"的号令,要求认真纠正和严肃查处基层贪腐以及执法不公等问题,维护群众切身利益,让群众更多感受到反腐倡廉的实际成果。"坚决整治和查处侵害群众利益的不正之风和腐败问题,切实加强基层党风廉政建设",成为王岐山在全会工作报告中部署的七项主要任务之一。

凡是群众反映强烈的问题都要严肃认真对待,凡是损害群众利益的行为都要坚决纠正。"严肃查处基层干部优亲厚友、雁过拔毛、强占掠夺等行为""对胆敢向扶贫资金财物'动奶酪'的严惩不贷"……2017年,中央纪委对扶贫领域的腐败问题"狠话"多、手腕硬。

中央纪委办公厅随后又印发通知,决定从2018年到2020年持续开展扶贫领域腐败和作风问题专项治理,为确保到2020年现行标准下农村贫困人口实现脱贫提供坚强有力的纪律保障。坚决整治基层腐败、严厉查处侵害群众利益问题,"拍蝇"行动为基层带来风清气正。

"锄一害而众苗成，刑一恶而万民悦。"2018年1月，中共中央、国务院发出《关于开展扫黑除恶专项斗争的通知》。2018年以来，各级纪检监察机关把惩治"蝇贪"同扫黑除恶结合起来，坚决查处涉黑涉恶腐败，坚决惩治放纵、包庇黑恶势力甚至充当"保护伞"的党员干部。

党的十九大作出"加大整治群众身边腐败问题力度"的重大部署。习近平总书记在2019年1月召开的十九届中央纪委三次全会上强调："向群众身边不正之风和腐败问题亮剑，维护群众切身利益。"三次全会工作报告贯彻党的十九大精神和习近平总书记重要讲话精神，将"持续整治群众身边腐败和作风问题，让人民群众有更多更直接更实在的获得感、幸福感、安全感"作为2019年一项重要任务。这些要求既彰显了中国共产党以零容忍态度惩治腐败的鲜明态度和坚定决心，更是对亿万人民群众作出的神圣庄严承诺。

三、集中火力打好"蝇贪"歼灭战

从"老虎苍蝇一起打"的总体布局，到"推动全面从严治党向基层延伸"的具体部署，剑指基层"苍蝇"的反腐鼓点越敲越密。有媒体评论指出，"打虎"行动看魄力，"拍蝇"行动看诚意，只有将涉及人民群众切身权益的"最后一公里"打通，党的各项好政策才能真正落到实处。

贵州整合县乡纪委力量组建了1400多个民生监督组，覆盖所有乡镇、街道；广西开展为期10个月的查处群众身边的不正之风和腐败问题专项工作……落实中央要求和中央纪委全会工作部署，各地纷纷把严查"微腐败"摆上重要议事日程，不断加大工作力度，以专项整治等形式集中火力"围剿蝇贪"。

——问题线索是"拍蝇"的"源头活水"。各地从源头入手，变

"等米下锅"为"主动出击",通过清仓起底、借助"互联网+"等方式多渠道收集问题线索。

——突出重点领域、盯住重点对象,各地普遍加大惩治力度。2016年以来,山东淄博市纪委紧盯村官腐败、小官大贪"两类人",严查"四风"问题不收手、涉农惠民资金乱伸手、审批执法乱插手、便民利民不出手"四类事",对基层党员干部形成有力震慑。

——市县巡察和大数据也成为发现"微腐败"问题的利器。截至2016年底,河南巡察基层党组织9721个,移交问题线索近3万条。甘肃平凉市实现对全市行政村巡察全覆盖,发现基层党员干部违规违纪问题线索761条。

为确保"蝇贪歼灭战"取得实效,各地积极探索有效方式方法,创新体制机制。山西持续深化以县乡纪委为主体、市纪委一线督办、省纪委统筹督导的工作机制,形成了省市县乡四级纪委建账、对账、查账、销账、交账"五账工作法",着力解决群众反映强烈的问题;陕西省纪委每季度统计汇总各市县乡纪委查处侵害群众利益不正之风和腐败问题工作情况,拿数据评价工作绩效,用监督传导工作压力。

常态化的曝光、问责,成为"拍蝇"的标配。"500块钱退掉了,人也背了个处分。本来就够丢脸的,咋在网上又丢了脸呢?"因利用职务便利骗取冬令救灾款500元,安徽砀山县花园村党总支委员庞明喜被通报曝光。江苏沛县查处首羡镇4名党员干部私分扶贫款、虚报套取债务化解资金问题后,该镇14名领导干部受到党纪政纪处分或组织处理。

山西省河曲县鹿固乡辉塔村党支部原书记刘俊雄、村委会原主任刘憨雄骗取"以奖代补"项目资金、危房改造补助资金,受到开除党籍处分;安徽省当涂县姑孰镇连千村村委会原委员吴小明侵占养老保险金,被责令辞去村委会委员职务,涉嫌犯罪问题移送司法机关依法处理……

2016年8月1日，中央纪委对2016年第一批重点督办的9起扶贫领域腐败问题典型案例进行了公开曝光。

这不是中央纪委第一次采用"督办+曝光"的方式高调"拍蝇"。2015年，中央纪委第六至第十二纪检监察室集中督办89件覆盖31个省区市的"村官腐败"问题线索，7月和12月，共分两次曝光20起群众身边的不正之风和腐败问题典型案例，释放出"一抓到底"的强烈信号。

2018年5月30日，中央纪委国家监委网站通报了此前不久各级纪检监察机关查处的13起群众身边的腐败和作风问题。

通报的案件来自全国13个省、直辖市、自治区，通报的13起问题中，涉及违纪违法人员23人，既有乡镇站所党员干部，也有村级党员干部。从违纪违法行为发生的时间看，13起案例的违纪违法行为均发生在党的十八大后，9起发生在2016年以后或违纪违法行为持续到2016年以后，占比超过69%。

在大力整治侵害群众利益问题同时，各地还认真查找制度建设、监督管理上的"短板"，在推动基层治理、净化政治生态中深化标本兼治。2016年，内蒙古乌兰察布市各级各部门建章立制430个，完善了一批维护群众利益的规章制度。河南淮阳县列出村干部权力清单，努力做到"清单之外无权力、程序履行无任性、监督之内无盲区、追究问责无特例"。

四、推动"拍蝇"行动向纵深发展

逆水行舟，一篙松劲退千寻。全面从严治党永远在路上，整治群众身边腐败和作风问题也永远在路上。各级纪检监察机关强化监督执纪问责和监督调查处置，确保党中央重大决策部署和政策措施贯彻落实，让老百姓切实感受到全面从严治党就在身边、纪检监察就在身边、正风反腐就在身边。

一是坚持问题导向,在"靶向治疗"中整治突出问题。没有重点就没有政策,政策和策略必须有的放矢。聚焦民生领域,严惩"微腐败",破除"中梗阻",大力整治影响惠民政策落地的不正之风和腐败问题,继续打通全面从严治党"最后一公里",不断增进人民群众的福祉。

二是在坚持中深化发展,以点带面实现整体推进。以重点突破带动全局蝶变,是十八大以来党中央始终坚持和突出强调的辩证唯物主义方法论,也是整治群众身边腐败问题的重要原则。

必须坚持全面发力,让监督执纪问责、监督调查处置的每一个环节都发挥作用,助推整治工作整体推进。既要抓住惩治这一手不放,也要利用全面深化国家监察体制改革契机,把监督挺在前面,盯紧各类"微腐败",管住所有公权力,对损害群众利益问题寸步不让、一查到底。

同时,既要盯紧普遍存在的共性问题,又要从信访举报、监督检查、巡视巡察、调研督导中发现个性问题,因地制宜、精准施治。既要立足当前,把存在的突出问题整治到位、解决彻底,又要着眼长远,把握政治生态,在"突破—巩固—再突破—再巩固"中向纵深发展,推动整治群众身边腐败问题不断取得新成效。要用好问责利器,对主体责任、监督责任和职能部门监管职责落实不到位,造成严重后果的,严肃问责,决不手软。

三是要彻底铲除基层腐败,需要全面推进基层民主法治建设。就基层民主而言,必须彻底清除基层民主选举中的暗箱操作现象,破除家族势力、黑恶势力的根基。基层干部应当选取能真正代表广大人民利益的人,而不只是为少数人服务、为圈子服务、为小集团服务。从法治层面来说,村务公开、选举透明、财政公开等都应该严格依照相关法律法规行事。除此之外,还应该在基层大力推进法治宣传,加大法治宣传教育的力度。同时,还要加强法律监督和依法惩处的力度。

从以往情况来看,在基层尤其是农村基层治理中,黑恶势力的影响不容忽视,由此引发了一系列发生在群众身边的腐败问题。因此,还需要围绕扫黑除恶,整治党员干部参与、组织以及纵容包庇黑恶势力、充当"保护伞"问题,切实增强人民群众的安全感。

2018年2月,中央纪委印发《关于在扫黑除恶专项斗争中强化监督执纪问责的意见》,找准扫黑除恶与反腐"拍蝇"结合点,聚焦涉黑涉恶问题突出、群众反映强烈的重点地区、行业和领域,把握政策界限、严格执纪执法,严肃查处一批利用宗族或黑恶势力欺压群众、为涉黑涉恶活动充当"保护伞"的党员干部。

民心呼廉,百姓恨贪。只要以实际行动全面贯彻落实中央决策部署,推动全面从严治党覆盖每一个"神经末梢",让人民群众享有更多的获得感、幸福感、安全感,中国共产党就一定能够赢得人民群众的衷心拥护,为民族复兴历史伟业提供源源不断的动力。

第三节

"猎狐"追穷寇

归案！

法网恢恢，虽远必追……

党的十八大以来，以习近平同志为核心的党中央在国内重拳反腐的同时，大力推进反腐败国际追逃追赃工作，深化国家监察体制改革，积极开展反腐败国际合作，大批外逃分子被缉拿归案，反腐败国际追逃追赃的"天网"正越织越密。

一、追逃追赃成绩凸显多个"第一"

"国际追逃工作要好好抓一抓，各有关部门要加大交涉力度，不能让外国成为一些腐败分子的'避罪天堂'，腐败分子即使逃到天涯海角，也要把他们追回来绳之以法，五年、十年、二十年都要追，要切断腐败分子的后路。"

2014年1月，习近平总书记在十八届中央纪委三次全会上的铿锵话语，为新时代反腐败国际追逃追赃工作指明了方向。

从国内到国际，无论是主场外交还是国事访问，不管是双边会晤还是多边场合，习近平总书记主动设置议题，积极推动构建反腐败国际合作新秩序，为追逃追赃工作的顺利推进提供了最坚强的支持，以国家元首外交为反腐败国际合作注入强大推动力。

2014年6月27日,中央反腐败协调小组设立国际追逃追赃工作办公室,包含中央纪委、最高人民法院、最高人民检察院、外交部、公安部、国家安全部、司法部、人民银行等8家成员单位。中央纪委国际合作局作为办事机构,承担具体工作。此后,31个省(区、市)也陆续成立了省一级的追逃办。

在中央反腐败协调小组领导下,中央追逃办一手抓重点个案、一手抓政策协调,把握"树木"和"森林",形成全国联动、内外协作、上下贯通的追逃追赃工作体系。一个又一个"第一",见证着国家监察体制改革形成的制度优势不断转化为追逃追赃治理效能的铿锵步伐。

第一次在国际舞台上唱响反腐败"中国主张"。2014年11月8日,北京APEC峰会通过《北京反腐败宣言》,倡导加强反腐败国际追逃追赃合作。作为第一个由中国主导起草的国际性反腐败宣言,《北京反腐败宣言》首次在国际舞台上唱响"中国主张",标定了中国积极加强国际追逃追赃务实合作、大力推动构建国际反腐新秩序的新起点。2016年9月,G20杭州峰会制定《二十国集团反腐败追逃追赃高级原则》,开创性提出"零容忍""零漏洞""零障碍"三原则;2017年5月,习近平总书记在第一届"一带一路"国际合作高峰论坛上强调,让"一带一路"成为廉洁之路;2017年9月,金砖国家领导人会晤就加强反腐败合作达成重要共识并写入《金砖国家领导人厦门宣言》;2017年11月,第20次中国—东盟领导人会议发表《中国—东盟全面加强反腐败有效合作联合声明》;2018年9月,中非合作论坛北京峰会发表《关于构建更加紧密的中非命运共同体的北京宣言》《中非合作论坛—北京行动计划(2019—2021年)》……"中国主张"成为越来越多国家和国际组织的共识,反腐败合作"朋友圈"越来越大,追逃追赃全球"天网"编织得越来越密,为对外开展司法执法合作搭建了平台、畅通了渠道。

第一次开通反腐败国际追逃追赃专栏,接受海内外线索举报。2014

年12月9日,中央反腐败协调小组国际追逃追赃工作办公室在中央纪委国家监委网站开设反腐败国际追逃追赃专栏,广泛接受海内外人士对逃往国(境)外的党员和国家工作人员,及其涉嫌向国(境)外转移违法违纪资产等线索的如实举报。

专栏开通以来,很多海内外人士积极投身于反腐败国际追逃追赃大军,提供了不少有关外逃人员和赃款的重要信息。

第一次开启"天网"行动,向外逃腐败分子布下天罗地网。2015年3月,中央追逃办针对外逃腐败分子部署开展"天网"行动,决定综合运用警务、检务、外交、金融等手段,集中时间、集中力量"抓捕一批腐败分子,清理一批违规证照,打击一批地下钱庄,追缴一批涉案资产,劝返一批外逃人员"。

此后,每年部署开展"天网"行动渐成追逃追赃的"规定动作",但透过现象看本质,延续之间有变化、有发展。"天网2017"在延续"天网2015""天网2016"成熟做法的基础上,增加了新的专项行动——适用犯罪嫌疑人、被告人逃匿案件违法所得没收程序追赃专项行动,靶向非常明确,就是要集中时间和力量追缴一批腐败涉案资产。

"天网2018"适应监察体制改革新变化,将职务犯罪国际追逃追赃专项行动的牵头单位由最高检变更为国家监委,同时更加注重追赃工作。

第一起在发达国家实现异地追诉、异地服刑后强制遣返的成功案例。2018年7月11日,在中央反腐败协调小组国际追逃追赃工作办公室的统筹协调下,在中美两国执法等部门通力合作下,外逃美国17年之久的职务犯罪嫌疑人许超凡归案。这是国家监委成立后第一个从境外遣返的职务犯罪嫌疑人,也是第一起在发达国家实现异地追诉、异地服刑后强制遣返的成功案例。不仅如此,许超凡案还开创了中美执法司法合作的多个"第一",包括第一次依据中美刑事司法协助协定开展合作、第一次组织中方证人通过远程视频向美国法院作证等。一个又一个"第一",不仅是追逃追赃个案的胜利,更意味着我们运用法治思维和法治方式开展追逃追赃的能力和水平正逐步提升,将助力追逃追赃打开新局面。

第一次发布敦促自首公告,向外逃人员"喊话。"2018年8月23日,国家监委、最高法、最高检、公安部、外交部等五部门联合发布《关于敦促职务犯罪案件境外在逃人员投案自首的公告》,这是国家监委成立以来,五部门首次联合发布"敦促自首公告",向外逃人员发出最后通牒,限期在2018年12月31日前投案自首。这既彰显了党中央"有逃必追、一追到底"的坚定态度和决心,又体现了我国追逃追赃工作始终坚持宽严相济的政策。公告发布当日,即有两封捷报从追逃追赃一线传来——外逃职务犯罪嫌疑人吴青和贪污犯罪嫌疑人倪小沪相继主动回国投案。随后,外逃职务犯罪嫌疑人主动回国投案自首的消息不断见诸各类媒体。

国家监委成立后成功引渡第一案,第一次从欧盟成员国成功引渡涉嫌职务犯罪的国家工作人员。2018年11月30日,在中央反腐败协调小组国际追逃追赃工作办公室统筹协调下,中保两国执法部门密切合作,外逃保加利亚的职务犯罪嫌疑人姚锦旗被引渡回国。这是2018年3月国家监委成立后成功引渡第一案,也是我国首次从欧盟成员国成功引渡涉嫌职务犯罪的国家工作人员。

从2018年10月17日保加利亚警方根据红色通缉令抓获姚锦旗,到11月30日实现成功引渡,44天速战速决。这是国家监察体制改革的制度优势加速转化为治理效能的生动实践,也是近年来反腐败国际合作不懈努力转化为追逃追赃战果的又一体现。与劝返相比,引渡在追逃追赃工作中的成功运用将释放出更强劲的震慑作用,这让外逃腐败分子意识到,即使你是合法居留者,也会被引渡到请求国接受法律制裁。截至2019年1月,中国已缔结了54项引渡条约,继续用足用好引渡利器,必将斩获更多追逃追赃丰硕成果。

……

一张追逃追赃的恢恢法网在全球撒下,一份份亮眼的成绩单,展现出新时代追逃追赃工作理念和实践创新所取得的新成果新进展——

据统计,2014年至2020年6月,全国共从120多个国家和地区追回外逃人员7831人,其中党员和国家工作人员2075人、"红通人员"348人、"百名红通人员"60人,追回赃款196.54亿元。

二、织牢织密追逃追赃"天网"

从启动"天网"行动,集中公开曝光涉嫌贪腐外逃的"百名红通人员"名单,引渡、遣返、异地追诉、劝返多管齐下……各级监察机关利剑出鞘,不胜不休。洞察中央追逃办成立以来的工作,几条线路清晰可见——

一是上下左右联动,发挥制度优势。中央层面建立中央追逃办,集中纪检、审判、检务、外交、警务、司法、安全、金融等"优势兵力",提高追逃效率;地方层面,全国31个省区市和新疆建设兵团都成立省级追逃办,挂牌督办"百名红通人员"案件。从中央到地方,从国内到国际,一个纵横交错、协调联动的全球一盘棋工作格局形成,追逃追赃取得政治、外交、反腐和社会综合效应,提高了党的威望,彰显了党的领导的制度优势。

二是"打虎拍蝇猎狐",国内国际形成强大声势。党的十八大以来,以习近平同志为核心的党中央坚持有腐必反、有贪必肃,对内"打虎""拍蝇",对外"天网""猎狐",使反腐败工作形成一个完整的闭合链条,营造了"天罗地网、无路可逃"的环境和氛围。反腐败工作成效让我们赢得了国际社会的尊重,占据道义制高点,增强国际话语权和规则制定权,《北京反腐败宣言》《二十国集团反腐败追逃追赃高级原则》……主动提出一系列反腐败国际合作倡议,在国际舞台上讲述中国方案,引领构建国际反腐新秩序。

三是战略上讲定力,战术上讲实力。"5年、10年、20年都要追,尚有一人在逃,追逃决不停止。"追逃追赃,战略上讲的是"有逃必追、一追到底"的定力,打的是持久战,战术上讲的是实力,打的是攻坚战。突出重点,启动"天网"行动,公布"百名红通人员"名单,发布公告曝光22名外逃人员藏匿线索,公布已归案"百名红通人员"后续处理情况;手段丰富,国内堵、国外追,综合运用引渡、遣返、劝返、异地追诉等多种追逃手段,紧盯个案、重点突破,带动机制化建设……一场场硬仗、一块块硬骨头,追逃追赃工作不断积累成熟经验,总结战术打法,积小胜为大胜。

中央追逃办在成立以来,带领各省区市追逃办不断探索新打法、总结新经验,形成了一套丰富成熟的战术。

一系列实打实的举措,彰显出党中央"有逃必追、一追到底"的鲜明态度和坚定决心,也见证着反腐败国际追逃追赃工作的坚实步履,反映出追逃追赃领域治理效能的不断提升。

三、追逃追赃究竟难在哪里

大量腐败犯罪的案例表明,逃匿境外,并不一定是贪官为逃避打击而选择的退路或者下策,而常常是贪官腐败进程的环节之一。

境外追逃是在经济全球化,犯罪嫌疑人大量携款外逃的背景下,为了将犯罪嫌疑人缉拿归案所采取的追诉措施。任何犯罪,只要犯罪嫌疑人逃往境外,都可能涉及到境外追逃问题。一个是追人,即将犯罪嫌疑人带回国内依法进行审判;一个是追赃,即跨国追缴犯罪嫌疑人的违法犯罪所得。

经过梳理不难发现,境外追逃工作是一项非常艰巨、非常困难的工作。主要体现在以下四方面：

一是容易以政治避难为由来抗拒追逃。由于不少犯罪嫌疑人自身具有国家工作人员身份，并且所涉嫌的犯罪与腐败、职务相关，所以腐败犯罪嫌疑人在西方发达国家抗拒遣返、引渡中，更倾向于利用自己原有的公职身份在逃匿地寻求特殊保护，把自己打扮成曾经受到或者可能受到"政治迫害"的公共人物或者"改革者"。他们甚至散布谣言，试图将国内反腐败工作以及中国政府提出的追逃请求政治化，混淆视听，把水搅浑，博取庇护或同情。

二是出逃前获取能够长期滞留境外的旅行证件。腐败犯罪嫌疑人在出逃前多利用职权或者非法手段办理了旅行证件，启动移民手续，甚至已经取得了移民身份，从而可以"合法"长久滞留境外。

由于腐败案件外逃人员往往在逃匿地已获得移民身份，他们在当地的居留受到当地法律的保护，甚至可以大摇大摆、冠冕堂皇地从事经贸活动和各种社会活动，在当地站稳脚跟。这种情况下，不可能像对待非法移民那样对这些手持"绿卡"者实行非法移民遣返，当地执法机关反而会注重对这些人的权利保护。

对于那些潜逃境外时间较长并且在逃匿所在地已经获得合法居留资格的贪官，限期自首的敦促很难及时发挥效用，他们有着较强的侥幸心理和"不见棺材不掉泪"的顽固态度，从政的经历和工于心计的谋算使其不会轻易接受劝返。这进一步加大了境外追逃的难度。

三是多拥有丰厚资金，并请律师提供法律服务。腐败犯罪嫌疑人由于出逃之前进行了较为充分的准备，向外逃目的地转移大量非法资产并积累违法所得，使腐败案件外逃人员获得充足的经济来源。凭借这种经济实力，他们可以到处购置隐秘房产，随时变换藏匿地；即使陷入引渡、遣返或其他对其不利的法律程序，也可财大气粗地聘请当地最有名的律师为自己辩护，穷尽逃匿地国家的所有法律程序和救济手段，以对抗引渡和遣返，或者拖延相关程序。

四是犯罪嫌疑人多逃往西方发达国家。 腐败犯罪嫌疑人出逃地点往往选择美国、加拿大、澳大利亚、新西兰、新加坡、欧盟等西方发达国家或地区。这些国家经济条件优越，法治较为发达，一般有着比较完备的法制和人权保障机制，在引渡和遣返问题上实行司法与行政的双重审查制度，为包括被请求引渡人、非法移民在内的外国人提供繁多的法律救济手段。

经济犯罪嫌疑人和腐败官员外逃的主要危害之一，就是其侵占了大量国有资产，给国家和社会带来了巨大损失。反腐败追逃追赃，既要把人追回来，也要把赃款追回来。然而，相比于追逃，追赃难度更大。

一是我国与其他国家在追缴赃款方面缺乏有效的合作。 就合作立场而言，非法资产的利益拥有权带来了争议：由于非法资产金额巨大，不管是对于请求国还是被请求国在经济发展、社会稳定等方面都有很大影响。

利益的对立性是一个阻碍双方合作的主要因素，在赃款法律认定以及追回的赃款分享协约上存在着巨大分歧。请求国在与我国进行追赃合作时，要求我国出示相应的证据材料，证明所针对的非法资产属于我国并同时资产的非法性在请求国也被认可。我国认为资产分享违背了《联合国反腐败公约》精神，追回赃款不应分享。但对于被请求国而言，他们在依据本国法律程序开展追赃工作所付出的费用应有所回报，因此我国与追赃被请求国分享赃款的法律依据、分享比例协商不定，这严重影响追赃工作的进行。

二是资产追回周期长。 追查被转移境外的非法资产，特别是涉及大规模贪污腐败所产生的资产时，一般需要进行长期、复杂、困难的调查、追踪、冻结、没收或者其他程序，非法所得资产追回工作的开展需要耗费大量的时间和金钱。

三是追赃经验不足。 外逃犯罪嫌疑人一般拥有大量资源，而且还能运用金钱手段支付费用，雇用专业人士为其通过洗钱、现金走私等方式把赃款转移到国外。进一步模糊了赃款的最终流向，对于追赃部门而言，难度可想而知。

近年来，我国追赃力度持续加大，运用政府合作、违法所得没收程序等手段，对境外赃款进行查找、冻结、没收和返还，努力实现境内赃款"藏不住、转不出"，境外赃款"找得到、追得回"。

四、追逃不止步，防逃再加力

党中央对反腐败斗争形势依然严峻复杂的判断没有变，深入推进反腐败国际合作和追逃追赃工作的任务就不能变。要坚持追逃防逃两手抓，加强统筹协调，完善体制机制，使有幻想的人不敢逃、不能逃，国内赃款藏不住、转不出。一方面，继续深化与有关国家的反腐败执法合作，使外逃腐败分子躲不住、抓得着，赃款找得到、追得回，不断推动反腐败国际追逃追赃工作向纵深发展。

另一方面，继续以建设性态度积极参与反腐败全球治理，加强与联合国、二十国集团、金砖国家、亚太经合组织、东盟等国际地区组织及世界各国合作，不断拓展国际反腐"朋友圈"，推动国际反腐败合作取得新成效。

从2014年主导制定亚太经合组织《北京反腐败宣言》，到2016年二十国集团（G20）领导人杭州峰会通过《二十国集团反腐败追逃追赃高级原则》，再到2019年10月国家监委首次与联合国签署合作备忘录……

截至2020年8月，我国已与81个国家缔结引渡条约、司法协助条约、资产返还与分享协定等共169项，与56个国家和地区签署金融情报交换合作协议，初步构建起覆盖各大洲和重点国家的反腐败执法合作网络。同时，国家监委还先后同9个国家反腐败司法执法机构签署了

10份反腐败合作谅解备忘录，反腐败执法合作体系不断完善。

追逃追赃捷报频传固然可喜，但如果能防患于未然，筑起防逃的堤坝，切断腐败分子后路，更是上策。

在实践中，不少地方发现防逃体系中还存在一些漏洞和短板。比如，有的地方和部门信息对接不及时，对党员干部一人多证、虚假证照等情况缺乏有效监管，对干部因私出国（境）理由无法准确核实。比如，监察体制改革后，大量新增监察对象被纳入监督范围，国有企业和金融机构、科教文卫事业单位以及村干部防逃压力较大。

当前，各级党委、各级纪委监委扛牢全面从严治党政治责任，打牢基础、扎紧篱笆，努力构建不敢逃、不能逃的有效机制。

——管住"人"。加强对党员干部的日常管理，把好风险排查关，紧盯"关键人"，对一些重点岗位、重点人员加强管理，特别是对"裸官"从严管理。

2014年2月，经党中央同意，中组部印发《配偶已移居国（境）外的国家工作人员任职岗位管理办法》。按该办法规定，所谓"裸官"，就是指配偶已移居国（境）外，或者没有配偶、子女均已移居国（境）外的国家工作人员。"移居国（境）外"，是指获得外国国籍，或者获得国（境）外永久居留权、长期居留许可。

"裸官"现象的出现，原因是复杂的，社会对此反映比较强烈。"裸官"并不都是贪官。但从近些年查办的一些腐败案件看，确有一些腐败分子本身就是"裸官"。他们第一步先是通过各种渠道把配偶、子女移居到国（境）外，自己在国内"裸身做官"，搞贪污腐败，伺机向国（境）外转移赃款，一有风吹草动就择机潜逃。比如，广东省查处的广州市原副市长、增城市委原书记曹鉴燎案，东莞市委原副秘书长吴湛辉案，就是典型的"裸官"腐败案。加强"裸官"管理监督，体现了中央从严治党、从严治吏的坚强决心，是从严管理监督干部的需要，是维护国家安全和利益的需要，是维护党的形象和政府公信力的需要。

从严治党、从严治吏是中国共产党的一贯要求。党的十八大以来，中央对加强"裸官"管理监督又提出了新的更严要求。新修订的《党政领导干部选拔任用工作条例》明确规定，"裸官"不得列为考察对象。《配偶已移居国（境）外的国家工作人员任职岗位管理办法》对"裸官"限入性岗位作出明确规定，主要包括：党政机关的领导成员岗位，国有企事业单位的主要负责人岗位，以及涉及军事、外交、国家安全、机要等重要岗位。

对在限入性岗位任职的"裸官"，组织人事部门按照干部管理权限，应当与其谈话，或由其配偶（没有配偶的由其子女）主动放弃外国国籍、国（境）外永久居留权和长期居留许可，或调整其现岗位。不服从组织调整、交流决定的，给予批评教育、组织处理或纪律处分。各级组织人事部门，对"裸官"任职岗位进行常态化管理，实行正常报告调整制度，对领导干部隐瞒"裸官"身份不报的，发现一起处理一起。

——管住"证"。加强对证照审批、持有和使用环节的监督管理，外交部对因公护照签发严格审核把关，中组部加强对违规办理和持有因私出国（境）证照的治理工作。

一是各个地区应当加强对公职人员护照的审批和管理工作，按照国家《关于〈加强国家工作人员因私事出国（境）管理的暂行规定〉的通知》，全面系统地统计好本地区登记备案人员，并及时进行更新，保证登记备案人员的护照由组织统一保管。近年来，各省都出台了相应的规定对国家工作人员因私出境作出了严格的控制，对国家工作人员护照进行管理，凡是因私出境都需要填写登记表进行备案。

二是对领导干部要加强管理，在"百名红通"中，单位"一把手"占48人，接近一半，领导干部所占比重较大，应当引起足够的重视。不仅控制领导干部出国，还要定期抽查领导干部配偶、子女等其他亲属出国情况，派专人进行信息统计分析，一有异常则立刻引起重视。

三是落实信息共享和预警管理机制，国家机关、国企、事业单位与公安等司法机关建立信息共享平台，及时准确把握公职人员的行踪，一旦出现违反规定的出国情况，强化问责，严重的予以党纪国法处分。

——管住"钱"。加强对跨境转移赃款行为的有效管控，完善大额可疑交易核查、反洗钱资金协查机制，努力实现赃款"在境内藏不住、向境外转不出"。

一是落实领导干部个人有关事项报告制度。从个人婚姻到子女房产，从投资经商到海外存款……认真填写个人有关事项报告，如实向党亮家底，是检验干部对党忠诚的"试金石"，要成为领导干部的自觉行为。

按照中央要求，2017年2月8日，新修订的《领导干部报告个人有关事项规定》和新制定的《领导干部个人有关事项报告查核结果处理办法》出台，加上2013年和2014年出台的汇总综合办法、抽查核实办法，形成"一个规定、三个办法"的报告制度体系。

既报又查、扩大抽查比例、"凡提必核"，党的十八大以来，各级领导干部普遍感受到，报告个人有关事项越来越严，抽查核实之弦绷得越来越紧。查核个人有关事项报告情况，已经成为干部选任的一道必经程序，成为加强干部日常管理监督的重要途径，使抓早抓小抓经常落到了实处。

二是打通资金监测通道。资金链的监控则需要司法机关与银行建立绿色通道，对于相关人员的账户进行特别关注，及时监测资金流向，在立案后依法切断资金流，从而使外逃贪官失去资金支持。

在波澜壮阔的全面从严治党进程中，追逃追赃布下天罗地网，切断腐败分子后路，遏制外逃多发势头，为反腐败斗争取得压倒性胜利提供了有力支撑。在反腐败全球治理的舞台上，反腐败国际合作和追逃追赃充分彰显了中国共产党"有腐必反、有逃必追"的坚定决心，成为推进中国特色大国外交、构建人类命运共同体的重要内容。

第四章

以建章立制为全面从严治党固本培元

要筑牢约束权力的"规矩之笼",不是一朝一夕的事,除全面加速"筑笼""立规"外,更需在实践中发现问题,弥补漏洞,不断扎紧制度之笼,这是一个永无止境的过程。党的十八大以来,随着实践的不断发展,一系列立足根本、着眼长远的制度措施,不断推动全面从严治党从治标走向治本,从"拔烂树""治病树"到培育健康"土壤"、建设良好政治生态转变。

第一节
科学部署党内法规制度建设

2017年8月21日,湖北省纪委发布消息,省地方税务局原党组书记、局长杨天然因严重违反党的纪律被"双开"。

细读通报的内容,"违反政治纪律和政治规矩,对抗组织审查""违反组织纪律,在组织函询时不如实说明问题""违反廉洁纪律,公款送礼"等违纪问题的认定,所依据的正是新修订的《中国共产党纪律处分条例》。

天下从事者,不可以无法仪。党的十八大以来,以习近平同志为核心的党中央着眼全面从严治党新形势新任务,不断扎紧扎实管党治党制度笼子,推动党内法规体系不断健全完善,为从根本上扭转党的领导弱化、党的建设缺失、全面从严治党乏力状况提供了制度保障。

习近平总书记在庆祝中国共产党成立100周年大会上宣布,我们党已经"形成比较完善的党内法规体系"。这一制度建设重大成果,意味着全面从严治党、依规治党站在新的历史起点上。

一、全面从严治党的题中应有之义

西柏坡,党中央解放全中国的"最后一个农村指挥所"。

1948年9月,中共中央召开了政治局扩大会议即九月会议。会议作出关于执行请示报告制度的决议,要求各级党组织增强纪律性。

2013年7月,习近平总书记来到河北省调研指导党的群众路线教育实践活动。在九月会议旧址,习近平着重强调了"立规矩"的重要意义。

"这里是立规矩的地方。"习近平总书记说,"党的规矩、制度的建立和执行,有力推动了党的作风和纪律建设"。

人不以规矩则废,党不以规矩则乱。

中国共产党始终高度重视党的制度建设,党内法规的理论和实践是随着党的建立、发展而不断形成和完善的。

1921年7月中国共产党第一次全国代表大会胜利召开,宣告中国共产党的正式成立。大会通过了《中国共产党第一个纲领》与第一个决议,这是党的建设的起点、党内法规建设的元点;该纲领既规定了党的名称与最高革命纲领,也包含着承认党的纲领、对党忠诚、严守秘密、接受监督等纪律要求,是党史上第一部具有党内法规意义的纲领性文件。

1922年中共二大制定了党的历史上的第一部党章,并以"纪律"专章形式,规定了党的八条纪律,初步确立了以"四个服从"为基本内容的政治纪律,奠定了新民主主义革命时期管党治党的根本遵循;同时,大会通过了《关于共产党的组织章程决议案》等8个"决议案",提出要"到群众中去"组成一个大的"群众党"的基本党建目标,确立了"党的一切运动都必须深入广大的群众里面去"的基本党建原则。

自中共二大以后,在新民主主义革命时期召开的三大、四大、五大、六大、七大,历届党的全国代表大会都要求修改党的章程、加强党的纪律、颁布若干"决议案"。在建设、组织建设、政治建设、纪律建设等党的建设的诸多方面,也涉及到党的领导的诸多方面,是这一时期管党治党的基本遵循。

从党内法规概念的形成与使用看,1923年中共三大通过了《中国共产党中央执行委员会组织法》，1928—1929年初形成了"三大纪律八项注意"，1928年10月颁布了《中央通告第五号——巡视条例》，1931年5月颁布了《中央巡视条例》；在1938年11月六届六中全会上，毛泽东明确提出"党内法规"概念、刘少奇作了《党规党法的报告》，会议通过了《关于中央委员会工作规则与纪律的决定》《关于各级党部工作规则与纪律的决定》。

在1938年召开的六届六中全会之前，管党治党的根本依据是党纲与党章、基本依据是"决议案"，正如中共二大党章所规定："言论行动有违背本党宣言章程及大会各执行委员会之议决案"是开除党员的六种情形之首。在六届六中全会提出"党内法规"概念之后，党章和以党的纪律、巡视条例、党委会工作规则等为主要内容的党内法规，一度成为管党治党的基本依据。但在解放战争期间，受复杂多变战争环境影响，党的"决议""决定""指示"等一度成为管党治党的基本依据，"整党""整风"成为推动党的建设的基本模式。

新中国成立之后，党中央更加重视党内法规的地位与作用。毛泽东1955年在中国共产党全国代表会议上，把党的政策和党内法规并列作为党内重要原则的体现，一方面强调了党内法规的重要性，另一方面也体现了对两者功能定位进行区分的科学认识。党的十一届三中全会，邓小平再次重申党规党法的重要性，强调了党规党法在党的建设中的地位，并第一次把党规党法与国家法律放在同等重要的地位，并将党规与国法进行明确的区分，探讨了中国共产党成为执政党之后所面临的党规与国法关系的崭新命题。

1980年中央颁布的《关于党内政治生活的若干准则》，确立了改革开放以来党的建设基本遵循。在此基础上，1982年党的十二大制定了正确的纲领路线；并根据改革开放对党的建设、坚持和改善党的领导的新要求，修改通过了《中国共产党章程》。十二大党章不仅恢复了八大党章关于民主集中制、组织体系、党的纪律等方面的正确规定,而且确立了改革开放以来党章的基本框架、基本内容与基本要求,为稳步推进党内法规制度建设奠定了根本保障,尊崇党章意识在党内开始树立。

在1987年召开的党的十三大上,中国共产党明确提出在新的历史条件下,要切实加强党的制度建设,实现在党的建设上走出一条"不搞政治运动而靠改革和制度建设"的新路。

1990年,中共中央颁布《中国共产党党内法规制定程序暂行条例》,正式使用了"党内法规"这一名称。在该条例中明确界定了"党内法规"的概念,这是中国共产党首次以党内立法的形式来规范党内法规,首次规定了党内法规的概念、名称、适用范围和制定程序等,标志着党内法规制定工作从此走上了规范化轨道。

1992年党的十四大修改党章,把党的各级纪委的主要任务是"维护党的章程和其他重要的规章制度",修改为党的各级纪委的主要任务是"维护党的章程和其他党内法规","党内法规"自此正式写入党章。

此后,党内法规建设开始走向"快车道",先后制定出台了《中国共产党地方委员会工作条例(试行)》(1996年)、《中国共产党纪律处分条例(试行)》(1997年)、《中国共产党党员领导干部廉洁从政若干准则(试行)》(1997年制定,2010年修订)、《中国共产党农村基层组织工作条例》(1999年)、《党政领导干部选拔任用工作条例》(2002年)、《中国共产党纪律处分条例》(2003年)、《中国共产党党内监督条例(试行)》(2003年)、《中国共产党党员权利保障条例(试行)》(2004年)、《中国共产党巡视工作条例(试行)》(2009年)、《中国共产党党和国家机关基层组织工作条例》(2010年)、《中国共产党党内法规制定条例》(2012年)等近20部党内基本法规,涉及到党的建设各个方面,在党的十八大前,党章、准则、条例等党内主干性法规初具规模。

二、新时代党内法规制度建设步伐明显加快

党的十八大以来,以习近平同志为核心的党中央高度重视党内法规制度建设,就加强党内法规制度建设作出一系列重大决策部署,将这项工作贯穿在全面从严治党的实践之中,党内法规制度建设步伐明显加快。

党内法规制度贯穿在党的思想、组织、作风、反腐倡廉等建设之中,尤其以法规形式将思想建党和制度治党有机结合起来,形成制度治党的根本载体和有效支撑。把"纪律和规矩挺在前面",坚持纪严于法、纪在法前,实现纪法分开,把纪律作为治党管党的基本戒尺,凸显了党勇于担责、抓早抓小、自我约束的自觉意识以及用党纪保障党的先进性的科学治理方式。

"要坚持以实践基础上的理论创新推动制度创新,坚持和完善现有制度,从实际出发,及时制定一些新的制度,构建系统完备、科学规范、运行有效的制度体系,使各方面制度更加成熟更加定型。"2012年11月,习近平总书记在十八届中央政治局第一次集体学习时,就明确提出了制度建设的目标任务。制度带有根本性、全局性、稳定性、长期性,坚持和加强党的全面领导,坚持党要管党、从严治党,党内法规制度建设是重要抓手。

党的十八大以来,习近平总书记对党内法规制度建设高度重视,围绕制度治党、依规治党作出一系列重要论述,科学回答了党内法规制度建设"是什么""为什么""怎么干"等一系列重大问题,丰富和发展了马克思主义建党学说。这些重要论述是习近平新时代中国特色社会主义思想的重要组成部分,为加强新时代党内法规制度建设指明了前进方向、提供了根本遵循,引领党内法规制度建设全方位推进。

2012年12月4日,中央政治局审议通过了关于改进工作作风、密

切联系群众的中央八项规定,为全党立规矩。这是党的十八大以来中央完善党内法规体系的起点,也是中央依规从严管党治党的起点。

2014年1月14日,习近平在十八届中央纪委第三次全体会议上指出:"把权力关进制度的笼子里,首先要建好笼子。笼子太松了,或者笼子很好但门没关住,进出自由,那是起不了什么作用的。"

正是基于这样的判断,2013年5月,《中国共产党党内法规制定条例》《中国共产党党内法规和规范性文件备案规定》对外发布。随后,中央对新中国成立以来的党内法规和规范性文件进行了系统清理。

2013年11月,党的十八届三中全会提出,紧紧围绕提高科学执政、民主执政、依法执政水平深化党的建设制度改革。2013年11月25,中央又正式发布《中央党内法规制定工作五年规划纲要(2013—2017年)》,对之后五年中央党内法规制定工作进行统筹规划,推动党内法规制度体系建设。

此后一年里,中央和相关部门相继印发了《关于严禁超职数配备干部的通知》《配偶已移居国(境)外的国家工作人员任职岗位管理办法》等多部党内法规。

2014年10月,党的十八届四中全会审议通过《中共中央关于全面推进依法治国若干重大问题的决定》,把形成完善的党内法规体系确立为建设中国特色社会主义法治体系的重要内容,对加强党内法规制度建设作出明确部署。其中提出,加强党内法规制度建设。完善党内法规制定体制机制,加大党内法规备案审查和解释力度,形成配套完备的党内法规制度体系。这是中央首次在全会上系统提出党内法规并将党内法规制度体系与国家法律法规体系并列起来,一起作为管党治党、治国执政的基本方式,具有里程碑式的意义。

从2015年开始,为了堵住腐败的制度漏洞,铲除不良作风和腐败现象滋生蔓延的土壤,党内法规完善的步伐明显提速。

2015年6月，中共中央政治局就加强反腐倡廉法规制度建设进行第二十四次集体学习。针对现实反腐形势集体学习反腐倡廉法规制度建设，这在中央政治局集体学习的历史上是第一次。习近平总书记在会议上强调，要加强反腐倡廉法规制度建设，把法规制度建设贯穿到反腐倡廉各个领域、落实到制约和监督权力各个方面，发挥法规制度的激励约束作用，推动形成不敢腐、不能腐、不想腐的有效机制。

2015年8月，中共中央印发了《中国共产党巡视工作条例》，对2009年颁布的《中国共产党巡视工作条例（试行）》进行首次修订，强化巡视作为反腐"利剑"的作用，推动解决党内监督难的问题。此外，针对干部队伍建设，特别是干部选拔中的突出实际问题，中央出台了《党政领导干部选拔任用工作条例》等相关制度规定，逐步建立起干部队伍能进能出、能上能下的畅通机制。

2015年10月，党的十八届五中全会强调，运用法治思维和法治方式推动发展，全面提高党依据宪法法律治国理政、依据党内法规管党治党的能力和水平。

此前，中央纪委通报了党的十八大以来查处的首个中管干部、四川省委原副书记李春城"严重违纪违法"问题——利用职务上的便利为他人谋取利益，收受巨额贿赂；利用职务上的便利为他人谋取利益，其妻女收受他人所送巨额财物等。通过梳理不难发现，中央纪委对李春城的通报表述也成为该段时间内的一般性描述，即某人利用职务上的便利为他人谋取利益，收受巨额贿赂，或滥用职权造成国家财政资金巨额损失等。

当时，中央纪委对相关案件的通报依据的仍是旧版《中国共产党纪律处分条例》，一旦通报中出现个性化措辞，立即会成为社会关注的焦点。

进入2015年之后，中央纪委通报中新词频现：河南省人大常委会原党组书记、副主任秦玉海在党的十八大后仍不收敛、不收手,性质恶劣、情节严重;浙江省政协原副主席、党组副书记斯鑫良与其妻及部分行贿人订立攻守同盟,转移赃款赃物,干扰、妨碍组织审查;江苏省委原常委、秘书长赵少麟在党内搞团团伙伙,大肆进行利益交换、利益输送,拉拢腐蚀领导干部,公开散布与全面从严治党要求相违背的言论。

同年10月,中共中央印发了修订后的《中国共产党纪律处分条例》《中国共产党廉洁自律准则》,上述新词都出现在新版《中国共产党纪律处分条例》中。舆论认为,纪律处分条例和廉洁自律准则总结了党的十八大以来党的建设的经验,直接针对近年来出现的问题作出具体规定,为全面从严治党提供了制度依据。

2016年6月,中央纪委国家监委网站通报了部分地区和部门查处的7起典型问题,他们都是因为落实全面从严治党主体责任不力被问责。

例如,因对下属单位负责人违法问题未按规定落实党纪政纪处分,山西省煤炭地质局党委原书记潘增武被问责和通报;贵州省贵阳市工信委原党委书记唐慧荣,则是因单位发生多人违纪违法问题被问责。

上述通报发布不久,2016年6月28日,中央政治局召开会议,审议通过《中国共产党问责条例》,再一次彰显了党中央从严治党的坚定政治决心,显示了党要管党的信念,把从严治党的政治承诺转化为具体的制度和行动。

2016年10月24日至27日,中国共产党第十八届中央委员会第六次全体会议在北京举行。全面从严治党,是这次全会的鲜明主题。全会全面分析党的建设面临的形势和任务,系统总结近年来特别是党的十八大以来全面从严治党的理论和实践,就新形势下加强党的建设作出新的重大部署。加强和规范党内政治生活、加强党内监督、审议通过《关于新形势下党内政治生活的若干准则》《中国共产党党内监督条例》,正是重大部署之一。

至此，党的十八大以来关于制定和修订党内法规制度的任务已经基本完成，科学的党内法规制度体系初步形成，党内法规体系的完善迎来新的起点。

2016年12月召开党的历史上第一次全国党内法规工作会议，深入贯彻落实党中央决策部署和习近平总书记关于党内法规制度建设重要指示精神。2016年12月28日，中共中央政治局会议提出，党内政治生活呈现新的气象，反腐败斗争压倒性态势已经形成。

虽然反腐败斗争压倒性态势已经形成，但时任中共中央政治局常委、中央纪委书记王岐山在十八届中央纪委七次全会上的工作报告中指出，反腐败斗争依然严峻复杂的形势没有变，要持续保持高压态势，力度不减、节奏不变。

当时舆论普遍认为，为巩固反腐败斗争压倒性态势，未来我国法治化的特征会越来越凸显，各领域的制度"笼子"会越扎越紧。

2017年1月3日，中央纪委国家监委网站纪律审查栏目通报称，中国民用航空局原党组成员、副局长夏兴华因严重违纪受到开除党籍处分。随后半年间，黄兴国、尹海林、虞海燕、王银成、曲淑辉、刘善桥等相继被通报。

2017年5月，中共中央政治局审议《关于修改〈中国共产党巡视工作条例〉的决定》，巡视工作条例再度升级。

2017年6月，中共中央印发《关于加强党内法规制度建设的意见》，从指导思想、总体目标、加快构建完善的党内法规制度体系、提高党内法规制度执行力、加强组织领导等方面，对加强新形势下党内法规制度建设提出明确要求、作出统筹部署。意见提出，到建党100周年时，形成比较完善的党内法规制度体系、高效的党内法规制度实施体系、有力的党内法规制度建设保障体系，党依据党内法规管党治党的能力和水平显著提高。

2017年10月,党的十九大明确提出,坚持依法治国和依规治党有机统一,加快形成覆盖党的领导和党的建设各方面的党内法规制度体系。

2019年10月,党的十九届四中全会强调,健全总揽全局、协调各方的党的领导制度体系,加快形成完善的党内法规体系。

2020年11月,中央全面依法治国工作会议强调,坚持党对全面依法治国的领导,健全党领导全面依法治国的制度和工作机制,建设中国特色社会主义法治体系,形成完善的党内法规体系。

党的十八大以来一系列关于加强党内法规制度建设的决策部署,立足实际、着眼长远,环环相扣、梯次推进,推进力度之大、建章立制之多、执规执纪之严、社会反响之好,在中国共产党百年制度建设史上前所未有,彰显了党中央对加强党内法规制度建设的高度重视,对党的建设规律的深刻洞见,对全面推进制度治党、依规治党的坚定决心,谱写了新时代党内法规制度建设的大美乐章。

三、聚焦首次中央党内法规和规范性文件集中清理

这是中国共产党历史上首次对党内法规制度进行集中清理,这是中国共产党的创造力凝聚力战斗力不断增强的一次再出发。

2014年11月17日,《中共中央关于再废止和宣布失效一批党内法规和规范性文件的决定》发布,标志着中央2012年6月启动的党内法规和规范性文件集中清理工作,已经全部顺利完成。

此次集中清理工作,在摸清党内法规制度"家底"的同时,一揽子解决了党内法规制度中长期存在的不适应、不协调、不衔接、不一致问题,为形成完善的党内法规体系奠定了基础,扎紧了依规治党的"制度之笼"。

新中国成立特别是改革开放以来,中国共产党制定颁布了大量党内

法规和规范性文件，对于规范党组织工作、活动和党员行为，增强党的创造力凝聚力战斗力发挥了重要作用。

但随着世情、国情、党情的深刻变化，党内法规制度中存在的不适应、不协调、不衔接、不一致问题日益突出，有的党内法规和规范性文件滞后于实践的发展和形势任务的需要，有的存在同党章和党的理论路线方针政策不一致、同宪法和法律不一致的情况，有的相互之间交叉重复、冲突打架。

2010年1月，中共中央印发的《中国共产党党员领导干部廉洁从政若干准则》，被认为是新时期加强党员领导干部廉洁自律工作的一部重要党内法规。然而，有心人却发现，准则规定，禁止党员领导干部私自从事营利性活动，不准以个人或借他人名义经商办企业。而此前1984年出台的关于严禁党政机关和党政干部经商办企业的文件却规定，党政机关在职干部在不保留原来职务的前提下可以保留公职经商办企业。文件规定与准则规定明显不一致。

类似这样的问题，在党内法规制度体系中一度普遍存在——

二十世纪五六十年代，中央出台了关于"三反"运动、肃反运动、整风运动，以及干部轮训、干部审查、干部下放劳动等的规定，时过境迁，事实上早已不再执行；

1985年至2011年间，中央曾先后出台多个关于防止机构编制膨胀的文件，新旧文件并存造成执行困扰；

……

这些问题的存在，有损于党内法规制度的严肃性和权威性，有碍于党内法规制度的贯彻执行，也不利于党内法规制度建设的顺利推进。借鉴开展法律清理、行政法规清理的做法，对党内法规和规范性文件予以集中清理，一揽子解决党内法规制度中存在的问题，十分必要。

同时，着眼于加强党内法规制度建设、形成完善的党内法规体系，也急需通过清理工作系统总结中国共产党历史上法规制度建设的经验得失，探索党的制度建设的内在规律，为深化党的建设制度改革提供科学指导。

谈及中央为何部署开展这次集中清理工作，党内法规和规范性文件清理工作领导小组办公室、中央办公厅法规局负责人表示，清理工作的意义可以用"三个工程"来概括：一是"基础工程"，通过全面清理可以摸清党内法规制度的"家底"；二是"系统工程"，通过清理可以维护党内法规制度体系的协调统一；三是"战略工程"，通过清理有利于明确下一步党内法规制度体系建设的方向、重点和着力点。

为进一步加强党内法规制度建设，2012年5月，中共中央印发《中国共产党党内法规制定条例》。2012年6月，中央批准印发《中共中央办公厅关于开展党内法规和规范性文件清理工作的意见》，启动了党的历史上第一次党内法规和规范性文件集中清理工作。

此次集中清理的一大亮点，就是工作思路清晰，即按照"由近及远、先上位后下位"的思路进行。所谓由近及远，是指清理工作分两个阶段实施：第一阶段清理1978年至2012年6月底前制定的党内法规和规范性文件，第二阶段清理新中国成立后至1978年前制定的党内法规和规范性文件。所谓先上位后下位，是指先对中央党内法规和规范性文件进行清理，中央纪委、中央各部门和各省区市党委同步启动清理工作，但要待中央决定出台后，再对照中央清理意见开展审核、审批等工作。全部清理工作将于2014年12月底前完成。

这次清理工作时间跨度大、涉及主体多、覆盖范围广、文件数量多，任务繁重。为做好这次集中清理工作，中央批准成立了由中央办公厅牵头，中央纪委、中央组织部、中央宣传部、中央统战部、中央政法委、国家档案局、国家保密局等单位参加的党内法规和规范性文件清理工作领导小组，小组办公室设在中央办公厅法规局。随后，各地区、中央有关部门也相应成立了清理工作领导机构。

此次清理工作遵循五条原则：

一是以党章和宪法为根本依据，凡是同党章规定或者宪法、法律相抵触的，都应通过清理予以废止或者修改；

二是维护党内法规制度体系的统一性和协调性，对同上位党内法规和规范性文件相抵触的，或者与其他同位党内法规和规范性文件相冲突的，应通过清理予以废止或者修改；

三是坚持与时俱进，适应世情国情党情的发展变化，善于吸纳这些年来党的工作和党的建设取得的创新成果；

四是坚持实事求是，考虑历史条件，立足党内法规制度建设实际，突出清理重点，积极稳妥地做好清理工作；

五是统筹推进，在中央领导下，统一部署，统一标准，统一行动，协调一致地开展工作，确保把这项任务完成好。

这次清理遵循了严格的程序，经过了五个环节：一是确定清理范围。从1978年至2012年6月制定的近4000件各类中央文件中，梳理出767件属于党内法规和规范性文件的纳入清理范围。二是提出清理意见。根据"谁起草、谁提出清理意见"的原则，由中央有关部委和单位研究提出初步清理意见。三是组织集中审核。中央办公厅会同有关部门成立集中审核工作组，根据各有关部委和单位提出的初步清理意见，逐件进行论证审核。四是广泛征求意见。将审核意见分送有关部委和单位，并根据各方面反馈情况形成一致的清理意见。五是中央审批发布。决定稿形成后，按程序报请中央审批发布。

对于清理出来的党内法规和规范性文件，中央统一采取了废止、宣布失效、继续有效等三种处理方式：

——凡文件主要内容同党章和党的理论路线方针政策相抵触，或同宪法和法律不一致的，文件已明显不适应现实需要的，文件已被新的规定涵盖或替代的，一律废止。

例如，20世纪五六十年代一些中央文件关于刑事案件处理程序的规定，与目前刑事诉讼法的规定相抵触。这类文件都在此次被废止之列。

——凡调整对象已消失、文件事实上已不再执行的，文件适用期已过的，有关事项或任务已完成、文件不需要继续执行的，一律宣布失效。

例如，20世纪50年代中央出台了一系列关于党内监察委员会的规定，由于目前党内不再设立监察委员会，这些文件事实上已失效。

——凡文件内容不存在问题的，或者虽存在一些问题但不影响继续执行的，或者目前尚无其他文件可以替代、废止时机条件还不成熟的，继续有效。文件内容存在一些问题，需作修改，但修改前也继续有效。

例如，1959年《中央关于统一管理党、政档案工作的通知》、1965年《中央关于党内同志之间的称呼问题的通知》等，虽有一定历史痕迹，但主要内容和精神仍然适用，对当前工作仍具有重要指导意义，在这次清理过程中被保留了下来。

2013年8月28日，第一阶段清理成果出来。《中共中央关于废止和宣布失效一批党内法规和规范性文件的决定》发布。根据该决定，1978年以来制定的党内法规和规范性文件，有300件被废止和宣布失效，467件继续有效，其中42件将作出修改。

第一阶段清理工作的重要成果，标志着中央党内法规和规范性文件第一阶段清理任务完成，随即转入第二阶段清理工作，对新中国成立至1978年前制定的党内法规和规范性文件进行清理。

历时两年，经过对新中国成立至2012年6月期间出台的2.3万多件中央文件进行全面筛查，梳理出规范党组织工作、活动和党员行为的党内法规和规范性文件1178件。清理工作共废止322件，宣布失效369件，共占58.7%；继续有效的487件，其中42件需适时进行修改。

党内法规和规范性文件首次集中清理任务的完成，其意义十分重大，有利于把党内法规制度的笼子扎得更牢更实，也有利于推动党的制度建设与国家法治建设"联动格局"的形成，是提高党的建设科学化水平的必然要求，是践行中国共产党科学执政、民主执政、依法执政理念的重要举措。

清理工作结束，标志着党内法规制度建设进入一个新阶段。下一步，宜尽早建立党内法规评估的长效机制，实现评估的制度化和常规化，并把评估作为一个重要环节纳入党内法规建设体系。

此外，宜转变党内法规的"立法"思想，改变重数量轻质量的传统观念，保证出台一项就执行一项，避免党内法规空转。

四、党内法规制度建设的基本趋势

百年党史在不同历史时期，环境形势、政治路线与中心任务不同，对党的建设（包括党内法规建设）的要求也明显不同。然而，对党的建设而言，百年党内法规建设史是一部有着"起承转合"的"连续剧"。

纵观中国共产党百年党内法规建设，可得出一个基本结论：坚持党要管党、从严治党是百年来党的建设的一贯做法，也是百年党的建设的基本经验；党的纲领、章程、决议案或决议、指示与政策、纪律、狭义的党内法规等，都是管党治党的重要依据；不断推进党的建设和党的领导制度化、规范化、程序化，这是百年党内法规制度建设的基本趋势。

"以改革创新精神加快补齐党建方面的法规制度短板，力争到建党100周年时形成比较完善的党内法规制度体系。"2016年12月，全国党内法规工作会议召开前夕，习近平总书记的重要指示明确了党内法规制度建设的努力目标。

——治国必先治党，治党务必从严，从严必依法度。

坚持制度治党、依规治党，必须解决有规可依问题，形成一个完善的党内法规体系。党的十八大以来,党中央统筹推进各领域党内法规制定工作,着力形成以党章为根本、以准则条例为主干,覆盖党的领导和党的建设各方面,内容科学、程序严密、配套完备、运行有效的党内法规制度体系。

——加强顶层设计和统筹规划。

2013年11月,党中央发布《中央党内法规制定工作五年规划纲要(2013—2017年)》,这在中国共产党的历史上是第一次。2016年12月,出台《中共中央关于加强党内法规制度建设的意见》,确定了党内法规制度体系"1+4"基本框架,这就是在党章之下分为党的组织法规制度、党的领导法规制度、党的自身建设法规制度、党的监督保障法规制度四大板块。2018年2月,党中央发布《中央党内法规制定工作第二个五年规划(2018—2022年)》,进一步明确了形成比较完善的党内法规制度体系的任务书、路线图、时间表。

——密集出台党内法规制度。

党中央针对全党全军全国重大问题,及时制定修订146部实践亟需、务实管用的中央党内法规,占现行有效中央党内法规总数的69.5%,实现党的领导和党的建设各方面党内法规制度的全覆盖。按照党中央部署,中央纪委、党中央有关部门和各省区市党委大力推进本领域本地区建章立制工作,有针对性出台配套党内法规。截至2021年5月,中央党内法规共210部,部委党内法规共162部,地方党内法规共3210部。各地区各部门普遍反映,党的十八大以来党内法规出台力度空前,有规可依问题基本解决。

——维护党内法规制度统一性权威性。

2012—2014年和2019年,在全党范围内先后进行两次党内法规和规范性文件集中清理,决定废止、宣布失效和修改866件中央法规文件,实现党内法规制度"瘦身"和"健身"。备案审查工作体系不断健全，工作全面开展，截至2021年4月，各地区各部门向党中央报备党内法规和规范性文件3.2万多件、发现和处理"问题文件"近1400件，维护了党内法规和党的政策协调统一，推动了全党上下步调一致向前进。

党的十八大以来，党内法规制度建设力度是空前的。纵观这些党内法规，有三个显著特征：

一是系统化。已构建起以党章为根本、以准则为关键、以条例和规定为主体，以办法和细则为补充的党内法规体系，这个体系各个党内法规各有职能，各个党内法规又彼此联系，具有显著的系统化特征。

二是科学化。这些党内法规，充分显示了与时俱进的精神，适应了新时代坚持和加强党的全面领导的需要。既遵循政党法规的发展规律，又坚持党的核心价值，更运用了广义法文明思想成果、现代管理思想和法技术，具有极强的科学性，是党科学执政在党内法规建设上的体现。

三是精准化。这体现在作为党内法规基本部分的条例和规定上，条块结合、分门别类覆盖了党的各项职能和各级组织、各类主体，精准地为党内生活的重要环节、主要形式、活动内容等正常运转提供了准绳。

党的十八大以来，加强党内法规制度建设使得全面从严治党走向制度化、科学化的"善治"轨道。党内法规制度的体系性、权威性、时效性、可行性不断增强，为全面从严治党提供了根本的制度保障。

第二节

狠抓党内法规制度贯彻执行

2017年2月8日傍晚,中央纪委发布的一则通报,引起舆论广泛关注——

民政部原党组书记、部长李立国和民政部原党组成员、副部长窦玉沛因管党治党不力,严重失职失责,所辖单位发生系统性腐败问题,分别受到留党察看二年处分和党内严重警告处分。

《中国共产党问责条例》《中国共产党纪律处分条例》作为处分依据,双双出现在这则通报中。舆论认为,两项法规的严肃执行,释放了违纪必究、失责必问的强烈信号。

制度之要在精细,制度之效在执行。

党内法规执行力直接关系全面从严治党取得的成效,党内法规越完备,党内法规执行力越强,全面从严治党效果愈加显著。

党的十八大以来,以习近平同志为核心的党中央站在全面从严治党、依规管党治党的战略高度,坚强有力推进制度建设,踏石留印狠抓制度执行,让制度的力量在全面从严治党的伟大实践中充分释放。

一、"一分部署还要九分落实"

2017年9月18日,中共中央政治局召开会议,审议《关于五年来中央政治局贯彻执行中央八项规定并以此带动全党加强作风建设情况的报告》。

至此，习近平总书记在主持召开中央政治局会议审议通过中央八项规定时的一番话语，依旧让人心潮澎湃——

"从我们在座各位做起来，新人新办法"；

"咱们规定就是规定，不加'试行'两字，就是要表明一个坚决的态度，表明这个规定是刚性的"；

"我们说了不是白说，说了就必须做到，把文件上写的内容一一落到实处"；

……

党中央从"我"做起、以上率下推动中央八项规定有力执行的过程，正是制度治党效果彰显的生动写照。

"一分部署还要九分落实，制定制度很重要，更重要的是抓落实，九分气力要花在这上面。"习近平总书记反复强调制度建设要"两手抓"，尤其要抓好制度落实。党的十八大以来，党中央坚持把法规制度执行摆在更加突出位置，深入开展党内法规学习宣传教育，坚决纠正有令不行、有禁不止行为，党内法规执行真正严起来硬起来实起来。

——以上率下、示范带动引领。

"子率以正，孰敢不正。"全面从严治党首先从中央政治局立规矩开始、从制定落实中央八项规定破题、从中央领导做起，产生了强大号召力。习近平总书记以行动作号令、以身教作榜样，无论是国内考察调研还是国外访问、出席国际会议活动，都一以贯之严格执行中央八项规定等各项制度规定，为全党树立了典范、作出了表率。

——学规知规、强化制度意识。

2016年，党中央在全党部署开展"两学一做"学习教育，把学习党章党规作为重要内容。2019年，在全党开展"不忘初心、牢记使命"主题教育，把学习对照重要党内法规作为重点内容，组织党员领导干部认真学习党章党规并进行对照检视。各级党校（行政学院）、干部学院把重要党内法规作为干部教育培训必修课，"学习强国""两微一端"等新媒体新平台积极创新党内法规传播方式，基层创造出"讲习夜话""板凳圈""大喇叭"等群众喜闻乐见的宣传阐释方式，推动党内法规"飞入寻常百姓家"。

——强化责任、健全体制机制。

以出台和贯彻执行《中国共产党党内法规执行责任制规定（试行）》为牵引，扭住责任制这个"牛鼻子"，形成党委（党组）统一领导、办公厅（室）统筹协调、主管部门牵头负责、相关单位协助配合、纪检机关严格监督的执规责任体系。各地区各有关部门建立健全制度执行机制，把制度执行贯穿区域治理、部门治理、行业治理、基层治理、单位治理全过程。

——严格执纪、严肃追责问责。

各级党委（党组）将党内法规执行情况作为督促检查、巡视巡查重要内容，对党内法规执行中存在的问题开展专项整治，严肃查处各种违规行为，党内法规制度真正成为带电的"高压线"。有的干部深有感触地说："现在党规党纪是'真老虎'，谁碰就会咬谁。"

在狠抓落实的过程中，党中央要求各级党组织不断加大对党内法规的宣传解读力度，使党内法规成为广大党员干部的"必修课程"。各级党校、行政学院、干部学院把党章和各项党规党纪纳入党性教育的重要内容，教育引导广大党员干部知敬畏、明底线，更好规范自己的言行。

二、让铁规发力，让禁令生威

2017年9月，贵州省纪委通报了一起责任追究案例：因玉屏县扶贫办发生严重腐败窝案，该县县委书记王俊铭和县委副书记、县长杨德振被组织约谈，分管扶贫的副县长罗宁受到党内警告处分及组织调整，扶贫办前后两任纪检组组长柏先杰、吴本松分别受到党内严重警告和留党察看一年及行政降级处分。

有权必有责，失责必追究。对玉屏县相关领导干部的问责，正是制度刚性的生动诠释。

天下之事，不难于立法，而难于法之必行。有制度而不执行，就会消解人民群众对全面从严治党的信心、对中国共产党的信赖。从某种意义上说，制度执行比制度制定更重要。

2014年5月9日，习近平总书记在参加河南省兰考县委常委班子专题民主生活会时指出，"我们的制度不少，可以说基本形成，但不要让它们形同虚设，成为'稻草人'，形成'破窗效应'。很多情况没有监督，违反了也没有任何处理。这样搞，谁会把制度当回事呢？我们党的制度是从党章开始的，学习党章学了半天，最后还是视而不见、听而不闻，这不行！我们的制度有些还不够健全，已经有的铁笼子门没关上，没上锁。或者栅栏太宽了，或者栅栏是用麻秆做的，那也不行。现有制度都没执行好，再搞新的制度，可以预言也会是白搭。所以，我说一分部署还要九分落实。制定制度很重要，更重要的是抓落实，九分气力要花在这上面"。

党的十八大以来，在不断加强党内法规制度建设的同时，各级党组织在制度落实方面下更大气力，坚持制度面前人人平等、执行制度没有例外，坚决维护制度的严肃性和权威性。

2016年10月，党的十八届六中全会审议通过的《中国共产党党内监督条例》，正式将"四种形态"写入党内法规。条例施行后，安徽省委积极践行"四种形态"，2016年11月至2017年9月，全省按第一种形态处理1.8万多人次，使红脸出汗渐成常态；2017年1月至8月，黑龙江省各级党组织运用"四种形态"处理29849人，第一种形态占比63%。

为使制度落细落实，执行有力，各地进一步加强承接配套，出台具体办法和举措，推动制度不断从文件转化为行动。如，多个地区和部门出台了《贯彻落实〈中国共产党问责条例〉实施办法（试行）》，对问责情形、问责程序等内容进行了拓展和细化，为问责提供了制度依据；一些地区出台了《贯彻〈中国共产党纪律检查机关监督执纪工作规则（试行）〉实施办法》，进一步规范执纪审查权力，压缩自由裁量空间。

从严治党没有尽期，永远在路上。严格执行党内法规，不留"暗门"、不开"天窗"，运用党内法规把党要管党、从严治党落到实处，促进党员、干部带头遵守国家法律法规，切实维护制度的严肃性权威性。

第三节

党内法规作用充分发挥

"我来汇报一个情况。前段时间组织报告个人有关事项时,我漏报了儿子名下的一套房产……"2017年9月上旬,江苏省靖江市一名处级干部匆匆赶到市委组织部,向组织说明有关情况。

"这反映了党员干部纪律规矩意识的增强。"靖江市委组织部相关负责人表示,随着党规党纪执行的日益严格,党员干部心中的纪律之弦也越绷越紧。

在距离靖江市2000多公里的广西壮族自治区北海市,一市直单位纪检组组长也主动来到了市纪委。

"我一时糊涂,用公家的油卡给私车加油。今天来向组织坦白,退缴加油费用,请求组织宽大处理。"经调查核实,该纪检组组长交代的问题属实,因涉及金额较小,最终受到批评教育。

党的十八大以来,党中央把党内法规体系纳入中国特色社会主义法治体系,使广大党员干部进一步树立了遵规守纪的意识,全党逐渐形成尊崇制度、遵守制度、捍卫制度的良好风尚,营造了人人维护制度、人人执行制度的良好氛围。党内法规作用充分发挥,党内法规治理效能日益凸显。

一、党内法规加强党的全面领导

党内法规高度凝聚了中国共产党治党的基本经验。中国共产党自成立之日起,就在革命、建设和改革过程中形成了从严治党与依规治党的宝贵经验,保障了中国共产党成为国家治理的核心,形成了治国必先治党、治党务必从严、从严必依法度的传统,凝聚了中国共产党治党的基本经验。

从中国共产党建设的历程看,党内法规的国家治理逻辑深刻反映了中国特色的政党与国家关系,能够有效促进党总揽全局、协调各方的作用发挥,是推进国家治理体系和治理能力现代化的重要逻辑起点。

党的十八大以来,党中央将坚持和完善党内法规制度建设摆在突出位置,制定出台《中国共产党中央委员会工作条例》《中共中央政治局关于加强和维护党中央集中统一领导的若干规定》《中国共产党重大事项请示报告条例》《中国共产党组织工作条例》《中国共产党宣传工作条例》《中国共产党统一战线工作条例》《中国共产党政法工作条例》等。

这一系列基础主干党内法规的推出,在制度层面把党总揽全局、协调各方特别是"两个维护"落到实处,为坚持和加强党的领导提供了有力保障,极大地提升了党的政治领导力、思想引领力、群众组织力、社会号召力。

党内法规的完善和贯彻落实,对加强党的全面领导有着重大的制度性保障作用,主要体现在三方面:

一是党内法规发挥"边界功能",彰显"党要管党、从严治党"的立场,树立起坚持党的全面领导的鲜明旗帜,使党各级组织和广大党员无论在党内生活,还是在管理国家事务、从事社会治理、参与社会活动等社会生活中凸显党的光辉形象,凸显党在建设中国特色社会主义伟大事业的根本领导地位。

二是党内法规发挥"标尺效应",为各级组织和广大党员的行为提供基本规范和标准。即发挥党内法规的评价作用、预测作用、强制作用。

三是党内法规发挥"示范作用",引领各级组织和广大党员的思想方向和价值追求。即党内法规发挥指引作用和教育作用。

办好中国的事情,关键在党。坚持和完善党的领导,是党和国家的根本所在、命脉所在,是全国各族人民的利益所在、幸福所在。中国特色社会主义制度具有多方面显著优势,其中中国共产党领导是最大优势,是其他方面优势得以存在和发挥作用的根本保证。

"只要坚定不移坚持党的全面领导、维护党中央权威和集中统一领导,我们就一定能够确保全党全国拥有团结奋斗的强大政治凝聚力、发展自信心,集聚起守正创新、共克时艰的强大力量,形成风雨来袭时全体人民最可靠的主心骨。"2022年3月5日,习近平总书记参加他所在的十三届全国人大五次会议内蒙古代表团的审议。在同代表们交流时,习近平的这番话说出了全体中国人民的心声。

二、党内法规推动国家治理体系和治理能力现代化

推动党内法规建设,形成完善的党内法规体系,是实现国家治理体系和治理能力现代化的必然要求,事关党和国家长治久安。

近年来,党内法规以制度的规范力、引领力、约束力和执行力确保党的领导地位始终不动摇,党的宗旨和性质始终不变色,党的初心和使命始终不消褪,为推动国家制度优势更好地转化为治理效能提供了强大的制度驱动力。

党的十九届四中全会对党内法规制度建设提出了一系列新主张新要求新论断。一是发出党内法规制度建设提速升级的总号令,明确提出加快形成完善的党内法规体系,贯彻新时代党的建设总要求,深化党的制

度建设制度改革,坚持依规治党,建立健全以党的政治建设为统领,全面推进党的各方面建设的体制机制。

二是从坚持和完善党的领导制度体系以及坚持和完善党和国家监督体系两个方面,提出了党内法规制度建设的具体任务,包括建立"不忘初心、牢记使命"的制度,完善坚定维护党中央权威和集中统一领导的各项制度,健全党的全面领导制度,健全为人民执政、靠人民执政的各项制度,健全提高党的执政能力和领导水平制度,完善全面从严治党制度,以及健全党和国家监督制度,完善权力配置和运行制约机制,构建一体推进不敢腐、不能腐、不想腐体制机制等。

三是对制度执行提出了具体要求,明确各级党委和各级领导干部要切实强化制度意识,带头维护制度权威,做制度执行表率,带动全党全社会自觉尊重制度、严格执行制度、坚决维护制度。党的十九届四中全会关于党内法规制度建设的内容翔实、充分,是党内法规制度建设向纵深推进的任务书。

党的十九届四中全会关于党内法规制度建设的内容主要分布在坚持和完善党的领导制度以及坚持和完善党和国家监督体系两大部分绝不是偶然的,而是通过党内法规制度建设把国家制度优势更好地转化为治理效能的必然。

中国特色社会主义制度的最大优势是中国共产党的领导,"中国之治"的关键是中国共产党的领导。要充分发挥中国共产党领导的巨大政治优势和组织优势,要让权力运行既能够"行之有效"又能够"行之有度",必须把坚持党对一切工作的领导和坚持全面从严治党有机结合。

在此意义上,党内法规制度建设,一方面确定党的全面领导制度,把党的领导规范化、具体化,把党的领导方式程序化、制度化,疏解党的领导和具体工作之间的中梗阻,畅通党的领导优势转化为治理效能的渠道。

比如，党中央相继出台领导经济工作规定、生态环境损害责任追究办法、脱贫攻坚责任制实施办法、高质量发展综合绩效评价办法等党内法规制度，为党领导经济社会发展提供了重要制度保障。有的地方紧紧围绕经济社会发展稳定大局，以贯彻落实党内法规制度为抓手，促脱贫攻坚、促乡村振兴、促民营企业发展，带动了工作效能提升，推动了经济社会发展。

另一方面完善权力运行制约和监督机制，建立党内监督为主导的监督体系，律定权力行使的条件和边界，把权力关进制度的笼子里，使权力始终掌握在党和人民手中，确保党和人民赋予的权力始终用来为人民谋幸福。

党内法规制度建设构建了比较完善的党内法规制度体系、高效的党内法规制度实施体系、有力的党内法规制度建设保障体系，不断充实和完善中国特色社会主义法治体系，从而丰富了国家治理体系。党内法规制度建设又通过制度不断坚持和巩固党的全面领导，实现党的自我革命和自我监督，更好地发挥党的政治领导力、思想引领力、群众组织力、社会号召力，从而提升了国家治理能力。

党内法规制度建设不断推动着国家治理体系和治理能力现代化，为"中国之治"增添光彩。

三、党内法规改进党风政风民风

党风正则事业兴。党的作风是党的形象，是观察党群干群关系、人心向背的晴雨表。作风问题关乎人心向背、关乎党的生死存亡。

党的十八大后，党中央带头改进作风。2012年12月，《十八届中央政治局关于改进工作作风、密切联系群众的八项规定》制定。习近平总书记以身作则、带头执行，强调要"抓好八项规定落实，下大气力改进作风"，做到"抓铁有痕、踏石留印"。各地区各部门落实中央八项规定精神，结合实际制定改进作风的具体规定。党中央把落实中央八项规定精神、纠正"四风"问题作为全面从严治党的切口。

党的十九大后，中央政治局召开会议审议通过《贯彻落实中央八项规定的实施细则》，释放出驰而不息推进作风建设的强烈信号。把纠治形式主义、官僚主义问题作为重点，从严查处贯彻党中央决策部署做选择、搞变通、打折扣的行为，持续开展为基层减负工作，集中整治数字脱贫、餐饮浪费等突出问题，完善公务接待、督查检查等制度规定，推动作风建设常态化长效化。

2021年以来，从中央到地方，相继印发关于"一把手"监督的专门文件，对"一把手"监督更加细化、具体化、规范化。各级党组织"一把手"观看警示教育专题片，上廉政教育党课，反复强调党风廉政建设的重要性，要求守好道德底线、党纪红线、法律高压线、权力边线"四条线"。强化日常监督、巡察监督、派驻监督、监察监督等"四项"监督同步向"一把手"聚焦，营造让"一把手"时刻感受监督的氛围，"一把手"规矩意识和纪法意识逐渐提高，管党治党宽松软状况得到有效扭转。

党内法规严格地持续地执行本身，就是对民风建设的推动。为此，必须力戒双重标准，以官风促民风，以官德带民德。但同时，也需要注意到，改善民风是更为复杂的系统工程，不能简单套用改善官风的思维和手段，相比之于规定而言，民风更需要引领和培育。在发挥党风政风引领作用、发挥领导干部带头示范作用的同时，必须更加注重激发广大社会公众的积极性和主动性。

"人民对美好生活的向往，就是我们的奋斗目标。"人民群众的获得感与喜得感就是推动党风促民风的一条捷径。近年来，党风促民风紧紧围绕全心全意为人民服务这条主线，紧扣人民群众反映强烈的突出问题这个"关键阀"，既正风肃纪、惩治腐败、净化政气，又为人民群众办好事、好办事、解难事搭建平台，实现了管理与服务的有机统一，让党风促民风更有亲和力。

在党和政府的引导下，近年来各地纷纷制定规范的、群众认同的乡规民约，有效清除了不少民俗陋习。其实，绝大多数的民众，都不愿意参与那些没有意义的、又不得不参加的所谓的"民俗活动"，因为不少人每月收入近一半要被作为"份子钱""关系费"，几乎到了不堪重负的地步。在这种背景下，制定乡规民约，规范民风，有着良好的群众基础。民风是社会风气的一部分，引领民风应在寻求党和群众的思想共识基础上，形成价值共同体。

党的十八大以来，党风政风持续向好，社风民风向上向善，作风建设成为党的建设的亮丽名片。

四、党内法规提升党员干部精气神

2016年10月21日，习近平总书记在纪念红军长征胜利八十周年大会上指出："人无精神则不立，国无精神则不强。精神是一个民族赖以长久生存的灵魂，唯有精神上达到一定的高度，这个民族才能在历史的洪流中屹立不倒、奋勇向前。"习近平总书记这一重要论述，旨在告诫广大党员干部，唯有占据精神的高地，才能托起民族复兴的伟大梦想。

党内法规规定了更多的党员基本权利类型和更加有力的保障措施。十二大党章将党员权利分为8大类，主要包括知情权、受培训权、与会权、讨论权、建议权、倡议权、批评权、检举权、选举权、被选举权、表决权、作证权、申辩权、护权、保留权、请求权、申述权和控告权等18种具体权利。

中共十四届四中全会通过了《关于加强党的建设的几个重大问题的决定》，明确提出要制定党员权利保障条例，具体规定党员规范行使权利的原则和保障党员行使权利的措施。1995年，制定了《中国共产党党员权利保障条例（试行）》，2004年10月，中共中央正式颁布实施了《中国共产党党员权利保障条例》。这些党员权利保障方面的规定为保护党员权利和党员行使权利提供了制度性依据。

党的十八大以来，党中央坚持严的主基调，制定修订关于干部选拔任用、教育管理、考核、问责、处理处分等一系列党内法规，加强全方位监督管理，健全正向激励机制，党员干部工作积极性充分激发，精神面貌发生很大转变，干事创业责任心明显增强，依法依规办事逐渐成为一种习惯。有的基层党组织通过加强党章党规学习教育，普及党规知识、树立党规权威、强化党规意识，大大提高了基层治理水平。

第四节 切实提高党内法规的执行效能

2021年12月20日,全国党内法规工作会议在京召开。会议在充分肯定党的十八大以来党内法规制度建设的显著成绩的同时,还特别强调要"深入推进党内法规制度建设,使党内法规体系更加完善、制度执行更为严格、制度优势更好转化为治理效能"。

党内法规执行效能如何,直接影响党内法规的权威、价值和生命力,影响全面从严治党的实际效果。由于受党员干部思想认识、法规执行和监督机制等因素的制约,党内法规执行效能与全面从严治党要求还有一定差距。

近年来,从中央到地方不断增强党内法规执行的刚性约束,用法规制度严格规范党员干部言行,提高党内法规的执行效能,以党内法规的有效执行推进国家治理体系和治理能力现代化。

一、促进党内法规宣传教育真正入脑入心

党性是中国共产党在长期革命、建设、改革过程中形成的组织原则、工作作风和核心价值观的集中体现。

从表面看来,党内法规制度建设是一种刚性的制度措施,而从更深层次上来看,是马克思主义理想信念在中国共产党人思想奠定与政治认同上的实现。

党的十八大以来，党中央坚持思想建党和制度治党同向发力，不断锤炼党性，促进法规教育不断向"深"扎根，有效避免党内法规出现边缘化、形式主义的困境，使党员干部深刻筑牢对法规制度的认可和信仰之基。

首先，以党章为根本构建法规宣传教育长效机制。党的十八大以来，新时代"不忘初心、牢记使命"等系列主题教育的顺利开展和突出成效，凸显了全党学习贯彻习近平新时代中国特色社会主义思想、学习遵守党章的重要价值，进一步指明了党内法规的价值基点。

同时，构建以党章为根本的法规宣传教育长效机制，在规范有序的党组织政治生活中，"引导各级干部自觉学习党章、遵守党章、贯彻党章、维护党章，真正使党章内化于心、外化于行"，增强党员对法规建设的认同感和责任感，强化政治意识，永葆共产党人的政治本色。

中国共产党面临的"四大考验""四种危险"是长期的、尖锐的，影响党的先进性、弱化党的纯洁性的因素也是复杂的。从价值观念入手，以加强党性教育为根本来构建和完善法规宣传教育的长效机制，克服单一说教和制度的单向约束，在开放式、多场景的日常工作实践中强化对党员干部的价值激励和制度示范功能，更能达到增强党员党性的根本性、长远性目标。

其次，以多元载体创新保证法规宣传教育的效果。一是创新党内法规宣传教育载体。比如，有些地方树立分类施教、协同发力的原则，激活报刊、广播、电视等主要党政信息宣传教育阵地，发挥其覆盖面广的传播优势，同时注重融合互联网、微视频、微博、微信等新媒体平台资源，增强法规的传播效率和接受程度，统筹强化法规宣传教育的合力。

再如，运用现代虚拟科技和人工智能技术，深入开发和利用具有不同地方特色的廉政文化资源，如文化馆、博物馆、廉政警示教育基地、红色革命圣地等，构建全媒体学习传播平台，减少实地学习调研的经费支出和可能出现的效果失衡问题，为党员和公众提供更多元、更快捷的学习渠道。

二是积极深入开展党内法规的文本阐释和普及工作。比如，有些地方在党内开展集中教育活动，着力讲清楚法规制定的依据和意义、主要内容、执行过程中的要点等，在党组织政治生活中，鼓励党员干部开展学习讨论，引导党员干部深刻领会党内法规的要义，推进全党形成学习贯彻法规的浓厚氛围。

再如，有些地方采取以案释规的方法，将现实违规案件的处理过程同党内法规的文本内容进行对照解释，以实际运行效果为切入点开展法规普及工作，增强党员干部对党章党规党纪的认同感和敬畏感。

三是推进党内法规宣传教育在基层落实、落地。基层党员干部和人民群众的联系更为直接和紧密，不仅展示党的形象，也直接影响人民群众的价值认知。基层党组织将法规的宣传教育落实到位，方能打通知规的"最后一公里"。因此，在法规宣传教育中，有些地方积极强化基层党员干部的责任定位，敢于并正确回应人民群众关注的问题，更加有针对性地开展法规的学习和宣传，激发党员和人民群众共同学习党规、了解党规的积极性，有效增强了基层党组织的内生活力和战斗堡垒作用。

第三，使法规宣传教育同良好政治文化生态互生互促。全面净化党内政治文化生态，不仅为党内法规宣传教育提供了良好氛围，也提供了方法遵循。良好的党内政治文化生态的形成，同党内法规的宣传教育是相辅相成、相互促进的两个方面，不仅能够增强法规宣传教育工作的正向叠加效应，而且能够为提升法规制度建设水平提供科学价值导向。

在实践中，不少地方要求全体党员干部从点滴小事做起，着眼全局和长远，以涵养优良的党内风气和党的作风为根本，协同推进法规制度宣传教育，为党和国家事业健康有序运转奠定强大政治保障。

二、抓住"关键少数"强化法规执行的双重效力

中国共产党实行层级式垂直管理，因此保障党内法规的有效执行，巩固落实党中央管党治党的战略决策，也要牢牢抓住党员领导干部这个"牛鼻子"。

一方面，着力发挥党员干部的领导示范功能，增强正向引导效应。领导班子和党员干部起到带动各部门和整个党组织积极遵守践行法规的作用，并在整个过程中起到重要示范效应。当前，有些地方在以领导干部为榜样的基础上，进一步强化集体实践，深入开展部门和党组织内部的互动学习交流，并围绕部门日常工作不断总结经验与不足，不断强化领导干部的正向示范引领力，切实提升全体党员严格执行党内法规的意识和本领。

另一方面，建立健全对"一把手"的监督惩戒机制，发挥有效的警示作用。"一步实际运动比一打纲领更重要。"通过健全对地方党政主要领导干部执规不力的监督惩戒机制，有效防止部分个人的特权主义行为导致的"破窗效应"，进而大幅降低党内法规执行不力的现象。

各级纪委通过完善审查监督制度机制，加强对领导干部虚置法规、投机敷衍行为的辨别能力和惩戒力度，根除任何侥幸心理和潜在隐患，着力为法规的有效执行创造良好条件，强化法规的权威地位。

三、优化党组织内部法规工作人才队伍建设

在健全完善法规执行制度机制的同时，"人"这一主体所起到的终端性、关键性作用不容忽视。近年来，各级有关部门从"人"这一主体入手，优化法规工作人才队伍建设，切实增强党对法规工作的集中统一

领导和整体治理效能。

一是健全各级党内法规工作机构。

2015年8月,中央层面首次建立了党内法规工作联席会议机制。各省区市也普遍建立联席会议机制,统筹推进党内法规制度建设各项工作。各省区市和中央部门普遍设立党内法规工作机构,市县两级党委均有专门机构或力量承担党内法规工作,工作机构逐步健全。党委、人大常委会、政府、军队间备案审查衔接联动机制不断健全,增强了备案审查工作的联动性。

针对部分地区党内法规工作机构不健全、人员缺失的情况,有些地方根据本地实际,整合机构职能,独立设置法规办公室,保证法规工作队伍和人员结构相对稳定。建立调研活动基金保障机制,纳入同级政府财政预算,为党内法规工作的正常开展提供支持,充分发挥各级法规工作机构在全面从严治党战略布局中的重要保障作用。

二是配备高层次的法规工作人才力量。

针对部分基层党组织机关中存在法规工作人员定编不足、素质能力不高或者工作兼顾过多等问题,有些地方从人员数量和人才培养两方面着手,推动法规工作的规模化、高质量发展。

近年来,有关部门突出政治标准,加强党内法规专门工作队伍建设,在中央党校(国家行政学院)和3所干部学院先后举办5期全国党内法规制度建设专题培训班,各地也举办形式多样的学习培训。中国法学会、中央办公厅法规局联合组织编写并出版列入"马工程"项目的《党内法规学》统编教材。全国10所高校设立了党内法规研究方向、开展研究生教育,有的高校在本科阶段开设党内法规专业课程,党内法规人才培养迈出坚实步伐。

三是健全法规执行情况的个人考评和激励机制。

在监督考核工作中,有些地方从党委(党组)主体责任、书记第一责任和纪委监委监督责任入手,将党内法规执行落实的具体情况纳入组织绩效考核和人员选拔任用的评估要素中。在此基础上,由同级党委进行指导和考评工作,同级纪委实行日常监督,上级党委和纪委定期听取报告、实地巡视调研和监督检查,在考核评估的同时及时作出奖惩,严格要求相关工作人员和工作部门及时整改,形成抓好法规工作的制度驱动力。

四、高度重视党内法规理论研究

近年来,党内法规研究受到法学、政治学、马克思主义等学科的关注,产生了一大批研究成果,《十九大以来常用党内法规导读》《党内法规学》等研究著作纷纷问世,反映了我国不断完善全面从严治党制度的新成就。

党的十八届四中全会将党内法规体系纳入中国特色社会主义法治体系进行统一部署,党的十九大提出加快形成覆盖党的领导和党的建设各方面的党内法规制度体系,党的十九届四中全会提出加快形成完善的党内法规体系。党的十八大以来,中国共产党党内法规体系建设进入"快车道"。

近年来,党内法规之所以能够迅速成为党内外关注的中心,直接源于党中央提出的一系列治国理政新理念新思想新战略,特别是全面依法治国和全面从严治党的生动实践,为党内法规研究提供了空前的发展机遇。

2018年9月9日,由中国法学会党内法规研究中心和武汉大学党内法规研究中心共同主办的首届全国党内法规研究机构建设论坛在武汉隆重召开。来自全国16家党内法规研究机构负责人、各界专家学者围绕"党内法规研究机构建设的使命与挑战"这一主题,共同探讨了党内法规研究机构的建设问题,为党内法规研究机构的建设与发展出谋划策。

党的十八大以来特别是全国党内法规工作会议以来，各省区市党委和各高校科研院所以前所未有的高度重视党内法规机构建设特别是研究机构建设，党内法规研究机构纷纷成立。目前，全国范围已有27个省区市设立党内法规研究机构或学术团体，现有党内法规研究会、研究中心等82个，理论研究队伍不断壮大。近4年国家社科基金项目课题指南中列入党内法规研究课题共计84个，形成了一批理论研究成果。党的十八大以来，"中国知网"收录的以党内法规为主题的论文文章将近7000篇，党内法规研究逐渐成为"显学"。

新时代以来，以党内法规理论、党内法规制度、党内法规实践研究为主干，以党内法规概念、范畴、历史、功能、方法论、制定、执行、监督、制度体系等理论和实践命题为结构框架的党内法规理论研究体系基本形成。

目前，党内法规研究主题总体呈现出高度集中与相对分散的统一，相关学者对党内法规基础理论给予高度关注，对党内法规基本概念、基本范畴等基础理论命题达成基本共识，研究正朝着精细化、深层次化方向迈进。

第五章
以思想政治建设为全面从严治党补精神之钙

"治天下,莫不以教化为大务"。中国共产党清醒地认识到,科学理论是正确行动的先导,理想信念是共产党人的政治灵魂,精神上"缺钙"是一切思想滑坡的根源。党内存在的种种问题,根本原因在于理想信念动摇、初心信仰迷失,管党治党必须从固本培元、凝神聚魂抓起。要炼就"金刚不坏之身",必须用科学理论武装头脑,不断补精神之钙,培植共产党人的精神家园。

第一节

党的群众路线标注共产党人的精神坐标

"开展党的群众路线教育实践活动,就是要使全党同志牢记并恪守全心全意为人民服务的根本宗旨,以优良作风把人民紧紧凝聚在一起,为实现党的十八大确定的目标任务而努力奋斗。"

中共中央政治局 2013 年 4 月 19 日召开会议,决定从 2013 年下半年开始,用一年左右时间,在全党自上而下分批开展党的群众路线教育实践活动。中央政治局带头开展党的群众路线教育实践活动。

会议指出,当前,党员干部贯彻落实党的群众路线总体是好的,在联系服务人民群众方面做了大量富有成效的工作,但也存在着不符合为民务实清廉要求的问题。特别是有的领导机关、领导班子和一些领导干部形式主义、官僚主义、享乐主义突出,奢靡之风严重,主要表现在理想信念动摇,宗旨意识淡薄,精神懈怠;贪图名利,弄虚作假,不务实效;脱离群众,脱离实际,不负责任;铺张浪费,奢靡享乐,甚至以权谋私、腐化堕落。

这是振聋发聩的警醒:"如果任由这些问题蔓延开来,后果不堪设想,那就有可能发生毛泽东同志所形象比喻的'霸王别姬'了。"

这是时不我待的呼唤:"我们一定要牢记'奢靡之始,危亡之渐'的古训,对作风之弊、行为之垢来一次大排查、大检修、大扫除。"

党的十八大以来,以习近平同志为核心的党中央将党的建设、党与人民群众的关系问题,作为实现中华民族伟大复兴中国梦的有力支点。党的群众路线教育实践活动由此在全党迅速深入开展起来。

一、为全党示范,以上率下行胜于言

党同人民群众的血肉联系,是生命线。而维系这条生命线的重要纽带,就是中国共产党的作风。

曾经有一段时间,少数党员、干部的作风之弊、行为之垢几成积重难返之势。集中表现在:特权思想严重,服务意识淡薄,门难进、脸难看、事难办;有的领导干部脱离实际搞"形象工程""政绩工程",劳民伤财,破坏生态;少数领导干部奢靡享乐,甚至腐化堕落,严重败坏一个地区、部门甚至社会的风气;各种检查评比名目繁多,基层疲于应付;一些基层干部工作方法简单,作风粗暴,吃拿卡要,甚至与民争利。

人心向背,关乎党的生死存亡。工作作风上的问题绝对不是小事,如果不坚决纠正不良风气,任其发展下去,就会像一座无形的墙把中国共产党和人民群众隔开,中国共产党就会失去根基、失去血脉、失去力量。

"俭则约,约则百善俱兴;奢则肆,肆则百恶俱纵。"享乐奢靡等不正之风,与腐败同声相应、同气相求、相伴而生,如果任由其愈演愈烈,纵使万丈高楼,倒下也不过顷刻之间。

曾经有这么一则故事:原苏共领导人勃列日涅夫掌握最高权力以后,兴高采烈地把老母亲从乡下接到莫斯科,骄傲地展示自己的豪华别墅、名贵家具。老太太说:"孩子啊,这一切好是好,但共产党来了怎么办?"

这一问多么发人深省!有着九十余年历史的苏联共产党不是没有过辉煌,但由于自身蜕化变质,党内享乐奢靡不止,形式主义、官僚主义日盛,最终被历史的大潮所吞噬,可谓"其兴也勃,其亡也忽"。

不唯苏联如此,古今中外这样的教训不胜枚举。回望历代中国封建王朝，风气一旦开始败坏，无不是愈演愈烈，最终尽失民心、导致人亡政息。

历史循环往复，在这看似打不破的规律面前，新一代中国共产党人再次用自己的行动给出了有力回答——群众路线是中国共产党的生命线和根本工作路线，是党永葆青春活力和战斗力的重要传家宝。

"一个地方的工作，成在干部作风，败也在干部作风；一个地方的事业，兴在干部作风，衰也在干部作风。"2012年12月，习近平总书记在广东考察时所作的论述，深刻阐明了干部作风同党和国家事业发展的关系。

针对党内存在的形式主义、官僚主义、享乐主义和奢靡之风等"四风"问题，2013年5月9日，中央下发《关于在全党深入开展党的群众路线教育实践活动的意见》提出，中央政治局常委同志建立教育实践活动联系点，对联系点所在地方和分管领域的教育实践活动进行指导。

2013年5月16日，中央政治局常委会议审议通过《关于中央政治局常委同志建立党的群众路线教育实践活动联系点的方案》。2013年6月27日，习近平总书记审定《中央政治局常委同志第一批教育实践活动联系点具体工作的意见》，明确中央政治局常委同志在教育实践活动3个环节的具体指导任务，要求加强统筹协调，加强具体指导，把联系点办成示范点。

习近平总书记等中央政治局常委同志亲力亲为，全程指导联系点省区的教育实践活动，为全党开展教育实践活动作出示范。

在学习教育、听取意见环节，分别到联系点省区调研指导，推动教育实践活动开好头起好步。2013年7月11日至12日，习近平总书记到河北调研指导，深入农村、机关、服务窗口，与各级干部和党员、群众座谈，又一次参观西柏坡革命圣地，强调全党同志要不断学习领会"两个务必"的深邃思想，始终做到谦虚谨慎、艰苦奋斗、实事求是、一心为民，继续把人民对我们党的"考试"、把我们党正在经受和将要经受各种考验的"考试"考好，使我们的党永远不变质、我们的红色江山永远不变色。要求教育实践活动要调动领导干部和广大群众两个积极性，打牢学习教育和查摆问题两个基础，抓住整改落实和建章立制两个关键，着力增强思想自觉和行动自觉，切实做到不虚、不空、不偏，确保健康开展、取得实效。中央政治局常委其他同志分别深入各自联系点省区，宣讲中央精神，实地考察基层单位，广泛听取意见建议，指导联系点省区扎实开展教育实践活动。

在查摆问题、开展批评环节，全程出席联系点省区党委常委班子专题民主生活会，指导班子成员贯彻整风精神，开展积极健康的思想斗争。2013年9月23日至25日，习近平总书记出席指导河北省委领导班子专题民主生活会，审阅省委征求意见情况、省委领导班子和党政主要负责同志对照检查材料，听取中央督导组汇报，与党政主要负责同志谈心谈话，听取领导班子及其成员对照检查发言并进行点评，提出指导意见。强调要坚定理想信念，切实解决好世界观、人生观、价值观这个"总开关"问题；树立正确政绩观，切实抓好打基础利长远的工作；发扬钉钉子精神，切实把工作落到实处；坚持正确用人导向，引导广大干部真抓实干；运用坚持贯彻民主集中制、坚持用好批评和自我批评武器、坚持严格党内生活、坚持党性原则基础上的团结等"重要法宝"，提高各级领导班子解决自身问题的能力。中央政治局常委其他同志分别出席指导联系点省区党委领导班子专题民主生活会，督促领导班子及其成员深入查摆"四风"问题，认真开展批评和自我批评，收到了既红脸出汗又加油鼓劲的效果。

在整改落实、建章立制环节，通过审阅整改方案、专门听取汇报、电话交流、指示批示等方式，加强对联系点省区整改落实的具体指导。2013年12月9日，习近平总书记在京听取河北省委教育实践活动总体情况汇报，要求确保整改成效让群众看得见、感受得到、大多数人满意，确保形成的制度行得通、指导力强、能长期管用，确保整个活动善始善终、善作善成。强调要把讲"认真"的劲头体现在干事创业的方方面面，也体现在党内生活的方方面面。中央政治局常委其他同志分别听取联系点省区教育实践活动情况汇报，对深入抓好整改落实、建章立制工作和巩固发展活动成果提出具体要求。

一个实际行动胜过一打纲领。在习近平总书记等中共中央政治局常委同志率先垂范、全程指导联系点教育实践活动的行动中，人们看到了以习近平同志为核心的党中央对从严治党的政治担当和加强作风建设的坚定决心，看到了共产党人反躬自省、求真务实的崇高品格。

二、补精神之"钙"，学习教育贯穿始终

领导带头就是鲜明的旗帜，上级垂范就是无声的命令。联系点省区党委着力把习近平总书记等中共中央政治局常委同志指示精神落到实处，深入抓好教育实践活动每一环节工作，努力做全党教育实践活动的排头兵。

习近平总书记等中央政治局常委同志强调，要把学习教育、提高思想认识贯穿始终。在学思践悟中磨砺党性心性，提高党性修养。要坚持优良学风，坚定理想信念，强化宗旨意识，增强中国特色社会主义道路自信、理论自信、制度自信。

按照要求，河北开展理想信念、优良传统、实践体验、正反典型"四项教育"；广西对照党章党纪、民心民意、先锋先辈"三面镜子"正心、正身、正行；江苏对省管干部学习贯彻总书记系列讲话精神分7期进行轮训，使广大党员干部产生猛击一掌的警醒；甘肃、浙江、黑龙江分别组织领导班子成员到八路军兰州办事处、嘉兴南湖、北大荒博物馆接受革命传统教育；四川开展向兰辉等先进典型学习活动，增强贯彻

党的群众路线的自觉性和坚定性。

按照习近平总书记等中央政治局常委同志"立足本地实情,联系思想、工作和生活实际,坚持问题导向,鼓励大家讲真话、提意见,切实把存在的问题搞清楚、找出来"的要求,联系点省区树立发现问题是本领、解决问题是能力、找不出问题是最大问题的意识。截至2014年1月,通过不同方式听取各方面意见一般在3轮以上,共征求到36万多条意见,梳理领导班子的"四风"问题314个、班子成员的1531个。

在此基础上,省区党委书记亲自主持起草班子对照检查材料,班子成员自己动手撰写个人对照检查材料;主动听取中央督导组的意见,反复修改、层层把关。

在联系点省区召开专题民主生活会之前,习近平总书记等中央政治局常委同志明确指示,要"勇于拿起批评和自我批评的武器,开展积极健康的思想斗争,敢于揭短亮丑、动真碰硬,达到出出汗、排排毒的效果"。

对照要求,联系点省区领导班子成员之间敞开心扉摆问题,打消顾虑提建议,平均每个省区常委班子成员之间相互提批评意见70多条;在一些省,对有的同志开展批评、点评的时间比本人发言时间还长。

"要把整改落实、解决实际问题贯穿始终。要对解决'四风'问题盯住不放,排任务书、时间表、责任人,确保整改一丝不苟落实。要求真务实,从实际出发,确定有限目标,由浅入深、由易到难、循序渐进,说出一条做到一条。"习近平总书记等中央政治局常委同志对联系点省区整改落实工作提出明确要求。

在习近平总书记等中共中央政治局常委同志指导下,联系点省区在真学、真查、真改、真抓上下真功夫,努力取得实效,化解了人民群众对活动"一阵风"的担忧,消除了不少干部"避风头"的心理。

联系点省区在活动一开始就普遍治理"文山会海"、清理办公用房、清退超配公车、取消党政机关配备的"O"牌和军警号牌车。进入整改落实环节后,专项整治进一步深化。

这是"标杆效应"的鲜明体现——

习近平总书记出席指导河北省委领导班子专题民主生活会经媒体报道后,第一批活动单位比着学、照着做,专题民主生活会开出了党内生活新气象。

2013年9月上旬至12月上旬,3个月时间,第一批参加教育实践活动的259家单位陆续召开领导班子专题民主生活会。3000多名党的中高级领导干部,贯彻整风精神,大胆使用批评和自我批评有力武器,历经了一场深刻的思想政治洗礼。

截至2013年底,联系点省区以省委、省政府名义召开的会议同比减少35%以上,文件减少15%以上,清理评比达标表彰项目12164个,压缩"三公"经费33.73亿元,停建楼堂馆所项目519个,清理超标办公用房174.22万平方米,清理超标超配公务用车22457辆。同时,联系点省区共查处违反中央八项规定精神的问题5374起,通报、曝光典型案件858起,处理6820人,给予党纪政纪处分2560人。

三、除行为之垢,整改落实钉紧钉子

"河北1.7万辆O牌车全部取消"、"广西党政机关公务用车编制压减26%"、"发改委取消和下放行政审批事项46项"……教育实践活动中,各地区各部门各单位破除"官场陋习"、攻坚顽症痼疾,依靠扎扎实实整改,赢得群众真真切切的满意。

国家统计局2013年11月民意调查显示,87.3%的群众认为不正之风和腐败问题与以往相比有好转;人民网网络问卷调查显示,78.9%的受访者认为身边党员干部的工作作风有明显改进。

形式主义得到有效整治。各地区各部门各单位普遍精简会议30%

以上、文件20%以上、考核评比项目40%以上。领导干部出席活动和宣传报道均大幅减少，公务接待愈加简化。官僚主义得到积极遏制。中央国家机关、省区市取消和下放行政审批事项分别在20%、25%以上，审批提速30%以上。省区市减少各类领导小组、议事协调机构普遍在50%以上。一些"庸懒散"和"吃拿卡要"问题被查处和曝光，一些涉法涉诉、征地拆迁、上学就医等方面侵害群众利益行为被坚决纠正。

享乐主义得到大力治理。各地区各部门各单位普遍清理超配超标公车、超标办公用房，兼任多个职务的领导干部普遍只留一处办公用房，普遍做到"零持有"会员卡。清退超标超配公车11.4万辆，普遍取消违规配备的"O"牌车和军警号车；调整多占办公用房2227.6万平方米；压缩"三公"经费27.5%，达530.2亿元；查处公款送礼、公款吃喝3083起。

奢靡之风明显收敛。各地区各部门各单位普遍压缩"三公"经费10%以上，减少节庆论坛展会50%以上、压减经费60%以上，减少公费出国团组50%以上。看似枯燥的数字背后，是亿万群众心中的温暖，这些压减下来的费用，普遍投在民生领域，让困难群众过冬有煤烧、碗里多块肉。

当"四菜一汤"不再是新闻，当"问题官员"受到严肃查处，当身边"一头汗、两腿泥"的干部越来越多，当"说话有人听了，困难有人帮了"……越来越多的生动事例让人们感受到了教育实践活动带来的崭新气象。

在教育实践活动成效的积极影响下，社会上请客送礼、拉关系、找门路的现象正在减少，盲目攀比、挥霍浪费、大操大办等行为明显改观，规矩意识、节俭观念不断渗透到社会生活各个方面。

2014年10月8日，习近平总书记在党的群众路线教育实践活动总结大会上指出，经过这次活动，全党改进作风有了一个良好开端，但取得的成果还是初步的，基础还不稳固。这一次党的群众路线教育实践活动基本结束了，但贯彻党的群众路线、保持党同人民群众的血肉联系的历史进程永远不会结束。

教育实践活动总结大会举行之后仅仅4天，中央党的群众路线教育实践活动领导小组又一次召开会议，要求整改决不能出现"烂尾工程"和"形象工程"，决不能让"四风"问题反弹回潮。

2014年11月，中共中央办公厅印发《关于深化"四风"整治、巩固和拓展党的群众路线教育实践活动成果的指导意见》，对深化"四风"整治、巩固和拓展教育实践活动成果作出部署。

2014年12月，中央党的群众路线教育实践活动领导小组办公室印发通知，要求各地区各部门各单位按照指导意见的要求，开展教育实践活动整改落实情况"回头看"，中央教育实践活动办公室还将派出调研督查组，对整改落实和"回头看"情况进行随机抽查。

根据中央教育实践活动办公室对东中西部10个省区市开展调研和督查的情况，截至2014年12月，10省区市第一批活动单位整改任务完成约85%，第二批活动单位市级完成约70%，县乡完成约50%。

"中央抓得越紧、干部改得越好、老百姓越满意。"这是基层群众对巩固和拓展教育实践活动成果、持续推进作风建设的真心期盼。

变化是最扎实的答卷，事实是最有力的证明。通过一年多的教育实践活动，广大党员、干部精神上补了"钙"，"四风"得到有力整治，群众反映强烈的突出问题得到有效解决，影响群众切身利益的症结难点得到突破，严肃党内政治生活探索出了有效途径，以转作风改作风为重点的制度体系更加完善，党风、政风和社会风气为之一新。

党的群众路线教育实践活动，以中央八项规定为切口，以作风建设为重点，以涤荡"四风"为靶标，以解决问题为抓手，党的群众路线教育实践活动，锤炼了执政党党纪党风，催生了全社会新风新貌，为全面深化改革凝聚起强大的精神力量，标注出新时代共产党人的精神坐标。

专家学者这样阐释这场活动的深远意义——"它是以党的领导推动政治经济转型的重大努力。"而教育实践活动调研组在湖北菜市场遇到的一位老人，对此有自己更为言浅意深的理解——"就是要让干部花公家的钱心疼一点，干活儿实在一点，对老百姓好一点。"

"凡是影响党的创造力、凝聚力、战斗力的问题都要及时解决，凡是损害党的先进性和纯洁性的病症都要认真医治，凡是滋生在党的健康肌体上的毒瘤都要坚决祛除"，不断深入的党的群众路线教育实践活动，彰显着一个人民政党坚定守护生命线的卓绝努力。"与人民心心相印、与人民同甘共苦、与人民团结奋斗"，中国共产党再一次以坚实的行动，兑现着这始终不渝的铿锵承诺。

第二节
"三严三实"把道德自律和制度他律辩证统一

党的十八大以来，以习近平同志为核心的党中央推出改进作风的一系列重大举措，为作风建设赋予新的时代内涵。

2014年3月9日，习近平总书记在参加十二届全国人大二次会议安徽代表团审议时强调，各级领导干部都要树立和发扬好的作风，既严以修身、严以用权、严以律己，又谋事要实、创业要实、做人要实。

这一重要论述，言简意赅又内涵深刻，阐明了领导干部的修身之本、为政之道、成事之要，丰富了管党治党的思想理念，为加强党员干部党性修养、深入推进新时代党的建设提供了重要遵循。

从2015年4月开始，中国共产党在县处级以上领导干部中开展"三严三实"专题教育。作为加强党的思想政治建设和作风建设的重要举措，"三严三实"专题教育是对党的群众路线教育实践活动的延展深化。

一、准确把握"三严三实"基本内涵

"三严三实"把中国优秀的传统文化和时代精神做了一个非常完美的结合，把道德自律和制度他律，把自我约束和外在规范做了一个辩证的统一。

"三严"——

严以修身，就是要加强党性修养，坚定理想信念，提升道德境界，追求高尚情操，自觉远离低级趣味，自觉抵制歪风邪气。

严以用权，就是要坚持用权为民，按规则、按制度行使权力，把权力关进制度的笼子里，任何时候都不搞特权、不以权谋私。

严以律己，就是要心存敬畏、手握戒尺，慎独慎微、勤于自省，遵守党纪国法，做到为政清廉。

"三实"——

谋事要实，就是要从实际出发谋划事业和工作，使点子、政策、方案符合实际情况、符合客观规律、符合科学精神，不好高骛远，不脱离实际。

创业要实，就是要脚踏实地、真抓实干，敢于担当责任，勇于直面矛盾，善于解决问题，努力创造经得起实践、人民、历史检验的实绩。

做人要实，就是要对党、对组织、对人民、对同志忠诚老实，做老实人、说老实话、干老实事，襟怀坦白，公道正派。

"严"是正己，目的是"格物"；"实"是做事，前提是"正心"。

"严""实"合一是"内修"与"外为"的统一，本质是"知行合一"，实现改造主观世界与改造客观世界的统一、价值目标与实践目标的统一。"严"是出发点，"实"是落脚点。"三严三实"是党风廉政建设的核心，其根本在修炼党性，关键在做人做事，体现了正确的价值观和积极的人生观。提出"三严三实"，体现了中国共产党对中华优秀传统文化的创造性转化、创新性发展。

"三严三实"是中国共产党执政理念的鲜明体现、价值观念的精炼表述、哲学思想的大众表达、文化理念的经典阐释。

浩如烟海的中国古籍经典蕴含着丰富的做人、为官、从政之道。孔子学说实际上是一门治国理政安民之学、一部修身守德尊礼之典。

中国传统修身文化说一千道一万，落脚在做人、做事上就是两个字："严""实"。所以说，"三严三实"撷取中华优秀政德文化的精华，是对古代政德思想的科学提炼。

"严"体现在党的作风建设各个方面。毛泽东十分注重作风建设，对"无实事求是之意，有哗众取宠之心""华而不实，脆而不坚。自以为是，老子天下第一，'钦差大臣'满天飞"等现象做过严厉批评，指出"这种作风，拿了律己，则害了自己；拿了教人，则害了别人；拿了指导革命，则害了革命"。刘少奇在《论共产党员的修养》中说："每个共产党员，都应该脚踏实地，实事求是，努力锻炼，认真修养，尽可能地逐步地提高自己的思想和品质。"这些修养包括无产阶级的思想意识和道德品质，坚持党内团结、进行批评和自我批评、遵守纪律等。这些要求体现了中国共产党的政治品格和价值取向。

"实"贯穿中国共产党的奋斗历程。毛泽东思想是马克思主义基本原理同中国革命之"实"相结合的产物。实事求是、群众路线、独立自主是毛泽东思想活的灵魂。党的十一届三中全会以来，中国共产党总结新中国成立以来正反两方面经验，把工作重心转移到经济建设上来，解放思想，实事求是，开创了中国特色社会主义道路。邓小平理论就是马克思主义基本原理同当代中国之实践、时代发展之实际相结合的产物。"三个代表"重要思想进一步回答了"什么是社会主义、怎样建设社会主义"的问题，创造性回答了"建设什么样的党、怎样建设党"的问题，深化了对中国特色社会主义的认识；科学发展观对新形势下"实现什么样的发展、怎样发展"问题作出了新的科学回答，深化了对发展规律、建设规律、执政规律的认识。这些都是基于发展之实、执政之实的指导思想。党的十八大以来，以习近平同志为核心的党中央坚持实事求是的思想路线，实干兴邦、求真务实，把中国特色社会主义伟大事业推向了新的高度。可见，"实"是中国共产党的一贯追求。

共产党人有着封建官吏所不可比拟的明确政治方向、高洁思想境界、高远人生目标，是把远大理想与个人抱负、家国情怀与人生追求、党性修养与养德修身合而为一的先进分子。党章规定，党员干部要"加强道德修养，讲党性、重品行、作表率，做到自重、自省、自警、自励"。理论联系实际、密切联系群众、批评和自我批评三大优良传统，体现的也正是"严"和"实"的要求。

二、领导干部当好"三严三实"表率

"三严三实"要求是共产党人最基本的政治品格和做人准则，也是党员、干部的修身之本、为政之道、成事之要。

但近些年来，少数党员干部不修政德、丧失党性，究其原因，就是不严不实，在修身、用权、律己方面堤防失守。只有培养和造就符合"三严三实"要求的党员干部队伍，才能协调推进"四个全面"战略布局，实现"两个一百年"奋斗目标和中华民族伟大复兴的中国梦。

当好"三严三实"表率，是习近平总书记在中央政治局专题民主生活会上对中央政治局提出的要求，也是对各级领导干部发出的动员令。

2015年4月10日，中共中央办公厅印发《关于在县处级以上领导干部中开展"三严三实"专题教育方案》要求，要深入学习贯彻党的十八大和十八届三中、四中全会精神，深入学习贯彻习近平总书记系列重要讲话精神，紧紧围绕协调推进"四个全面"战略布局，对照"严以修身、严以用权、严以律己，谋事要实、创业要实、做人要实"的要求，聚焦对党忠诚、个人干净、敢于担当，着力解决"不严不实"问题，切实增强践行"三严三实"要求的思想自觉和行动自觉，努力在深化"四风"整治、巩固和拓展党的群众路线教育实践活动成果上见实效，在守纪律讲规矩、营造良好政治生态上见实效，在真抓实干、推动改革发展稳定上见实效。

方案强调，坚持从严要求，强化问题导向，真正把自己摆进去，着力解决理想信念动摇、信仰迷茫、精神迷失，宗旨意识淡薄、忽视群众利益、漠视群众疾苦，党性修养缺失、不讲党的原则等问题；着力解决滥用权力、设租寻租，官商勾结、利益输送，不直面问题、不负责任、不敢担当，顶风违纪还在搞"四风"、不收敛不收手等问题；着力解决无视党的政治纪律和政治规矩，对党不忠诚、做人不老实，阳奉阴违、自行其是，心中无党纪、眼里无国法等问题，推动各级领导干部把"三严三实"作为修身做人用权律己的基本遵循、干事创业的行为准则，争做"三严三实"的好干部。

从2015年4月底开始，"三严三实"专题教育在全党展开，中央政治局带头，坚持以上率下、示范带动。全国人大常委会党组、国务院党组、全国政协党组结合各自实际开展"三严三实"专题教育。同时，对省部级领导干部，市、县党政领导班子成员特别是党政主要负责同志，机关、企事业单位及其内设机构县处级以上领导干部和管理人员，分层提出要求。

"三严三实"专题教育作为党的群众路线教育实践活动的延展深化，作为加强党的思想政治建设和作风建设的重要举措，已经融入领导干部经常性学习教育，不分批次、不划阶段、不设环节，不是一次活动。"三严三实"专题教育在全党展开以来，在各级党政机关、人民团体及其内设机构县处级以上领导干部和事业单位、国有企业中层以上领导人员中开展，各级同步进行。

结合专题教育动员部署工作，县级以上党委（党组）书记带头讲"三严三实"专题党课。党委（党组）中心组和内设机构党组织开展"三严三实"专题学习研讨。2015年底，机关、企事业单位及其内设机构县处级以上党员领导干部年度民主生活会和组织生活会，以践行"三严三实"为主题进行。强化整改落实和立规执纪，坚持边学边查边改，主要领导干部带头,列出问题清单,一项一项整改,进行专项整治,严格正风肃纪。对存在"不严不实"问题的领导干部,立足于教育提高,促其改进;对群众意见大、不能认真查摆问题、没有明显改进的,进行组织调整。针对"不严不实"问题,建制度、立规矩,强化刚性执行。

开展"三严三实"专题教育以来,广大党员干部将"三严三实"要求体现于党的群众路线教育实践活动中,落实到持之以恒纠正"四风"行动中,不断取得作风建设新成效,赢得了党心民心。然而,不良风气不是一天形成的,作风建设也非一日之功。从2015年公布的3月份全国查处违反中央八项规定精神问题汇总表可知,该月查处问题数较前两个月有所增加,违规配备使用公务用车、违规公款吃喝等问题依然突出。这说明,"四风"病原体并未根除,如果党员干部不能自觉以"三严三实"要求武装头脑、提升自身免疫力,就很容易感染"中招",甚至会变成传染源,危及党的肌体健康。

"滴水穿石,一滴不可弃滞。"践行"三严三实",贵在持之以恒、久久为功,贵在"严"字当头、"实"字托底、以干为先,一步一个脚印、踏踏实实地推动领导干部在践行"三严三实"上制度化、常态化、长效化。

2017年10月18日,习近平总书记在十九大报告中指出,坚持全面从严治党,必须以党章为根本遵循,把党的政治建设摆在首位,思想建党和制度治党同向发力,统筹推进党的各项建设,抓住"关键少数",坚持"三严三实",坚持民主集中制,严肃党内政治生活,严明党的纪律,强化党内监督,发展积极健康的党内政治文化,全面净化党内政治生态,坚决纠正各种不正之风,以零容忍态度惩治腐败,不断增强党自我净化、自我完善、自我革新、自我提高的能力,始终保持党同人民群众的血肉联系。

2019年2月27日正式公布的《中共中央关于加强党的政治建设的

意见》也强调,坚持"三严三实",大力弘扬忠诚老实、公道正派、实事求是、清正廉洁等价值观。

全面从严治党,贵在驰而不息。经过"三严三实"专题教育的洗礼,党员领导干部树起标杆、形成示范,在深化"四风"整治、巩固和拓展党的群众路线教育实践活动成果上见到了实效,在守纪律讲规矩、营造良好政治生态上见到了实效,在真抓实干、推动改革发展稳定上见到了实效,我们的党更加团结统一,汇聚起实现民族复兴的磅礴力量。

三、"三严三实"专题教育扎实深入推进

自从开展"三严三实"专题教育以来,各地与做好当前改革发展稳定各项工作结合起来,与完成本地区本部门本单位重点工作任务结合起来,做到专题教育与日常工作有机融合、相互促进,两手抓、两不误。

湖南:"讲实用重实战求实效",打造过硬队伍。2015年10月12日,一场名为《"走读式"谈话的几点体会》的专题讲课,在湖南省纪委机关大会议室举行,主讲单位为第二纪检监察室。能容纳210人的会议室挤得满满当当,有的人还站着听课。

2015年3月以来,湖南省纪委根据"三严三实"专题教育要求,立足深入推进"三转"实际,在委厅机关开展"讲实用、重实战、求实效"专题培训。每月最后一个周五的下午,无论是委厅领导,还是委厅机关普通干部,都会带上笔记本,来到机关大会议室听课。"每月一课"的专题培训,全面贯彻"严"与"实"的要求,进一步助推纪检监察干部业务能力和综合素质的提升。

专题培训实行"轮班制",由省纪委机关案件监督管理室、第一至第七纪检监察室、案件审理室和纪检监察干部监督室等10个室为主讲单位负责授课,纪检监察一线的业务骨干走上讲台,交流工作经验。为

在培训中见成效,学习活动以规范办案文书、实战案例、办案技能技巧为重点,通过开展课前预告、课程互动、主讲与助讲结合、专题讨论、开辟学习专栏等方式,优化培训效果,形成了苦练内功、比学赶超的浓厚氛围。

江苏:以"严"和"实"的精神管队伍扛责任。"三严三实"专题教育开展以来,江苏省纪委从"严"上要求,向"实"处着力,努力以作风建设新成效促进能力素质新提升,推动监督执纪问责取得新业绩,切实将专题教育成果体现到党风廉政建设和反腐败工作实际中。

省纪委领导班子成员以身作则、率先垂范,深入学习习近平总书记系列重要讲话精神,认真开展每个专题交流研讨,省委常委、省纪委书记弘强既认真参加省委常委会交流研讨,又一丝不苟地参加省纪委班子交流研讨。省纪委机关以部门负责人为重点召开学习交流会,处级以上干部都深入查找自身"不严不实"问题,举办"践行三严三实,当好忠诚干净担当的纪检监察干部"演讲比赛,努力在思想和行动上都有新收获新提高。坚持边学边查边改,突出问题导向深入基层开展专题调研,组织召开党外人士情况通报会听取意见建议,列出问题清单,有的放矢,立行立改,切实强化"严于心、实于行"的具体举措。

内蒙古:从严从实加强基层基础能力建设。"三严三实"专题教育开展以来,内蒙古自治区纪委上下联动、整体聚焦,深入查摆"不严不实"问题。针对基层纪检监察机关"三转"不到位、组织基础和工作基础薄弱、基层人员素质参差不齐、制度建设不完善等问题,以开展全区"基层基础建设年"活动为载体,深化改革、集中攻坚、重点突破,从严从实加强基层基础能力建设,有力推动了基层党风廉政建设和反腐败工作不断深入。

福建:"严"字当头聚焦忠诚干净担当。开展"三严三实"专题教育以来,福建省纪委聚焦忠诚、干净、担当,强化对全省纪检监察干部的教育、管理、监督，切实做到"严"字当头、"实"在其中。

作为深入推进"三严三实"专题教育的一项有力举措，从2015年6月底中旬到10月底，福建省纪委联合有关部门开展"守纪律、讲规矩"警示教育活动，组织干部到省反腐倡廉警示教育基地，观看近年来发生在福建的39个腐败典型案例和20个落马官员的忏悔录。参加警示教育的省纪委机关干部表示，用身边的案例来教育身边人，在思想上产生了强烈的触动和警醒，今后要时刻绷紧"纪律"这根弦。

在严格教育的基础上，该省进一步加大干部管理力度。严格执行个人有关事项报告制度，针对抽查核实中发现的填报不规范问题，对34名纪检监察干部进行约谈，其中1人因漏报较多被暂缓提任。严格执行干部提任考察制度，强化对纪检监察干部作风、廉政情况的考察，及时核实考察中收到的问题举报，有1人经考察核实存在问题，予以暂缓提任。

广东："三严三实"专题教育触灵魂见实效。"三严三实"专题教育开展以来，广东省纪委把"三严三实"各项要求植根于思想，把思想政治建设激发的工作热情和进取心转化为深入推进党风廉政建设和反腐败斗争的强大动力。

领导率先垂范。广东省纪委主要领导带头为全体党员干部讲专题党课，查找了六个方面要求不严、作风不实的问题，以普通党员身份4次参加所在党支部的专题学习研讨。班子成员在深入学习基础上，结合自身学习、工作经历在每个专题教育大会和所在党支部会议上讲专题党课，以普通党员身份参加所在党支部学习。

学习触及灵魂。以"学习焦裕禄精神，践行'三严三实'"为主题，省纪委组织赴河南兰考焦裕禄干部学院进行集中学习培训，现场感受焦裕禄的崇高党性和伟大人格。委厅理论中心组精心组织"严以修身"等3个专题的学习研讨，省委党校专家、班子成员为党员干部作专题辅导报告，各室（厅部）负责人认真参加专题研讨，大家联系曾在省纪委工作过的王华元、朱明国、钟世坚等反面典型案例谈认识、查不足，表示要争当忠诚干净担当的标杆。

教育路径多元。组织专题学习《习近平关于党风廉政建设和反腐败斗争论述摘编》等文献和中央纪委"学思践悟"专栏系列文章，学习成果在内部刊物《机关党的生活》上专刊登载。集中组织观看反腐倡廉话剧《沧海清风》、大型反腐倡廉电影《黑瞳》和专题纪录片《谷文昌》。组织机关青年干部到中共三大会址和广东省反腐倡廉教育基地参观学习，以现场教学的方式开展党史教育、警示教育和法纪教育，使干部受警醒、明底线、知敬畏。

安徽：从严从实解决群众身边的腐败问题。针对群众反映强烈、影响力面大的"不严不实"问题，安徽省开展"强化责任担当、认真解决懒政怠政问题""强化正风肃纪、认真解决发生在群众身边的'四风'和腐败问题""强化为民服务、认真解决群众反映的突出问题"三个专项行动，集中攻坚、重点整治，不断把"三严三实"引向深入。

"强化责任担当、认真解决懒政怠政问题"专项行动，总体要求是牢牢把握"三聚焦三查找三确保"主线，强化综合预防治理，教育引导各级领导干部进一步强化责任、担当、创新、进取、奉献五个意识，真正把担当精神立起来，把严的标准树起来，进一步营造实干兴皖的良好氛围。专项行动着力解决精神状态不佳、工作标准不高、工作落实不力、担当意识不强、创新精神不够、工作纪律散漫等六个方面问题。

"强化正风肃纪、认真解决发生在群众身边的'四风'和腐败问题"专项行动，工作重点是针对当前基层党员干部违纪违法、侵犯群众权益、小官贪腐等现象，着力查处违反中央八项规定精神和"四风"问题、涉农专项资金管理使用等问题、征地拆迁和工程建设领域中违规违纪违法问题以及执法、监管、公共服务等窗口行业和领域违规违纪违法问题。各级纪检监察机关会同教育、公安、民政、财政、农业等部门和检察机关开展线索排查,列出问题线索清单,建立工作台账,实行销号管理。对"四风"问题突出的,以及出现严重腐败案件、影响恶劣的,严格执纪问责,坚持"一案双查",不仅要追究直接责任人的责任,还要追究领导责任。同时,加强督促指导,坚持重心下移,建立长效机制,注重源头预防,进一步完善基层党风廉政建设制度机制。

……

作风建设永远在路上,只有发扬钉钉子精神,一锤接着一锤敲,一个节点一个节点坚守,一个问题一个问题解决,不松劲、不停步、再出发,一刻不停歇地推动作风建设向纵深发展,才能将这张亮丽名片越擦越亮。

第三节

"两学一做"夯实全面从严治党基础性工程

2016年2月下旬,中央办公厅印发《关于在全体党员中开展"学党章党规、学系列讲话,做合格党员"学习教育方案》,推动党内教育从"关键少数"向广大党员拓展、从集中性教育向经常性教育延伸。

"两学一做"学习教育开展以来,各级党组织认真贯彻落实中央要求,紧盯"学"这个基础,狠抓"做"这个关键,在"学"中筑牢思想根基,在"做"中彰显先锋本色,全面从严治党向基层延伸迈出坚实步伐。

一、从"关键少数"向广大党员拓展

"两学一做"学习教育,是加强党的思想政治建设的一项重大部署,是协调推进"四个全面"战略布局特别是推动全面从严治党向基层延伸的有力抓手,是全面从严治党的基础性工程。

习近平总书记亲自指导推动,主持中央政治局常委会会议审议"两学一做"学习教育方案,先后20多次作出重要指示批示,深刻指出开展"两学一做"学习教育是协调推进"四个全面"战略布局的有力抓手,是党的建设的一件大事;强调基础在学、关键在做,把思想教育放在首位,把合格党员的标尺立起来,有针对性地解决问题;要求抓住"关键少数",抓实基层支部,突出日常教育,加强分类指导,树立时代楷模,落实各级党组织管党治党主体责任,做好抓基层、打基础的工作,使每个基层党组织都成为坚强战斗堡垒。习近平总书记一系列重要指示批示,为开展学习教育指明了方向,提供了根本遵循。

为抓好"两学一做"学习教育,中共中央政治局常委、政治局委员以讲党课、参加支部组织生活等方式带头参加学习教育,以上率下,树标立规。

2016年底,中央政治局召开民主生活会,以深入学习领会党的十八届六中全会精神为主题,围绕"两学一做"学习教育要求,重点对照《关于新形势下党内政治生活的若干准则》《中国共产党党内监督条例》,联系实际、自我检查、坦诚交流、统一思想,为全党作出示范。中央组织部会同中央纪委机关、中央宣传部、中央党校和中央直属机关工委、中央国家机关工委、教育部、国务院国资委等部门,充分发挥职能作用,推进学习教育扎实开展。

上为之,下效之。中央示范引领形成强大的"头雁效应",影响带动各级党组织上下扎实开展学习教育。

全国人大常委会、国务院、全国政协和最高人民法院、最高人民检察院党组认真贯彻党中央要求,向党中央看齐,高度重视、精心组织,结合实际扎实有效开展学习教育。党组成员带头示范,推动"两学一做"学习教育取得好的效果。

中央组织部会同中央纪委机关、中央宣传部、中央党校等单位,全力抓好"两学一做"学习教育组织推进工作,制定学习安排具体方案,设立"两学一做"学习教育协调小组,组建督导组下沉基层一线调研督导,确保中央部署要求层层落实、见到实效。

各级党员领导干部切实树立标杆、行之以躬,先学一步,学深一层。先后通过个人自学、中心组集中研讨、领导干部读书班、邀请专家解读等方式,普遍重温《党委会的工作方法》,认真学习贯彻党的十八届六中全会精神,原原本本研读《关于新形势下党内政治生活的若干准则》《中国共产党党内监督条例》，掌握精神实质，真正学懂弄通、学深悟透。各级党员领导干部还普遍以普通党员身份参加所在党支部组织生活，到所在支部和所联系的基层党组织讲党课，与基层党员一起重温入党誓词，谈体会、讲感受、查不足、明方向。

学习教育每推进一步，督查指导工作就跟进一步。各级党委（党组）坚持严的标准、严的措施、严的纪律，以强有力的组织领导保证学习教育各项任务落到实处。党员、干部学习贯彻习近平总书记系列重要讲话精神的政治自觉达到新的高度，政治意识、大局意识、核心意识、看齐意识显著增强，严肃党内政治生活、加强党内监督工作不断深化，党的组织生活更加严格规范，一批基层党建突出问题得到有效解决，领导干部骨干带头作用、基层党组织战斗堡垒作用、党员先锋模范作用进一步发挥。

二、把全面从严治党落实到每个支部

各级党组织按照基础在学、关键在做的要求，突出以上率下，突出问题导向，突出经常性教育特点，推动学习教育扎实深入开展。

一是抓住"关键少数"，领导带头示范。

各级党委（党组）着眼提高政治站位、增强政治能力，坚持从领导机关、领导班子、领导干部抓起，组织党员、干部深入学习习近平总书记系列重要讲话，学习党章党规，用以武装头脑、指导实践、推动工作、规范行为。

各级党委（党组）普遍以理论学习中心组学习为主要形式，采取个人自学、分头领学、集中研讨的办法，深入领会习近平总书记系列重要讲话精神实质和实践要求，全面掌握党章党规基本内容和基本要求。省级党委（党组）理论学习中心组专题学习研讨普遍在 8 次以上。许多市、县党委坚持每周利用 1 个晚上，及时跟进学习习近平总书记重要讲话精神。

与此同时,省、市、县党委和部门、企业、高校党委(党组)普遍举办专题学习研讨班,集中 3 天至 5 天时间,采取个人自学和集体学习相结合、领读诵读和专题研讨相结合等多种方式,组织党员、干部原原本本、逐篇逐段学党章党规、学系列讲话。各级党校、行政学院、干部学院把系列讲话纳入主体班次课程安排,约 48 万名县处级以上领导干部参加了集中轮训。党员领导干部普遍以普通党员身份,到所在支部和联系点参加组织生活,同党员一起学习交流,为党员讲党课。

二是抓实基层支部,推动真学深学。

各级党组织把学习习近平总书记系列重要讲话精神作为首要任务,结合实际、精准施策,引导党支部发挥主体作用,让每名党员都学起来。

依托"三会一课"组织党员学。各级党组织以党支部为基本单位,以党员大会、党小组会、上党课为基本形式,定时间、分专题组织党员集中学习,每次学习有主题、有讨论、有收获。全国 390 多万个党支部普遍开展专题学习讨论 4 次以上,党小组普遍做到 1 个至 2 个月进行 1 次集中学习。

党支部书记领着党员学。各地区各部门各单位分级分批对党支部书记进行全员培训,组织他们先学一步、深学一层,引导他们用身边故事、群众语言带着党员一起学习。全国共培训党支部书记等基层党务骨干 360 多万人次。

运用新媒体方便党员学。中央组织部开设"两学一做"官网,浏览量超过 5000 万次;在共产党员微信公众号设立"两学一做"专栏,每天向 1500 多万名党员发送信息。许多省、市、县和部门、企业、高校党组织开设"'两学'天天读""红船领航"等微信公众号,建立"党员小书包"等手机 APP,基层党支部普遍建立党员微信学习群,打造"指尖上的课堂"。

引导基层党组织探索创新组织生活方式。许多地方和单位开展"支部主题党日",让党支部吹响"集合号",每月固定1天,每次确定主题,组织党员集中学习、听党课、交纳党费,开展民主议事和志愿服务等活动,深化学习教育效果。

三是注重以学促做,践行"四个合格"。

各级党委(党组)以严格党内政治生活、加强党内监督为抓手,引导广大党员特别是党员领导干部以"四个合格"为标尺,主动对照、深入查摆,学思践悟、筑牢"初心"。

做到"四个合格",首先要自觉践行政治合格。省级党委(党组)普遍开展了坚决维护党中央权威的专题研讨,一些单位还梳理学习马克思主义经典作家关于维护党的领袖、党的核心的重要论述,回顾中国共产党在重大历史关头人民领袖的坚定核心作用,引导大家筑牢忠于核心、维护核心的思想根基。

在执行纪律合格上,普遍要求党员干部践行《关于新形势下党内政治生活的若干准则》《中国共产党党内监督条例》,严格执行双重组织生活制度,在民主生活会和组织生活会上开展批评和自我批评,报告个人有关事项,说清楚纪检机关谈话函询的具体问题。

在品德合格上,主要从弘扬党的优良传统作风抓起,从注重家庭家教家风做起,从小事小节改起,引导党员干部自觉立德修德,守住做人、处事、交友底线。

检查党员是否合格,最终要落到发挥作用是否合格上。各级党组织通过树立正确用人导向、改进政绩考核评价、表彰激励先进典型、探索容错纠错机制等举措,让想干事、会做事、能成事的干部有平台、有舞台,引导党员干部担当负责、苦干实干。各地区各部门各单位围绕党员增强党性、发挥作用,开展党员亮身份、承诺践诺活动,倡导"志愿服务、党员先行",改进作风、展示先锋形象。

四是突出解决问题，开展集中整治。

"两学一做"学习教育开展以来，各级党组织贯彻带着问题学、针对问题改的要求，坚持思想问题和实际问题一起解决，党员干部问题和党组织问题一起整改，努力使党员干部有新形象、党组织工作有新气象。

针对少数党员"不在组织、不像党员、不起作用、不守规矩"等问题，许多地方建立党员不合格表现负面清单，制定党员日常行为规范。各省区市倒排整顿软弱涣散村、社区党组织7.7万个。

按照中央统一部署，着眼加强基础工作、补齐工作短板，中央组织部组织开展党员组织关系排查、基层党组织按期换届情况检查等基层党建7项重点任务，采取拉网排查、政策指导、定期调度、督查通报等方式，落到人、落到事，盯住抓、抓具体，一项一项见到实效。

三、最终要落实到行动中，体现在成效上

"两学一做"开展得怎么样，最终要落实到行动中，体现在成效上。

学习教育开展以来，从中央到地方，各级党组织和广大党员把学习教育同做好改革发展稳定工作结合起来、同做好本职工作结合起来，着力增强学习教育的针对性、实效性，为新形势下严格党内政治生活、加强党的思想政治建设探索积累了成功经验。

第一，用习近平总书记系列重要讲话精神武装全党取得重大进展，党员、干部"四个意识"显著增强。

通过系统学、深入学、跟进学，党员、干部普遍反映，更加增强了对习近平总书记系列重要讲话精神和治国理政新理念新思想新战略的思想认同、情感认同、实践认同，更加筑牢了坚定维护以习近平同志为核心的党中央权威的思想根基。许多党员、干部表示，要把"四个意识"作为政治信念坚守、作为政治底色保持，旗帜鲜明讲政治，始终在思想

上政治上行动上同以习近平同志为核心的党中央保持高度一致。

第二，党员、干部党性观念进一步强化，思想政治觉悟不断提高。

一些党员、干部表示，静下心来一字不落读党章，原原本本读习近平总书记重要讲话，学《关于新形势下党内政治生活的若干准则》《中国共产党党内监督条例》，找回了党员这个第一身份，唤起了共产党人的初心。许多党员、干部对照入党誓词、对照入党志愿书、对照榜样楷模，回顾入党的心路历程，反思在党的现实表现，深切感到党的意识增强了，政治纪律政治规矩的篱笆扎紧了，做合格党员、合格领导干部的努力方向更清晰了。

云南省委组织部提出了全省组工干部"十必须、十不准"和"机关工作十八法"，作为学习教育重要抓手，进一步强化组工干部工作作风。

福建省委组织部以学习教育为契机，在服务脱贫攻坚中深入开展"四下基层"活动，确保每半年实地调研帮扶解决问题一次。同时，推进在职党员进社区，引导党员干部与基层群众结亲戚、融真情、解难题。

第三，党的组织生活更加严格规范，党内政治生活的政治性、时代性、原则性、战斗性进一步增强。

各级党组织普遍反映，"两学一做"激活了制度功效，给组织生活赋予了实质内容，党内生活的"大熔炉"越烧越旺了。一些基层党员表示，每参加一次组织生活就收获一分，每学习一次就提高一层。大家感到，开展批评和自我批评越来越习惯、越来越正常，党内生活正在发生可喜变化。

第四，基层党建薄弱环节得到加强，整体工作水平有力提升。

许多党组织负责人表示，基层党建7项重点任务是对基层党建工作的"大起底""全透视"，找准了"软肋"，推动解决了多年没有解决的问题，产生了"四两拨千斤"的拉动效应，是组织建党的成功实践。大家表示，只有从基础工作抓起，从基本制度严起，从具体问题改起，一锤一锤钉钉子,才能种好全面从严治党的"责任田"。

第五,"四个合格"标准得到鲜明确立,广大党员在履职尽责、服务中心中展现先锋形象。

党员、干部普遍认为,"四讲四有""四个合格"为党员画了像、立了规,具有鲜明的时代内涵,记得牢、管得住。许多党组织负责人表示,通过学习教育,合格党员的标尺亮出来了,做人做事的底线画出来了,新时期党员应有的形象立起来了,党员知道路该往哪里走、劲该往哪里使了。不少群众反映,身边党员行为更规范了,办事更公正了,服务更到位了,更有党员的样子了。

认识有榜样,行动有标杆,方能推动学习教育往深处走,往实处落。各级党组织和广大党员干部纷纷把"党员"二字深根于思想中,体现到行动上。

浙江省委抓住服务保障 G20 峰会这一重大契机强化党员干部党性教育、磨砺党性观念。如杭州市推出"保障峰会争先锋、担当有为谋新篇"主题活动;嘉兴市发挥"红色志愿之城"优势,发动全市 5 万多名党员志愿者服务保障 G20。

辽宁省发展改革委组织"我为项目年做贡献"活动,极大激发了机关党员推动重大项目建设的聪明才智,2016 年上半年共推进了 33 个 10 亿元以上重大建设项目。

……

江苏盐城市在龙卷风冰雹灾害中成立党员突击队、党群互助组,成为抗灾救灾的"主心骨";安徽组建党员突击队 2.1 万支,动员 61.3 万名党员,在抗洪一线擎起鲜红的党旗;武汉 400 名党员在江边面向党旗宣誓"人在堤在""坚决顶起自己该顶的那片天"。

这些镜头浓缩在一起,汇成了最温暖的底色,书写了广大党员践行"两学一做"的生动故事。

模范带头是"党员"二字的应有之义。如何让党员的身份意识更强,带头引领作用更明显……各级党组织有的放矢"开药方",进一步激发每个"细胞"的活力。广东乳源县东坪镇以"三夜三群"为切入点,在各村"夜访、夜谈、夜宿",开通"驻点工作、党员交流、党群互动"3个微信群,村子里多了不少党员干部忙碌的身影,群众生产生活难题得到了有效解决。在湖北,因致富能力强被选为建始县店子坪村村支书的王光国就坚信"石头再硬,硬不过共产党人的骨头;困难再大,压不垮共产党人的脊梁",硬是从大山深处凿出了一条通往山外的"致富路",通过发展特色产业、成立果蔬专业合作社,鼓起了百姓的"钱袋子"……

学习持之以恒,干事久久为功。在"两学一做"学习教育中,各级党组织和广大党员学得深入、做得扎实,按照习近平总书记的要求,坚定理想信念、勇于担当作为,用实际行动汇聚成一股磅礴的力量。

第四节

不忘初心牢记使命让党的事业薪火相传

2017年10月31日，党的十九大闭幕仅一周，习近平总书记带领中共中央政治局常委瞻仰上海中共一大会址和浙江嘉兴南湖红船，回顾建党历史，重温入党誓词，宣示新一届党中央领导集体的坚定政治信念。

习近平总书记发表重要讲话强调："只有不忘初心、牢记使命、永远奋斗，才能让中国共产党永远年轻。"习近平总书记还借用毛泽东在七大预备会上引用的"其作始也简，其将毕也必巨"这句话勉励全党：事业发展永无止境，共产党人的初心永远不能改变。唯有不忘初心，方可告慰历史、告慰先辈，方可赢得民心、赢得时代，方可善作善成、一往无前。

习近平总书记的殷殷嘱托饱含了对中国共产党由小到大、由弱到强的无比自豪，饱含了对党的事业永无止境、永远向前的坚定自信，饱含了中国共产党人不忘初心、牢记使命、永远奋斗的壮志豪情。

一、主题教育夯实党的执政基础

迈向民族复兴的伟大征程，需要荡涤灵魂的党性锤炼。

在领导革命、建设、改革的实践中，中国共产党总是坚持根据形势和任务的新变化、时代发展对党的建设的新要求，在全党开展集中教育，不断夯实党的执政基础、提升党的战斗力量。

"今年是中华人民共和国成立70周年，也是我们党在全国执政第70个年头，在这个时刻开展这次主题教育，正当其时。"

2019年5月31日，在北京召开的"不忘初心、牢记使命"主题教育工作会议上，习近平总书记发表重要讲话，对主题教育作出全面部署。

首先，以上率下，率先垂范。 开展"不忘初心、牢记使命"主题教育，是用习近平新时代中国特色社会主义思想武装全党的迫切需要，是推进新时代党的建设的迫切需要，是保持党同人民群众血肉联系的迫切需要，是实现党的十九大确定的目标任务的迫切需要。

以"守初心、担使命，找差距、抓落实"为总要求，以理论学习有收获、思想政治受洗礼、干事创业敢担当、为民服务解难题、清正廉洁作表率为具体目标，这样一场深刻的自我革命，成为新时代中国共产党人的自觉行动。

"不忘初心、牢记使命要靠全党共同努力来实现，每一个党员、干部特别是领导干部必须常怀忧党之心、为党之责、强党之志，积极主动投身到这次主题教育中来。"2019年6月24日举行的中央政治局第十五次集体学习上，习近平总书记进一步发出号召。

这场由习近平总书记亲自擘画设计、亲自动员部署、亲自领导推动的党的集中教育，一经拉开恢弘大幕，在全党上下迅速展开。

随着主题教育不断深入，习近平总书记的足迹走得更远、部署要求更细更实——

赴甘肃，他强调"我们正在开展的主题教育，就是要检视我们党到底是不是为人民服务的党"；

在河南，他指出"开展主题教育，要让广大党员、干部在接受红色教育中守初心、担使命，把革命先烈为之奋斗、为之牺牲的伟大事业奋力推向前进"；

到上海，他要求"开展主题教育不能学归学、说归说、做归做，衡量实际成效的根本标尺就是解决问题、推动事业发展"。

既有身先示范，更有精准指导。从阐述"四个迫切需要"到明确"四个聚焦"，从要求做到"四个到位"到提出"四个注重"，习近平总书记的一系列重要指示，为主题教育不断落实见效奠定坚实基础。

对照党章党规找差距，认真学习党史、新中国史，加强爱国主义教育、弘扬爱国主义精神……习近平总书记的24次重要指示批示，为主题教育扎实推进提供了行动指南。

中央政治局同志带头学习，带头调研指导，带头讲专题党课，带头开展批评和自我批评，有力示范带动主题教育。全国人大常委会党组、国务院党组、全国政协党组结合各自实际，开展主题教育。

中央"不忘初心、牢记使命"主题教育领导小组始终把主题教育抓在手上，通过召开会议、下发文件、政策解答、编发简报等，加强谋划指导、推动工作落实。

各地区各部门各单位"关键少数"充分发挥引领带头作用，将主题教育作为重大政治任务，扛起主体责任，精心组织实施，迅速组建领导机构，有力推动主题教育高质量开展。

在中央的精心组织指导和各级党组织的扎实部署推动下，主题教育自上而下，有序推进，层层深入，兴起学习热潮，形成浓厚氛围，铺展出铭记初心、勇担使命的时代风景。

其次，科学部署，组织有力。 按照中央部署，主题教育分两批进行，各3个月。第一批包括中央和国家机关及其直属单位、省区市和副省级城市机关及其直属单位、中管金融企业和中管企业；第二批包括中管高校和其他高等学校，市、县机关及其直属单位和企事业单位，乡镇、街道和村、社区，非公有制经济组织、社会组织和其他基层组织，未参加第一批主题教育的中央和国家机关、中管金融企业、中管企业的派出和分支机构。

两批主题教育前后接续，既有共同的主线和要求，又各有侧重。

为组织指导主题教育聚焦主题主线开展，中央第一批主题教育派出34个指导组、各地区各部门各单位派出1400余个巡回指导组，实现主题教育督促指导全覆盖；第二批主题教育共派出4个指导组、13个巡回督导组，各地区各部门各单位也相应派出大批指导组，引导正确方向，精准发现问题，推动主题教育善作善成。

认真开展批评和自我批评，见人见事见思想，开诚布公点问题，进行积极健康的思想斗争……

以此为要求，专题民主生活会在各地区各部门各单位纷纷召开，这正是中央"不忘初心、牢记使命"主题教育领导小组专门印发通知作出的部署。

在主题教育推进的不同阶段，中央主题教育领导小组及办公室先后发出59个通知文件，结合党和国家大事要事的推进以及各地区各部门各单位实际，引导主题教育开展更加有力有效。

开展调研坚持问题导向，不规定次数，避免扎堆进行；整改落实坚持实效导向，精简文件、精简会议活动、规范督查检查考核，防止以整改为名层层填表报数增加基层负担……

为扎实开展好主题教育，上海市闵行区一开始就在方案制定、具体措施落实方面明确反对和防止形式主义、官僚主义做法，并专门研究了一系列"实招"。

主题教育启动以来，从中央到地方，始终将反对形式主义、官僚主义作为一项重要遵循，不以专家讲座、理论辅导代替自学和研讨，不查台账、不讲究留痕，不搞"作秀式""盆景式"调研，注重静下心来学理论、认认真真找问题、扎扎实实做调研、一项一项抓整改。

湖北襄阳聚焦减轻基层负担，提高社区服务质量，重点在"减牌匾""减会议""减证明"等方面做减法，对不属于社区职责范围的，立即取消，交由职能部门办理；宁夏专门列出了不发文负面清单，要求以往发文基数大的地方和单位原则上按精简50%把握。

紧紧围绕贯彻落实习近平总书记重要指示批示精神和推进党中央重大决策部署，各地区各部门各单位按照"四个对照""四个找一找"的要求，以刀刃向内的自我革命精神，深刻检视剖析问题，认真查摆差距，着力抓好问题整改和专项整治。

深入调查研究，有的省份30多名省级领导干部在走访调研中发现并推动解决各类问题300多个；有的部门加大暗访暗察、随机抽查、个别访谈力度，既避免"被安排"，又切实减轻基层负担。

深刻对照检查，有的部门深入地方征求到200多条建议，班子成员逐条认账领账；有的地方采取个人自我画像、党组集体会诊的方式，从各方面逐条剖析问题性质，逐一深挖问题根源；各个地方全面开展排查和整改，看本地景观亮化工程等城建项目是否存在违背城镇发展规律、超出资源环境承载力、超出地方财力、背离人民群众意愿的问题。

真刀真枪整改，各地区各部门各单位把中央部署的8个方面突出问题专项整治作为牵引，从一开始就改起来。有的部门对400多个直属机关党支部开展全面整顿；有的地方将整改落实情况在省内主要媒体"一天一晒"；有的地方专门出台规定，严禁领导干部利用玉石、虫草、名烟名酒等地方名贵特产谋取私利。

在总结运用以往党内集中教育经验的基础上，持续半年的主题教育不断探索创新、逐步走深走实，呈现出风生水起、气势如虹的磅礴态势。

第三，从严从实，成效显著。"不忘初心、牢记使命"主题教育开展以来，广大党员、干部在学习贯彻习近平新时代中国特色社会主义思想上取得新成效，提高了真信笃行、知行合一的能力，增强了守初心、担使命的思想自觉和行动自觉，干事创业、担当作为的精气神得到提振，推动了改革发展稳定各项工作，群众最急最忧最盼的一些问题得到有效解决,找差距、抓落实和突出问题专项整治成效明显。

静心学习、深入调研、深刻启迪、扎实整改、总结升华……在主题教育进程中,各地区各部门各单位涌现的一幕幕生动场景,勾勒出壮阔的丰收景象。

一是学思践悟真信笃行,学习贯彻习近平新时代中国特色社会主义思想取得扎实成效。

主题教育期间,贵州注重把开展理论学习与打赢脱贫攻坚战紧密结合,在学习中铭刻初心、在学习中拓展思路,以更加精准有效的思路和举措,向着所有农村贫困人口全部脱贫、所有贫困村全部出列目标不断努力。

逐梦征程上的接续奋进,源自思想深处的透彻体悟。主题教育开展过程中,各地区各部门各单位认真读原著、学原文、悟原理,不断掀起理论学习新高潮。

通过主题教育,中央和国家机关党员干部加深领悟,进一步强化为党分忧、为国担当的责任意识;各地区党员干部学有所思、学有所悟,为找差距抓落实打下基础;各企业单位党员干部开展专题研讨,努力查找自身存在的问题不足;各高校党员干部把开展主题教育同立德树人工作结合起来,更好践行为党育人、为国育才的职责任务。

这次主题教育既是对革命理想、信仰信念的再深化、再坚定,也是对政治灵魂、政治品格的大洗礼、大磨砺。

主题教育中,各地区各部门各单位紧紧围绕贯彻落实习近平总书记关于本地区本领域工作重要讲话和重要指示批示精神,将其作为各项工作的根本指针,一件一件认真梳理,一项一项抓好落实,着力健全对标对表、校准偏差、狠抓落实的长效机制,形成建立台账、专人盯办、会议传达、研究部署、调研督导、现场核查、及时报告、定期复查的工作闭环,在增强"四个意识"、坚定"四个自信"、做到"两个维护"上认识更加深刻、行动更加自觉。

二是牢记宗旨为民服务，解决了一大批群众最关心最直接最现实的利益问题。

按照中央部署，中央15家成员单位在主题教育中对漠视侵害群众利益问题进行集中整治。

在主题教育部署的八方面突出问题专项整治中，国家卫健委将10种儿童血液病、恶性肿瘤主要病种纳入救治管理和保障体系，每年将惠及近6万名患儿；教育部及各地积极控辍保学，国家级贫困县义务教育阶段辍学学生人数由29万减少至6.5万……

污染有无改善、食品安不安全、出行方不方便……人民群众普遍关心的一批突出问题得以集中整治。百姓脸上的笑容，成为主题教育成效的暖心注脚。

三是围绕中心服务大局，有力推动了改革发展稳定各项工作。

面对核心技术竞争，国务院国资委完善支持中央企业加快核心关键技术攻关政策措施，努力破解"卡脖子"问题；国家统计局调查人员深入一线开展调查研究，访实情、讲实话、报实数，扎实做好主要经济指标统计，以及价格、收支、劳动力、农产量等各项调查，及时准确反映中央重大决策部署和各项改革任务落实情况。

各地在主题教育中，对黄赌毒和黑恶势力进行专项整治。黑龙江呼兰"四大家族"长期垄断当地供暖和房地产等多个领域，涉案资产近200亿元，此案一举打掉14名"保护伞"；吉林彻查黄赌毒和黑恶势力的"黑后台"，清除了一批害群之马，整肃了政法干警队伍。

从深化放管服改革，到促进对外开放；从改进执法司法，到践行绿色发展；从推动科研创新，到脱贫攻坚战捷报频传……各地区各部门各单位聚焦主责立足主业，把开展主题教育同做好稳增长、促改革、调结构、惠民生、防风险、保稳定各项工作结合起来，有力推动经济社会高质量发展。

四是强化担当激发热情，提振了奋发有为的干劲和迎难而上的斗志。

主题教育开展以来，各地区各部门各单位注重深化理论学习、深入一线调研，采取各种方式激励党员干部积极担当作为，勇于善于干事创业。

清清白白，各地区各部门各单位认真贯彻落实中央要求，切实以主题教育引导和督促党员领导干部管好"身边人"，采取有力举措严防领导干部及其亲属在违规经商办企业方面出现问题。

担当作为，许多地方和单位制定出台了容错纠错、激励担当作为的具体办法，有的地方将省级层面一票否决从30项减至2项，有的部门在应对各种风险挑战的过程中注重提升党员干部的斗争精神和斗争本领，让党员干部特别是年轻干部在一线实践中历练成长。

在主题教育的淬炼中，广大党员干部砥砺本色固培正气，增强了对保持清正廉洁的认识，涵养了风清气正的政治生态，进一步鼓足决心干劲，以越是艰险越向前的精神展开攻坚克难、真抓实干的自觉行动，向着更大的成绩不断奋进。

二、"不忘初心、牢记使命"——中国共产党永远年轻的"法宝"

1921年7月，中国共产党一成立，就规定了党的纲领，旗帜鲜明地把实现社会主义、共产主义作为自己的奋斗目标。

从此，中国革命有了正确的前进方向，中国人民实现民族独立、人民解放和国家富强、人民幸福有了坚强的领导力量，中国有了光明的发展前景，中国人民从精神上由被动转为主动。中国共产党的成立是中华民族发展史上开天辟地的大事变，为中国人民谋幸福、为中华民族谋复兴也就成为中国共产党人的初心和使命。

中国共产党把践行初心和使命贯穿于革命、建设和改革的全过程，团结带领中国人民完成了新民主主义革命的历史任务，建立了中华人民共和国，开启了改革开放的伟大征程，开辟了中国特色社会主义道路。

中国共产党从成立到今天，经历了无数的艰难险阻和考验，面临过一次次困难和挫折。这不仅在国际共运史上十分罕见，在世界现代政党史上也堪称奇迹。我们有太多的中国经验、党建经验可以回顾总结。

一是在领导革命、建设和改革的伟大事业见证了不忘初心、牢记使命。在党的早期历史上，针对党的建设如何开展集中教育，缺少一定的经验。自遵义会议以后，以毛泽东同志为核心的党中央，总结历史经验，开展了整风运动，党内集中教育活动成为中国共产党进行自我革命的重要举措。

新民主主义革命时期，有两次重要的集中教育。第一次是1942年至1945年的延安整风运动。这是第一次全党范围内的马克思主义思想教育运动，开创了党内集中教育活动的先河。第二次是1947年至1949年的整党运动，主要是解决一些党组织特别是农村基层党组织中存在的思想、作风和组织不纯的问题。

以马克思主义理论为指导，通过党内监督和持续的党内教育活动，注重党性修养，清除自身毒瘤、克服自身惰性、纠正自身错误，不断同错误思想做斗争，坚持自我革命精神，保持自觉性和先进性。既能确保党始终走在时代前列，又能使党得到人民拥护。使党员自律与他律有机地结合，在严肃党内政治生活中时刻把党的性质宗旨、理想信念、奋斗目标铭刻于心，不断增强党性，提高思想觉悟，永葆先进性和活力。

"为有牺牲多壮志，敢教日月换新天。"经过28年浴血奋战和顽强奋斗，中国共产党带领人民历经千辛万苦、付出巨大牺牲，以摧枯拉朽之势推翻"三座大山"，夺取了新民主主义革命的伟大胜利，建立了新中国，中华民族从此开启了发展进步的历史新纪元。

这一伟大历史贡献的意义在于彻底废除了列强强加给中国的不平等

条约和帝国主义在中国的一切特权，彻底结束了旧中国半殖民地半封建社会的历史，彻底结束了旧中国一盘散沙的局面，实现了中国从几千年封建专制向人民民主的伟大飞跃。

新中国成立后，1950年开展的整风运动，主要任务是提高干部和一般党员的思想水平和政治水平，纠正工作中所犯错误，克服以功臣自居的骄傲自满情绪，克服官僚主义和命令主义，改善党和人民关系。1957年开展的整风运动，围绕正确处理人民内部矛盾的主题，采取开门整风的形式，听取党内外群众意见，初期取得较好效果。

改革开放以来，1983年至1987年开展以统一思想、整顿作风、加强纪律、纯洁组织为主要内容的整党活动。1999年至2000年开展以讲学习、讲政治、讲正气为主要内容的"三讲"教育活动。2005年至2006年开展以增强党员素质、加强基层组织、服务人民群众、促进各项工作为目标的保持共产党员先进性教育活动。2008年至2009年开展以党员干部受教育、科学发展上水平、人民群众得实惠为总要求的深入学习实践科学发展观活动。2010年至2012年开展以创建先进基层党组织、争做优秀共产党员为主要形式的创先争优活动。

二是在中国特色社会主义进入新时代后书写了不忘初心、牢记使命。党的十八大以来，以习近平同志为核心的党中央，对面临的新形势和新任务作出了时代回应。2013年至2014年开展以为民、务实、清廉为主要内容，以贯彻落实中央八项规定为切入点的党的群众路线教育实践活动。2015年开展严以修身、严以用权、严以律己，谋事要实、创业要实、做人要实的"三严三实"专题教育。2016年开展学党章党规、学系列讲话，做合格党员的"两学一做"学习教育。"不忘初心、牢记使命"主题教育，与党的十八大以来的历次集中教育一脉相承，是对以往集中教育的深化和升华。习近平总书记指出："整个主题教育特点鲜明、扎实紧凑，达到了预期目的，取得了重大成果。"

中国共产党历史上的集中教育对加强党的建设取得了重要效果：一是广大党员干部理想信念更加坚定，贯彻和执行党的路线的自觉性增强；二是党所面临的严峻复杂的形势得以正确应对、突出问题得到及时解决；三是保证了党内政治生活的正常开展，营造了正常的党内政治生态；四是党内规章制度得到有效执行；五是党受到群众的真心拥护，执政基础更加稳固。

习近平总书记在中央政治局第十五次集体学习时提出"把不忘初心、牢记使命作为加强党的建设的永恒课题，作为全体党员、干部的终身课题"。在"不忘初心、牢记使命"主题教育总结大会上指出："这次主题教育，总结历次党内集中教育经验，对新时代开展党内集中教育进行了新探索、积累了新经验。""全党要以这次主题教育为新的起点，不断深化党的自我革命，持续推动全党不忘初心、牢记使命。"正是因为不忘初心、牢记使命是"永恒课题""终身课题"，必须建立制度予以保障，所以党的十九届四中全会决定将其作为制度予以建设。

从主题教育到形成制度，还有一系列的重要工作要做。"制度是用来遵守和执行的"。不忘初心、牢记使命制度建设的理论基础、制度文化、运行规范、监督检查，要逐项认真落实，使这一制度在党的建设中发挥更大效应。

第五节

在党史学习中汇聚磅礴力量

"回望过往的奋斗路,眺望前方的奋进路,我们必须把党的历史学习好、总结好,把党的成功经验传承好、发扬好。"

在中国共产党百年华诞的重大历史时刻,以习近平同志为核心的党中央作出战略决策,一次特殊而重要的党内集中教育——党史学习教育2021年在全党如火如荼开展,掀起了学史明理、学史增信、学史崇德、学史力行的热潮。

回望历史来路、汲取历史智慧,坚定历史自信、掌握历史主动。

广大党员在党史学习教育中赓续红色血脉、砥砺初心使命,将学习成果转化为继续前进的勇气和力量,以昂扬姿态奋力开启全面建设社会主义现代化国家新征程。

一、以上率下,率先垂范

2021年11月8日上午,北京京西宾馆会议楼一层大会议室内,气氛庄重而热烈,党的十九届六中全会第一次全体会议在这里举行。

在全面回顾一年来的工作时,习近平总书记提到,中央政治局在全面推进各项工作的同时重点抓了"三件大事":隆重庆祝中国共产党成立100周年、开展党史学习教育、筹备党的十九届六中全会。

了解历史才能看得远,理解历史才能走得远。每到重要历史时刻和重大历史关头，中国共产党都注重回顾历史、总结经验，从历史中汲取继续前进的智慧和力量。

当时间的指针指向2021年，矢志复兴的中华民族，行进到关键一程的关键节点。

"在全党开展党史学习教育，是党中央立足党的百年历史新起点、统筹中华民族伟大复兴战略全局和世界百年未有之大变局、为动员全党全国满怀信心投身全面建设社会主义现代化国家而作出的重大决策。"

2021年2月20日，春节假期刚过，这场覆盖9500多万名党员的党内集中教育拉开大幕。

习近平总书记出席党史学习教育动员大会并发表重要讲话，深刻阐述了开展党史学习教育的重大意义，深刻阐明了党史学习教育的重点和工作要求，对党史学习教育进行了全面动员和部署。

"正当其时，十分必要。"

在全党开展党史学习教育，是牢记初心使命、推进中华民族伟大复兴历史伟业的必然要求，是坚定信仰信念、在新时代坚持和发展中国特色社会主义的必然要求，是推进党的自我革命、永葆党的生机活力的必然要求。

突出学史明理、学史增信、学史崇德、学史力行，做到学党史、悟思想、办实事、开新局，在习近平总书记亲自谋划、亲自部署、亲自推动下，这场党内集中教育一经启动，便在全党上下迅速展开。

2021年9月13日，正在陕西榆林考察的习近平总书记走进杨家沟革命旧址。

眼前的几孔窑洞，正是当年召开"十二月会议"的地方。旧址内，一侧是影响中国历史的革命先辈群像，一侧是会议场景的油画。聆听历史的回响，习近平总书记久久凝思。

此行陕北，从杨家沟革命旧址到中共绥德地委旧址到"红色模范村"郝家桥村,习近平总书记一路追寻历史足迹:"走好路,就要不忘来路。看看过去的沟沟坎坎,我们是从这里走过来的,其作始也简,其将毕也必巨。"

一年来,习近平总书记结合历史、观照现实,深入阐释、提出要求。

庆祝中国共产党成立 100 周年大会上,习近平总书记深刻阐述百年征程的鲜明主题,系统总结百年奋斗的光辉历史,发出继续前进的伟大号召。

在福建,阐释"学史明理":就是要"深刻领悟中国共产党为什么能、马克思主义为什么行、中国特色社会主义为什么好等道理","深刻领悟坚持中国共产党领导的历史必然性","深刻领悟马克思主义及其中国化创新理论的真理性","深刻领悟中国特色社会主义道路的正确性"。

到广西,强调"学史增信":就是要"增强对马克思主义、共产主义的信仰","增强对中国特色社会主义的信念","增强对实现中华民族伟大复兴的信心"。"信仰、信念、信心,这是我们战胜一切强敌、克服一切困难、夺取一切胜利的强大的精神力量"。

赴青海,解读"学史崇德":"就是要引导广大党员、干部传承红色基因,涵养高尚的道德品质","崇尚对党忠诚的大德","崇尚造福人民的公德","崇尚严于律己的品德"。

去西藏,号召"学史力行":就是要"把学史明理、学史增信、学史崇德的成果转化为改造主观世界和客观世界的实际行动","在锤炼党性上力行","在为民服务上力行","在推动发展上力行"。

从八闽大地到八桂之乡,从大美青海到西藏高原……习近平总书记以一堂堂生动而深刻的"党史教学课",为全党开展好党史学习教育提供了根本遵循。

2021 年 6 月 18 日,中国共产党历史展览馆红色大厅庄严肃穆。

习近平总书记带领中央领导同志和党员领导干部，来到这座中国共产党人的精神殿堂，面向鲜红的党旗，举起右拳，重温入党誓词。

"我志愿加入中国共产党，拥护党的纲领，遵守党的章程……为共产主义奋斗终身，随时准备为党和人民牺牲一切，永不叛党。"铿锵有力的宣誓声响彻大厅，久久回荡。

习近平总书记以共产党人最挚诚、最庄严的方式为全党树立光辉榜样。

几天后，习近平总书记带领中央政治局同志来到北大红楼和丰泽园毛泽东同志故居，以参观和讨论相结合的形式，进行中央政治局第三十一次集体学习。

"每一个历史事件、每一位革命英雄、每一种革命精神、每一件革命文物，都代表着我们党走过的光辉历程、取得的重大成就，展现了我们党的梦想和追求、情怀和担当、牺牲和奉献，汇聚成我们党的红色血脉。"

通过一次次亲身示范，习近平总书记教育引导广大党员，在党史学习中启迪智慧、砥砺品格，继往开来、开拓前进。

"准确把握党的历史发展的主题主线、主流本质，旗帜鲜明反对和抵制历史虚无主义""要教育引导全党从党的非凡历程中领会马克思主义是如何深刻改变中国、改变世界的"……树立正确党史观和重视理论指导，习近平总书记念兹在兹。

"加强党史学习教育，同时学习新中国史、改革开放史、社会主义发展史""学党史讲党史不能停留在讲故事、听故事层面""运用好红色资源"……聚焦学习方法，习近平总书记谆谆教诲。

"抓好青少年学习教育，让红色基因、革命薪火代代传承""广大青年要爱国爱民，从党史学习中激发信仰、获得启发、汲取力量"……关注青年一代，习近平总书记语重心长。

在习近平总书记精心谋划、亲自推动下，这"党的政治生活中的一件大事"，始终沿着正确的政治方向、准确的行动方向、明确的实践导向在全党深入推进。

二、求实务实，守正创新

从动员部署到全面推进到层层深入，党史学习教育的顺利开展，也是对全党组织力、动员力、行动力的一次检验。

在党中央坚强领导下，在党史学习教育领导小组的指导下，各级党组织以高度的政治自觉将党史学习教育作为重要任务，周密部署、精心安排，立足实际、守正创新，高标准高质量完成学习教育各项任务。

为推动党史学习教育深入群众、深入人心，中央决定由中宣部会同中央有关部门组成党史学习教育中央宣讲团。

2021年3月16日，人民大会堂小礼堂，党史学习教育中央宣讲团首场报告会拉开帷幕。在京党政军机关干部、中央企业负责人、高校师生代表和各界群众700余人早早就座，现场聆听宣讲报告。

"开展好党史学习教育有何重大意义""学习教育重点涵盖哪些方面"……中央宣讲团成员深入浅出地讲解，让现场听众受益匪浅。

5天之后，福建省福州市马尾区滨江社区党群服务中心气氛热烈，不时传出阵阵掌声。

"在党史学习教育中，如何引导基层党员干部深刻认识党的性质宗旨""如何更好地为民办实事解难题"……针对基层干部结合自身工作提出的疑问，宣讲团成员给予了细致认真的解答。

从机关单位到城市乡村，从学校企业到车间厂矿，中央宣讲团成员深入一线，同基层党员干部群众面对面，围绕大家关心的问题开展丰富多彩的宣讲活动，让党史学习通俗易懂、走深走实。

在一系列集中宣讲活动中，中央宣讲团在各地区各部门各单位作报告80多场，举办各种形式互动交流活动100多场，直接听众近9万人，通过电视直播、网络转播等渠道收听收看人次超7900万，受到党员干部群众热烈欢迎。

2021年5月，根据党中央安排，党史学习教育领导小组派出25个中央指导组，其中10个组负责指导省、区市和新疆生产建设兵团，15个组负责指导中央和国家机关各部委、人民团体。

此外，受党史学习教育领导小组委托，银保监会、国务院国资委、教育部派出18个指导组，负责中管金融企业、中管企业、中管高校党史学习教育指导工作。

为把中央精神领会好、传达好、贯彻好，各中央指导组迅速进驻所指导地区部门单位，全面了解情况，严格指导把关，对发现的问题及时约谈提醒，推动各地区各部门各单位不折不扣地把党中央部署要求贯彻落实到党史学习教育全过程、各方面。

及时传达贯彻"七一"重要讲话精神、"一竿子插到底"随机抽查学习教育成果……各中央指导组准确把握定位，增强了指导工作的针对性、实效性、科学性。

截至2021年12月中旬，中央指导组和中管金融企业、中管企业、中管高校指导组共深入4182个基层单位调研指导；围绕"我为群众办实事"实践活动，审阅省部级领导班子为民办实事项目清单776次，共召开1053个座谈会、随机访谈7150名党员干部群众，为党史学习教育顺利开展提供坚实保障。

谈体会、讲收获，摆问题、找差距，补短板、提质效，2021年"七一"后，各地区各部门各单位强化组织领导、明确目标任务、精心制定方案，在专题组织生活会中检验学习效果。

在机关，专题组织生活会让领导干部与普通党员面对面交流、心贴心沟通，共同查摆问题；在基层，专题组织生活会开到了抗疫的"战场"和学生党员实践基地等一线,确保开出实效。

一场场充满"辣味"的专题组织生活会,让党史学习教育的过程成为充分发扬党内政治生活批评和自我批评作风的过程,成为"排毒治病""补钙壮骨"的党性教育过程,见证了党员干部政治自觉、思想自觉和行动自觉的不断提升。

这次党史学习教育,认真吸收借鉴历次党内集中教育的好做法好经验,立足党史学习教育特点和党员、干部实际需求,在不断拓展内容的基础上,探索形成了一系列富有创新性的学习方式、学习载体,把书本学、实践学、现场学结合起来,形成了"我要学"的生动局面。

注重可视化、数字化学习,一大批党史讲座视频的展映展播,影视、戏曲、美术、音乐等艺术手段综合运用,一大批鲜活的新媒体产品,形成了党史"天天见""时时见""处处见"的生动景象。

深入学习习近平《论中国共产党历史》《毛泽东、邓小平、江泽民、胡锦涛关于中国共产党历史论述摘编》《习近平新时代中国特色社会主义思想学习问答》《中国共产党简史》四本党史学习教育"指定书目",用好《中华人民共和国简史》《改革开放简史》《社会主义发展简史》等重要参考材料,推动基层党员学有所获、学有所悟。

为抓实抓好农村党员、流动党员的学习教育,基层纷纷结合实际,确保党员学习教育全覆盖。

组织党员走进纪念馆、展览馆感受红色印记,举办知识竞赛、读书征文等活动激发学习热情,邀请英模代表走进主题党史课堂分享永远跟党走的深刻感悟,开设影视党课、音乐党课、戏剧党课,设立"党史文化墙"等学习载体……

三、深入基层,深入人心

自党史教育活动开展以来,各地区各部门各单位不断推进内容、形式、方法的创新，在广大党员中掀起学习热潮，推动党史学习教育深入群众、深入基层、深入人心，真正做到学有所思、学有所悟、学有所得。

浙江金华：推动党史学习教育成果转化为监督质效。浙江省金华市纪委监委紧密联系纪检监察机关职能职责，推动党史学习教育成果转化为监督质效，不断增强人民群众的获得感幸福感安全感。

从百年党史中汲取智慧和力量，真正把"两个维护"落实到纪检监察工作各方面全过程。在"四风"顽疾整治工作中，全市各级纪检监察机关坚持规定动作与自选动作双向推进，2021年上半年，金华市各级纪检监察机关共查处违反中央八项规定精神问题185起，处理250人，给予党纪政务处分137人，其中查处形式主义、官僚主义问题24起，享乐主义、奢靡之风问题32起。

聚焦信访难题化解，市纪委监委通过健全完善机关领导"包案＋包地"制度，设立开展15个重点乡镇（街道）信访举报联系点，开展纪检监察干部接访、下访、走访活动，启动"蜗牛件"专项治理、"三多件"挂牌攻坚、重点件跟踪督办等措施，综合施策、精准发力，以硬实举措啃下硬骨头，推动解决了一批群众反映强烈的突出问题。

河南商丘：把纪检监察史学习融入党史学习教育。河南省商丘市纪委常委会坚持以上率下、拉高标杆，发挥表率作用。领导班子和班子成员率先制定学习计划，以个人自学为主。同时担负好领导指导责任，抓好机关各支部的主题教育，防止只抓下级、不抓自身。

机关各党支部结合"三会一课"、主题党日活动，采取重温入党誓词、读书交流会、研讨会、参观档案文献展等方式，开展主题突出、特色鲜明、形式多样的学习活动。每月至少组织一次党支部（党小组）学习，党史学习教育活动期间举行"我眼中的中国共产党"故事分享活动，组织党员参观党史题材影片、教育片。

在党史学习教育中，商丘市纪委监委突出纪检监察机关党史学习教育特点，把纪检监察史学习融入党史学习教育，在市纪委监委自媒体开设"共庆百年华诞 同创历史伟业"专栏，打造红色教育网络展馆，开办红色历史网上讲堂，组织开展"百年辉煌中的纪监风采"廉洁微视频征集活动、庆祝建党100周年书法绘画作品征集活动，与市妇联等单位联合举办"家声百年长 风范永流传——红色家书中的廉洁故事"系列活动，在深入学习革命先烈、纪检监察英模事迹、回望建党百年纪检监察事业奋斗历程中感悟初心使命。

北京海淀：开启党史学习教育"VR红色之旅"。"视线的前方是人迹罕见、山高谷深的皑皑雪山，后方是弯腰前行、搀扶前进的红军战士，耳边是狂风呼啸、暴雪怒吼的阵阵回声，而眼前的这位老战士却身着单薄破旧的衣服，在严寒中变成了一座晶莹的丰碑……"穿戴VR头盔，参观者变身为历史事件的"参与者""见证者"。

这是北京市海淀区纪委监委为丰富党史学习教育形式作出的创新尝试，也是以科技手段、红色元素为党史学习教育注入新动能的有力探索。

"伫立"在中共一大的会址前回到那个风雨如磐的年代；"坐"在嘉兴南湖的红船上见证中国共产党的诞生；"身旁"的士兵摇旗呐喊、面带喜悦、鼓掌迎接，这是毛泽东率领的秋收起义部队和朱德、陈毅领导部分部队在井冈山的胜利会师；"置身"于遵义会议的召开现场，"目睹"这一生死攸关转折点的诞生；"穿梭"在平型关战役、辽沈战役、渡江战役等战火纷飞的年代，隆隆炮声和弥漫硝烟萦绕周围，一位又一位革命先辈在战场上前仆后继、英勇奋战……

北京市海淀区纪委监委将党史学习教育与VR高科技相结合，打造360度全景场景，打破时间与空间的限制，以置身现场、身临其境方式感受历史事件的现场，亲耳聆听中国共产党人的铿锵足音，重温中国共产党历史发展的关键节点，更加深刻地感受到红色政权的来之不易、新中国的来之不易、中国特色社会主义的来之不易。

陕西渭南：推动党史学习教育走心走实。 自党史学习教育开展以来，陕西省渭南市纪委监委积极探索打造"四大课堂"，让党史学习走心又有新。

以讲述红色故事、筑牢初心使命为目的，推出寓教于悟的"初心课堂"，注重小切口、好故事，让党员干部在党史学习教育中接受精神洗礼，坚定理想信念。举办党史学习教育读书班，以《中国共产党的百年历程》等为题，全体党员干部参加专题辅导，开展学习交流研讨。

依托"互联网+"平台，以手机移动终端为载体，打造善学强思的"移动课堂"，推出融合党史、党内法规、家风家训、廉政文化的音频和视频。在西岳清风网站开设《庆祝建党百年·党史学习教育》专栏，普及党史知识，宣传全市纪检监察系统党史学习教育经验做法等。在渭南纪检监察微信公众号上推出《品经典家训 树廉洁新风》《"学党史 知党恩 跟党走"微诵读》等栏目，由纪检监察干部诵读革命先烈、"两弹一星"功勋人物、时代楷模等先进人物的事迹，重温百年党史中的光辉印记。

利用当地红色资源，打造"实地课堂"，让党员干部踏寻革命足迹，汲取红色力量。组织机关党员干部开展"重走智取华山路、传承红色好基因"主题党日活动。在智取华山八勇士雕像前，聆听智取华山的革命事迹，大家被八勇士勇翻悬崖、攀峭壁、过老虎口等险要关口的英雄壮举所感动，让党员干部实地感受烽火岁月印记，领悟信仰的力量。

四川东兴：结合党史学习教育传扬清廉好家风。 为创新推动家风教育，四川省内江市东兴区纪委监委深度挖掘、大力弘扬优秀家规、家训和家风精神，创新开展"家风代代传"系列活动，结合党史学习教育，传扬清廉好家风，以好家风带社风正民风。

欲正人者，先正己身。作为"打铁的人"，首先要成为"铁打的人",东兴区纪委监委从系统内部抓起,全面开展"廉政家访"活动,通过培育"廉洁家庭",推动廉洁家风建设,筑牢"组织+家庭"双层廉洁防线。据了解,该区廉政家访主要通过面对面的交流形式,与干部家属聊天谈心,了解其生活圈、朋友圈、兴趣爱好等,引导家属当好"廉内助";同时,收集干部家庭存在的实际困难、家属对纪检监察工作的意见建议和对干部的廉洁寄语,把监督和关爱结合起来,共同营造廉洁文明家风。

除了开展廉政家访之外,该区纪委监委还主动邀请干部家属"走进来",开展"清廉家风在我家"座谈会、参观廉洁教育中心,引导纪检监察干部家属时刻保持警觉和警醒,把握新形势,算好家庭账,在干部身边常念"紧箍咒",筑牢廉洁屏障,争当"廉内助",营造清廉好家风。

引导"廉内助"的同时,该区纪委监委以"好风传家"为主题,组织编印《家风代代传》,这本涵盖中国传统家风及内江本土家风文化的廉洁教育读本已全面走进全区70所小学德育课堂。开展"家风代代传"优质课展评活动,通过"读吟说做"等实践活动,让孩子们参与到学习优良家风活动中;举办"家风代代传 甜城少年说"实践体验分享、"忆党史·话廉洁·传家风"情景诵读等大型现场活动,营造出清朗向上的廉洁社会风气。

贵州:创新形式载体,扎实开展党史学习教育。贵州省纪检监察机关将党史学习教育同贵州省委"牢记殷切嘱托、忠诚干净担当、喜迎建党百年"专题教育相结合,多形式、多层次、多载体开展"感恩党歌颂党"系列活动,教育引导广大党员干部牢记嘱托、感恩奋进。

"没有共产党就没有新中国……"以中青年纪检监察干部为主体拍摄快闪视频,贵州省纪委监委机关、各市州纪检监察干部及定点帮扶从江县乡村振兴工作队在相关办公区域、红色教育基地、乡村振兴一线唱响《没有共产党就没有新中国》;贵州省纪委监委机关开展"感恩党歌颂党"书画摄影展和党史学习教育征文活动,《歌颂建党百年》等作品入围参展或获奖,百余名纪检监察干部通过书画、摄影、文字作品讴歌党的光辉历程。

"到革命纪念地开展党史学习教育,就是要从党的光辉历程中继承革命传统、传承红色基因,坚决做到'两个维护',在守护好党的初心使命中走好新时代的长征路。"依托红色资源,贵州省纪委监委以党支部为单位赴遵义会议会址、苟坝会议会址、黎平会议会址、娄山关红军战斗遗址等革命纪念地开展主题党日活动,缅怀革命先烈,赓续红色血脉。

江西:开展党史学习教育,汲取信仰力量。江西省委巡视办坚持把学习贯穿始终,紧紧围绕学懂弄通做实习近平新时代中国特色社会主义思想,认真学习《论中国共产党历史》《中国共产党简史》等指定学习书籍,探索形成联学联动机制,在巡视机构掀起学习党史热潮。

巡视办领导发挥"关键少数"的示范引领作用,带头开展学习讨论,带头撰写体会文章。组织"推动巡视工作高质量发展大学习大讨论"专题培训,邀请专家结合中央苏区时期巡视历史作专题辅导,感悟巡视制度的传承和发展。采取一天一个党史故事、一周一次"红色经典"诵读、一月一堂微党课等形式,组织党员干部自觉主动学,适时组织党员交流互动、调度督学,促进党史学习教育走深走实。

后 记

中央八项规定为什么行

　　伟大时代的开始，起笔未必惊人，但看似简单的一笔，却会在历史展开的长卷中，逐步显现出境界高远和意味深长。

　　正如同中共十八届中央政治局制定出台的中央八项规定初见报端时，很少有人意识到它会成为新时代的一张亮丽名片，会成为党的十八大以来全面从严治党壮丽篇章的开篇之作。

　　如今，我们再回首党的十八大以来极不平凡的历程，当初这起不引人注目的事件，在已知的历史背景映衬下，终于使人看到它内敛的光华，就如同夜幕降临后仰望璀璨的星河。

　　中央八项规定深刻改变了中国。当以习近平同志为核心的党中央通过十八届三中、四中、六中全会，完善对"四个全面"战略布局的顶层设计时，全世界都清晰地看懂了这是一盘谋定而后动的大棋局，也更为清晰地看到了长期执政的中国共产党正在进行凤凰涅槃一样的自我革命。

　　"中国共产党的好作风又回来了"，"铁八条是新时期的三大纪律、八项注意"……中央八项规定试出了人心向背，厚植了党的执政根基，以小切口撬动中国反腐变革，党风政风明显改善，社会民风为之一新。在全面从严治党的新形势下，探究中央八项规定背后的理念思路规律方法，对于我们持之以恒加强作风建设、推动全面从严治党向纵深发展具有重要的启示意义。

一、正人先正己，以上率下发挥示范效应

"若安天下，必先正其身；未有身正而影曲，上乱而下治者"，我国传统文化就特别强调领导者的行为楷模作用。中央八项规定能够改变中国，最根本的就在于以习近平同志为核心的党中央以上率下的示范效应。

"作风建设要从领导干部抓起，领导干部首先要从中央做起。"从抓中央八项规定精神落实伊始，习近平总书记就这样坚决表态。

言出必行，有诺必践。中央八项规定实施以来，习近平总书记以上率下、率先垂范，为全党改进作风树立了光辉榜样；中央其他领导同样身体力行，以身作则、弘扬正气，形成了巨大的"头雁效应"。

习近平总书记2012年考察河北省阜平县时的晚餐菜单、2014年考察河南省兰考县时的餐费收据、2015年在陕西省梁家河原大队党支部书记梁玉明家的午餐费用收条……在国家博物馆"伟大的变革——庆祝改革开放40周年大型展览"上，不少观众都会驻足观看这些票据。这些票据正是习近平总书记率先垂范、身体力行的生动写照。

"坚持以上率下"也被写入了十九大报告，成为加强作风建设一条需要坚持的重要经验。十九大闭幕三天，中央政治局就审议《中共中央政治局贯彻落实中央八项规定的实施细则》，全面从严治党依然从中央八项规定开题、作风建设依然从自我要求做起，再次彰显了打铁必须自身硬的决绝和自我革命的勇气，必将进一步发挥示范效应，带动作风建设行向深处。

二、找准突破口，见微知著解决复杂问题

"这种状况必须改变。"2018年11月26日，中共中央政治局举行第十次集体学习，习近平总书记一针见血地点出基层工作存在的"痕迹

管理"普遍、检查考核名目繁多等问题,亮明党中央的明确态度。

中央八项规定实施以来,党中央始终坚持问题导向,抓早抓小、以小见大,从群众最为深恶痛绝、对党的形象损害最大又易于操作的地方入手,一个个具体问题的小切口打开了作风建设的大格局。

从人民群众反映强烈的违规公款吃喝、公款旅游、大办婚丧喜庆事宜、滥发钱物、出入私人会所等具体问题抓起,严肃整治"舌尖上的浪费""会所中的歪风""车轮上的铺张""节日中的腐败",深入治理潜入培训疗养机构吃喝玩乐、高档小区"一桌餐"、调研考察搭车旅游等隐形变异"四风"问题;从干部和群众反映强烈的"文山会海"、检查考核过多过滥、调研搞形式走过场、群众办事难慢等具体问题抓起,严肃整治在贯彻落实中央重大决策部署中表态多调门高、行动少落实差,打折扣、作选择、搞变通,搞华而不实、劳民伤财的"政绩工程""形象工程",不担当不作为乱作为假作为问题……

中央八项规定实施以来,各级纪检监察机关把解决人民群众反映强烈、干部作风方面存在的突出问题作为作风建设的切入点和突破口,从小处抓起,从点滴做起,以小见大,由易到难,推动作风整体好转。

2013年4月,国家统计局对中央八项规定精神落实情况进行了民意调查,结果表明,九成以上群众对八项规定的制定和执行表示满意,分别有超过七成和八成的群众肯定身边的党员领导干部工作作风和社会风气的改善;八成以上群众对中央八项规定长期执行有信心。

以人民群众根本利益为出发点和落脚点。中央八项规定深得民心,吸引了民众的自觉参与,发现违规行为及时记录,并通过网络进行曝光。国家权力源于人民,限制公权力滥用,禁止以权谋私,符合最广大人民的根本利益,自然能够得到人民群众最有力的支持。

事实证明,中央八项规定这一全面从严治党"第一刀"抓得准切得深,抓住了要害,以点带面,引领作风持续好转。"忧民之忧者,民亦忧其忧",中央八项规定出台以来,人民群众从疑虑到观望到确信,从拍手称赞到主动监督、积极推动,为作风建设提供了最深厚、最强大、最坚决的支持力量。"凡是群众反映强烈的问题都要严肃认真对待,凡是损害群众利益的行为都要坚决纠正。"十九大报告再次强调作风建设必须"紧紧围绕保持党同人民群众的血肉联系"这个出发点,再次强调作风建设的初心,释放了加大作风整治力度的信号。

三、中央八项规定实施效果明显,与其制度特点密不可分

中央八项规定取得超预期成就的原因与其制度特点密不可分。

一是相关制度没有落入空泛的形式主义窠臼,而是具体细致、具有可操作性,便于监督和执行。其内容不是抽象的"形容词",而是直观的"动词";不是道德口号,而是行为规定。

二是内容科学,具有针对性,坚持"探索实践在前,总结提炼在后"原则。中央八项规定并非"光杆司令",中央八项规定出台后,50多部涉及厉行节约反对浪费、公务接待管理、公务用车改革、差旅住宿等方面的制度规定和实施细则相继出台,真正做到"制度治党"。

2013年11月12日,中国共产党第十八届中央委员会第三次全体会议审议通过的《中共中央关于全面深化改革若干重大问题的决定》指出,要健全改进作风常态化制度,健全领导干部带头改进作风、深入基层调查研究机制,完善直接联系和服务群众制度;改革会议公文制度;健全严格的财务预算、核准和审计制度;完善选人用人专项检查和责任追究制度……

中共中央发布的《中央党内法规制定工作五年规划纲要(2013—2017年)》提出,以贯彻落实中央八项规定精神为着力点,针对形式主义、官僚主义、享乐主义和奢靡之风等突出问题,加大作风建设方面党内法规建设力度,提高相关制度的集成性、针对性和执行力,为推进作

风建设提供有力制度支撑。

2013年,中共中央印发《中央党内法规制定工作五年规划纲要（2013—2017年）》,要求"加大作风建设方面党内法规建设力度,提高相关制度的集成性、针对性和执行力,为推进作风建设提供有力制度支撑"。

中央八项规定与相关制度规范是全面深化改革的组成部分,中央八项规定的推进开展与行政审批及公务员工资、养老保险、人事制度等改革各项措施之间相辅相成。明确党政人员的权责,才能避免灰色地带、打擦边球；明确与保障公务员合理待遇、福利,确立科学的绩效评价与激励机制,才能激励他们更加全心全意为人民服务。

四、稳扎稳打,步步为营积小胜为大胜

毛泽东曾说过："我们的任务是过河,但是没有桥或没有船就不能过。不解决桥或船的问题,过河就是一句空话",形象地指出了工作方法的重要性。知己知彼,百战不殆。不正之风体现在细节之中,又具有反复性、顽固性,易传染、易变异等特点,党中央对症下药、"见招拆招",每年都有新招数、不断释放新信号,在坚持中不断深化,方法对头,事半功倍。

党的十八大以来,党中央从月饼、贺卡、烟花爆竹等小事细节抓起,从会员卡、私人会所、违规公款吃喝等一个个具体问题突破,一个节点一个节点抓,一年接着一年干,由浅入深、由易到难,推动作风整体转变。同时,密切关注"四风"隐性变异新动向,每年都有新招数。

比如运用新媒体新技术,设立曝光平台、手机随手拍和微信一键通,加强通报曝光,织密群众监督网；对"四风"问题专项处置,本人在民主生活会上作出检查；进行"回头看",检视中央八项规定精神落实情况等。从一日新到日日新,从一事清到事事清,以量的积累促成质的变化。

五、保持政治定力，驰而不息一抓到底

"胸中器局不凡，素有定力。不然，胸中先乱，何以临事？"中央八项规定实施以来，观望者有之、侥幸者有之、企图搅浑水者有之，"影响经济发展""导致为官不为""滋生新衙门作风"，诸如此类杂音、噪音不绝于耳，混淆视听。面对时断时续的鼓噪，党中央保持坚强的政治定力，"任尔东西南北风"，我自"咬定青山不放松"，坚持打一场攻坚战、持久战，踩着不变的步伐，把作风建设一步步引向深入。

一是落实态度之严肃、力度之大。再好的制度和规定如果不落到实处也不能发挥其应有的作用。与中央八项规定类似的规定以前并非没有，然而由于种种原因，部分规定没有很好地贯彻落实，甚至上有政策，下有对策。中央八项规定取得如此成绩，关键在落实，强调"说到就要做到"，实施过程中力度之大、要求之严有增无减。并且做到从中央到基层"人人平等，执行制度没有例外"，形成党员干部稳定的心理预期，体现了法大于权的思想。

二是坚持常态化与长效化的发展方向。《关于新形势下党内政治生活的若干准则》在第五部分"保持党同人民群众的血肉联系"中明确全党必须"把落实中央八项规定精神常态化、长效化"。

从审议通过中央八项规定，到以专门会议对照检查落实规定情况，仅三年的时间内，16次中央政治局会议、27次中央政治局常委会会议，对贯彻执行中央八项规定、加强作风建设进行专门研究部署。从每年的中央全会、中央纪委全会，再到中央经济工作会议等其他重要会议，习近平总书记都在重要讲话中对作风建设专门提出明确要求，还先后多次作出重要批示指示，并亲自抓落实。

党的十九大闭幕之后不久，2017年10月27日，十九届中共中央政治局第一次会议就审议《中共政治局贯彻落实中央八项规定的实施细

则》，研究进一步深化落实中央八项规定。中央对八项规定提出了更严的标准和更高的要求。

三是防微杜渐，重视预防。各级纪检监察部门"早研究、早部署、早提醒、早警示"。比如一些纪委部门在中秋国庆等重要节日到来前便提前发送提醒信息，禁止违反规定发放公款购买节礼。对于细小的问题线索深挖细查，及时发现问题。对违反中央八项规定精神的苗头性、倾向性问题，充分运用约谈、函询等方式及早处理。不少官员遭"围猎"的深层原因之一在于"围猎"行为具有麻痹性和隐蔽性，隐藏在日常人情往来的"伪正当性"外衣之下。及早发现处理，才能有效地筑起反腐防线。

党风廉政建设的长期性艰巨性，不容骄傲自满。中央八项规定出台以来，坚持下来不易，巩固成果更难。批评教育一些人，曝光处分一些人，不如此，不足以振纲纪、正风气、服民心；但也正是这种刮骨疗毒的诊治，帮助甚至挽救了不少党员干部。这尤其值得深长思之。

四是方法科学、注重创新。各地在落实中央八项规定精神过程中总结出必须由浅入深、由易到难，抓住重要节点，循序渐进的科学经验。除此之外，执行中注重强化监督责任。《中国共产党党内监督条例》对党的中央组织、党委（党组）、党的纪律检查委员会、党的基层组织和党员在落实中央八项规定中负有的监督责任作了详细分解。在查处违规违纪案件中要求"一案双查"，不仅追究主体责任，还追究领导责任、党组织的责任。

六、形成了较为完善的制度实施

统计数据显示，截至 2018 年 10 月 31 日，各级纪检监察机关已查处违反中央八项规定精神问题 25 万余起，处理 34 万余人，其中给予党纪政务处分 20 万余人。这些违反中央八项规定精神问题，是如何在纪检监察干部的"火眼金睛"下现出原形的呢？

一是明察暗访。比如盯住细节。长期的监督执纪，让一些纪检监察干部练就了敏锐的"火眼金睛"，能够从细节中捕捉到疑点，准确锁定目标。"为什么某领导到云南出差，票据只有住宿费，没有交通费？"某省纪委工作人员因为注意到这一细节，继续深挖，结果发现此笔开支是由该领导亲属所消费，因为机票实名制无法报销，故只敢报销住宿费"浑水摸鱼"。

再如，突击检查。在突击检查或暗访抽查下，许多"四风"问题躲避不及，立即现形。如湖南省株洲市纪委曾在工作日中午突击暗访，发现炎陵县人民法院执行局副局长李剑明、政委罗剑峰满身酒气，经测试，其血液酒精浓度超标，存在违规饮酒行为。江西省上饶县纪委在工作日"突袭"最偏远乡镇，离岗聚餐的七名县国土局干部被逮个正着。

二是巡视巡察起底。比如顺藤摸瓜。巡视巡察是对被巡单位政治生态进行全方位、"显微镜"般的体检和扫描。在全面清查下，一条线索往往带出一系列问题。四川省广元市昭化区通过巡察发现，区残联存在公共运行支出费用大于财政预算的问题，从原理事长田某某强拉赞助、滥发福利的问题顺藤摸瓜，又发现区残联下属某中心主任唐某某虚报冒领、借机敛财等问题。

再如，深挖细查。福建省德化县委对县农业局党组开展巡察时，注意到2013年的两份会议记录前后字迹不太一样，有补充、涂改的嫌疑，经深入调查，发现曾任德化县农业局长的张昌联在得知巡察消息后，便指派该局两名干部对其主持召开的两次局务会议记录进行补充，以掩盖虚设项目套取资金购买土特产品送礼、支付接待餐费的事实。

三是信息技术筛查。比如，循迹查验。江苏省扬州市江都区交通局干部曾某在工作中向管理服务对象索要200元红包，被举报后，曾某便通过微信退还，然后声称自己"被诬陷"，但从举报人处调取的微信截图，揭露了其索要红包的全过程。再如，比对抓取。重庆市渝北区市政园林管理局为掩盖违规用公款购买高档白酒的事实,在相关发票上写上了"米""油"等慰问品,报销时还附上了"慰问方案",可谓用心良苦。但即便如此,商店经营范围的差异,让其仍未能逃脱该市"四风"问题线索智能筛查比对系统的"法眼",被抓取出来。

信息技术手段的运用,让纪检监察机关发现和处置问题更便捷、更精准。

四是审查调查。比如,"拔出萝卜带出泥"。广东省潮州市食品药品监督管理局局长刘绍荣因涉嫌严重违纪接受组织调查时,如实交代了两年前自己请吃的一场隐秘违规公款聚餐,涉及时任潮州市政府副秘书长兼办公室主任陈华群等六人。再如,抓"大"不放"小"。新疆维吾尔自治区纪委在对伊犁州国资委原党组副书记曹鲁胜执纪审查的过程中,不仅调查他利用职权收受他人财物、为他人谋取利益的问题,还对发现的"四风"问题线索深入调查,发现他长期违规私自占用企业车辆、公车私用,还大肆接受公款宴请、出入高档酒店等,生活奢靡并且习以为常。天津市纪委在对天津百利机械装备集团有限公司原党委书记、董事长张文利涉嫌违纪问题的立案调查中,从一张以高尔夫球场为背景的合影照片查起,张文利和该公司副总经理吴树元参与高消费娱乐活动的问题露出水面。

五是网民围观喊打。在自媒体时代,一张图、几句话,就可能在大众的"聚光灯"下被广泛关注、暴露出问题。比如福建省惠安县辋川镇党委书记郑少龙违规接受私营企业主宴请时,将饮用的一瓶高档白酒拍照,想发到朋友小群里炫耀一下,结果不小心发到镇里的工作群,其群聊内容被截图,在当地传得沸沸扬扬,引来纪检监察机关查处。

六是知情人举报。早在2015年6月,中央纪委就已上线"反'四风'一键通"手机客户端举报专区,群众举报"四风"问题直通中央纪委。如今,各地也纷纷利用新媒体平台开通"四风"随手拍功能等,监督举报渠道越来越顺畅，干部群众监督举报意识也越来越强。

党的十八大以来，通过落实中央八项规定精神，以制度的坚守带来思想观念和风俗文化的转变，让制度长牙、纪律带电，时刻绷紧了作风这根弦，中国真正实现了政治生态的风清气正。

主要参考文献

1. 中共中央办公厅法规局:《开辟新时代依规治党新境界》,《人民日报》2021年6月17日第1版。
2. 王明杰:《"八项规定"带来的巨大改变》,人民论坛,2017年1月30日。
3. 武纪研:《从通报问题看,换了马甲的公款吃喝该怎么治》,《中国纪检监察杂志》2017年5月5日。
4. 庄志阳、黄月:《违反八项规定的问题是如何发现的》,《党员文摘》2019年第4期。
5. 武振中、张荣玮、李涵、程清华:《浅析隐蔽公款吃喝表现形式及治理对策》,《法制博览》2019年5月(下)。
6. 王建民:《治理公款吃喝需构建刚性制度》,浙江人大,2013年9月。
7. 吴高庆、林哲:《用制度刹住公车腐败之"轮"》,《检察日报》2013年2月26日。
8. 邓伟:《国外如何治理"车轮上的腐败"》,《决策》2014年9月。
9. 储建国:《公车改革何以迅速落实到位》,人民论坛网,2018年3年26日。
10. 王鹏:《"会所歪风"的前世今生》,《中国纪检监察报》2015年3月10日。
11. 李克诚:《中央纪委"打虎"路线图:退休"老老虎"也被追责》,人民网,2014年2月13日。
12. 瞿芃:《细数十八大后"打虎"通报三大变化,背后有何深意?》,《中国纪检监察报》2018年4月5日。

13. 窦克林:《透视群众身边的腐败现象》,《中国纪检监察杂志》2015年第12期。

14. 晶月:《反腐败国际追逃追赃的N个"第一"》,北京日报客户端。

15. 石艳红:《"三转"——纪检监察机关合署办公以来的职能之变》,中国纪检监察,2018年6月。

16. 王鹏志:《推进全面派驻 擦亮监督"探头"》,《中国纪检监察报》2017年9月28日。

17. 罗宇凡、崔静:《学思践悟 筑牢"初心"》,中央纪委国家监委网站,2017年4月15日。

18. 何艳、董菲晨:《核心述评 调查研究是谋事之基成事之道——以习近平同志为核心的党中央引领全党大兴调查研究之风》,《中国纪检监察杂志》2019年第10期。

19. 霍小光、王绚、何雨欣、吴晶晶:《聆听伟大复兴的时代足音——党的十八大以来习近平总书记国内考察全纪实》,新华社,2017年10月8日。

20. 姜洁:《开启党和国家反腐败工作新篇章——深化国家监察体制改革一年扫描》,《人民日报》2019年3月1日。

21. 姜洁、易舒冉:《监察体制改革由试点迈入全面深化新阶段》,《人民日报》2021年5月2日。

22. 朱基钗:《踏上反腐败法治化规范化新征程——深化国家监察体制改革一年间》,新华网。